DAS KOMPAKTE

REISE BUCH

UNTERWEGS MIT HURTIGRUTEN

Weltbild

UNTERWEGS MIT HURTIGRUTEN

Velkommen om bord!

Ursprünglich eine »hurtige« Verbindung für Postschiffe und als Versorgungsroute für die entlegenen Siedlungen im hohen Norden von Norwegen gedacht, gilt die Hurtigruten-Strecke seit der Ausweitung des Straßennetzes als beliebte Kreuzfahrtroute von Bergen an der südlichen Westküste zum Nordkap und in das Land von Mitternachtssonne und Polarnacht. Die besondere Attraktion einer Hurtigruten-Reise ist die Natur. Der Blick wandert über die zerklüftete Küste mit ihren einsamen Fjorden, über die schroffen Hänge der schneebedeckten Berge, über die roten Fischerhütten am Ufer und das weite Meer. Die Luft riecht nach Salz und Algen. Nördlich des Polarkreises fasziniert im Winter das arktische Zwielicht, das in den Sommermonaten von der Mitternachtssonne abgelöst wird. Das Schwanken des Schiffes bestimmt den Rhythmus und begleitet die Passagiere auf ihrer Fahrt durch eine Traumlandschaft, die im magischen Licht des hohen Nordens mit einer wilden Romantik lockt. Die nordgehende Reise beginnt in Bergen, bis heute ein wichtiges Handelszentrum mit idyllischen Gassen und liebevoll restaurierten Hansehäusern. Ålesund wurde zu Beginn des 20. Jahrhunderts im Jugendstil neu aufgebaut. Die bunten Häuser von Kristiansund verteilen sich auf drei Inseln. Trondheim, die drittgrößte Stadt von Norwegen, beeindruckt mit seiner Altstadt, die vom mittelalterlichen Nidarosdom überragt wird. Die Fahrt geht an der Küste entlang, vorbei an Naturschönheiten wie den Gipfeln »Sieben Schwestern«. Tromsø, die »Pforte zum Eismeer«, ist eine geschäftige Handelsstadt, die seit den Tagen der Eismeerfahrer kaum an Bedeutung verloren hat. Jenseits des Polarkreises warten das Nordkap mit seinem Ausblick und die Fahrt nach Kirkenes an der russischen Grenze.

Oben: Leuchttürme sind in einem küstenreichen Land wie Norwegen keine Seltenheit. Besonders ist der Kjeungskjær fyr jedoch dank der achteckigen Form. Man passiert ihn am dritten Tag der nordgehenden Route, kurz hinter Trondheim.

Legende

⚓ **Häfen** Mit dem Ankersymbol werden im Buch alle angelaufenen Häfen gekennzeichnet. Auch besondere Landausflüge werden hier vorgestellt. Häfen, in denen sich ein Ausstieg zu ein oder mehreren Übernachtungen lohnt, werden gesondert auf den Seiten »Von Hafen zu Hafen« mit Ausflugstipps beschrieben.

Passagen Das Schiffsicon zeigt besonders reizvolle Orte, Inseln und Landschaften entlang der Strecke, an denen die Schiffsreise vorbeiführt.

Seite 148
Tag 7: Båtsfjord - Kirkenes
Seite 132
Tag 6: Øksfjord - Berlevåg
Seite 164
Tag 8: Mehamn - Tromsø
Seite 158
Tag 7: Kirkenes - Berlevåg
Seite 112
Tag 5: Stokmarknes - Skjervøy
Seite 184
Tag 9: Finnsnes - Stamsund
Seite 84
Tag 4: Brønnøysund - Svolvær
Seite 204
Tag 10: Bodø - Rørvik
Seite 64
Kristiansund - Rørvik
SCHE SEE
SEA)
Nordkapp
Havøysund
Mehamn
Berlevåg
Kjøllefjord
Honningsvåg
Hammerfest
Båtsfjord
Vardø
Vadsø
Varanger-fjorden
Stabbursdalen nasjonalpark
Øksfjord
Alta
Kirkenes
Skjervøy
Tromsø
Reisa nasjonalpark
Ånderdalen n.p.
Andesnes
Finnsnes
Risøyhamn
Øvre Dividal n.p.
Harstad
Stokmarknes
Sortland
Narvik
Stamsund
Svolvær
Vestfjorden
Sørvågen
Bodø
Rago n.p.
Saltfjellet-Svartisen n.p.
Ørnes
Mo i Rana
Sandnessjøen
Nesna
Brønnøysund
1703
Børgefjell nasjonalpark
Rørvik
RUSSLAND
(ROSSIJA)
SCHWEDEN
(SVERIGE)
FINNLAND
(SUOMI)
Kristiansund
Trondheim
Molde
Ålesund
Geiranger
Snøhetta 2286
Dovrefjell-Sunndalsfjella n.p.
Femundsmarka nasjonalpark
Femund
Glittertind 2472
Rondane n.p.
Jotunheimen n.p.
Mjøsa
Hardangervidda nasjonalpark
OSLO
HELSINKI
TALLINN
ESTLAND
(EESTI)
OSTSEE
(BALTIC SEA)
STOCKHOLM
WEGEN
NORGE)
Kragerø
Kristiansand
N
0
100 km

Inhalt

Bild oben: Selbst die großen Schiffe der Hurtigruten wirken plötzlich ganz klein, wenn sie in den von hohen Felswänden gesäumten Geirangerfjord einfahren.

Bilder auf den vorherigen Seiten: S. 2/3: Ein Highlight der Reise ist die Überquerung des Polarkreises, hier von der MS Polarlys.

Reiseinformationen

Fjorde, Mitternachtssonne, ewiges Eis: Die Tour der Hurtigruten von der Weltkulturerbestadt Bergen längs der zerklüfteten norwegischen Westküste, durch die Lofoteninselgruppe und am Nordkap vorbei nach Kirkenes an der Barentssee zählt zu den schönsten Schiffsreisen der Erde. Zu einer gelungenen Kreuzfahrt gehören aber nicht nur die Einzigartigkeit der Natur, sondern auch das Bordleben, die Organisation und die Aktivitäten während der Reise. Die folgenden Seiten geben einen Überblick über Route, Flotte, Reisezeiten und Landausflugsmöglichkeiten.

Die Route

Die Fahrt auf der Hurtigruten-Linie von Bergen bis über das Nordkap hinaus folgt dem Küstenverlauf, wobei die Schiffe auch die spektakulären Fjorde ansteuern. Sehenswerte Hafenstädte stehen auf dem Besichtigungsprogramm. Die eigentliche Attraktion dieser Schiffsreise ist jedoch die Natur: einsame, wilde Küstenlandschaften, mächtige Gletscher, steile Berghänge und tosende Wasserfälle. Jeden Abend um 20.30 Uhr sticht eines der Hurtigruten-Schiffe in Bergen in See und durchfährt den Hjeltefjord, durch den schon die Wikinger zu den Shetlandinseln aufbrachen. Sechseinhalb Tage dauert die im Sommer 2920 Kilometer lange Fahrt ins nordnorwegische Kirkenes an der Grenze zu Russland. Die Häfen, die während der Nordfahrt im Dunkeln liegen, werden während der Südfahrt bei Tage angesteuert, damit die Passagiere bei Hin- und Rückfahrt keine der spektakulären Küstenlandschaften verpassen. In kleinen Orten legen die Schiffe für die Zeit des Be- und Entladens an, in größeren Städten reicht die Liegezeit zum Teil für mehrstündige Ausflüge an

Land. Im Sommer fahren die Schiffe auf der nordgehenden Route in den Geirangerfjord und auf der südgehenden in den Trollfjord. Diese beiden spektakulären Fjorde werden im Winter ausgespart.

Häfen und Tourenmöglichkeiten

Eine Fahrt mit den Hurtigruten-Schiffen beginnt immer in Bergen, wo jeden Tag ein anderes Schiff der Linie ablegt. Man kann aber auch Teilstrecken buchen und so in jedem beliebigen Hafen zu- oder aussteigen. Klassische Touren sind die zwölftägigen Reisen von Bergen nach Kirkenes und zurück oder die siebentägige nordgehende Reise von Bergen bis Kirkenes sowie die sechstägige südgehende Reise von Kirkenes nach Bergen. Ein weiterer beliebter Einschiffungs- und Ausstiegshafen ist Trondheim.

Seit Kurzem fahren besonders für die deutschen Gäste auch vermehrt Hurtigruten-Schiffe von Hamburg ab, diese sind dann aber nicht Teil des regulären Postschiffplans, sondern reine Charter-Kreuzfahrten.

INFO *

Angelaufene Häfen

1. Tag: Bergen

2. Tag:
Florø, Måløy, Torvik, Ålesund, Geiranger (im Sommer), Molde

3. Tag:
Kristiansund, Trondheim, Rørvik

4. Tag:
Brønnøysund, Sandnessjøen, Nesna, Ørnes, Bodø, Stamsund, Svolvær

5. Tag:
Stokmarknes, Sortland, Risøyhamn, Harstad, Finnsnes, Tromsø, Skjervøy

6. Tag:
Øksfjord, Hammerfest, Havøysund, Honningsvåg, Kjøllefjord, Mehamn, Berlevåg

7. Tag:
Båtsfjord, Vardø, Vadsø, Kirkenes (ab hier retour)

1./7. Tag:
Kirkenes, Vardø, Båtsfjord, Berlevåg

2./8. Tag:
Mehamn, Kjøllefjord, Honningsvåg, Havøysund, Hammerfest, Øksfjord, Skjervøy, Tromsø

3./9. Tag:
Finnsnes, Harstad, Risøyhamn, Sortland, Stokmarknes, Svolvær, Stamsund

4./10. Tag:
Bodø, Ørnes, Nesna, Sandnessjøen, Brønnøysund, Rørvik

5./11. Tag:
Trondheim, Kristiansund, Molde

6./12. Tag:
Ålesund, Torvik, Måløy, Florø, Bergen

Das Bordleben

An Bord eines Hurtigruten-Schiffes geht es leger zu. Eine Reise ist weder mit dem Cluburlaub-Feeling der modernen Riesenschiffe noch mit dem eleganten Flair einer klassischen Kreuzfahrt zu vergleichen. Im Vordergrund steht das Naturerlebnis. Da wird im Winter auf Abendprogramm verzichtet, wenn sich stattdessen Polarlichter am Sternenhimmel zeigen. Viel Wert wird hingegen auf eine ausreichende Information der Gäste gelegt. Kenntnisreiche Vorträge vermitteln Wissen über Land und Leute und bereiten auf die Häfen und die angebotenen Landausflüge vor. Natürlich muss an Bord niemand verhungern: Frühstücks- und Mittagsbüffet und ein abendliches

Menü mit fester Sitzplatzreservierung gehören zur Kabinenbuchung dazu. Eine Cafeteria, ein kleiner Shop und eine Bibliothek decken die Bedürfnisse der Passagiere. Gediegener Komfort, künstlerisch ambitionierte Innenausstattung und unverwechselbarer Charakter zeichnen die Hurtigruten-Schiffe der neuen Generation aus. Suiten, Wellnessbereiche, Tanzflächen und elegante Gesellschaftsräume gehören ebenso zum Standard wie die über der Bugspitze gelegenen Panoramasalons, deren Fensterfront sich auf der MS Trollfjord über zwei Decks erstreckt. Die MS Nordkapp, deren im Jahr 2016 neu gestaltetes Inneres sich an arktischem Design orientiert, verfügt über Whirlpools an Deck sowie über eine Bäckerei und einen Eissalon. Das Nordlicht und der nordische Sternenhimmel waren die Inspirationsquellen der Künstler und Dekorateure auf der MS Nordlys, Kronen und Lilien prägen die dekorativen Elemente der nach Norwegens König Harald V. benannten MS Kong Harald.

Die Hurtigruten-Flotte: Geschichte und Gegenwart

Als »schönste Seereise der Welt« preisen die Norweger ihre Hurtigruten in den Prospekten an. Doch wörtlich übersetzt heißt der Begriff »Schnellverbindung« und bezeichnet die Postschifflinie zwischen Bergen im Südwesten von Norwegen und Kirkenes an der russischen Grenze. Die Linie wurde im Sommer des Jahres 1893 von einer privaten Reederei gegründet. Damals startete Kapitän Richard With mit der »D/S Vesteraalen« von Trondheim nach Hammerfest. Er hatte die Strecke jahrelang befahren und ein detailliertes Logbuch geführt, dessen Einträge zu genauen Kenntnissen über die Fahrten durch diese nicht ungefährlichen Gewässer führten. So war es ihm möglich, auch nachts an der norwegischen Küste entlangzufahren – ein Zeitgewinn, der staatliche Subventionen einbrachte. Für die Bewohner in den entlegenen Gebieten Norwegens war die neue Postverbindung ein echter Gewinn. Endlich konnte man auf die beschwerlichen Fahrten über holprige Schotterstraßen verzichten. Bereits im Jahr 1898 wurde der südliche Teil der Strecke nach Bergen und 1911 der nördliche Teil in die Erzstadt Kirkenes verlängert. Bis heute wird der Liniendienst als »Reichsstraße 1« geführt. Die Postschifflinie garantierte auch während der strengen Winter die Versorgung der abgelegenen Ortschaften, stärkte den Wettbewerb außerhalb der großen Städte und förderte den Zusammenhalt. Auch heute noch subventioniert die Regierung die Hurtigruten. Doch mit dem Ausbau des Straßennetzes und dem Einsatz von Flugzeugen verlor die Postlinie immer mehr an Bedeutung. Die Reedereien sahen sich nach einer neuen Einnahmequelle um und entdeckten den Tourismus. Statt der einfachen Postschiffe kommen moderne Kreuzfahrtschiffe zum Einsatz, um auch den gesteigerten Ansprüchen verwöhnter Urlauber gerecht zu werden. Insgesamt sind derzeit acht Schiffe auf der rund 4630 Kilometer langen

Strecke im Einsatz. Sie laufen in elf Tagen 34 Häfen an.

Die Flotte

Mit Ausnahme der bereits 1983 gebauten MS Vesterålen verkehren mittlerweile ausschließlich die Hurtigruten-Schiffe der ab dem Jahr 1993 gebauten sogenannten neuen Generation. Sie wurde für den Kreuzfahrtverkehr konzipiert und bietet einen Komfort, von dem die Nachkriegsflotte weit entfernt war. Der Erfolg der neuen hat zum Bau noch luxuriöserer und größerer Schiffe geführt: Die MS Trollfjord (2002) hat neun Decks für 820 Passagiere, die MS Nordnorge (1997) hat Platz für knapp 600 Passagiere. Von der spartanisch ausgestatteten Nachkriegsflotte wurde bis Ende 2020 die MS Lofoten eingesetzt. Trotz zweier Modernisierungen hatte sie die Postschiff-Atmosphäre bewahrt und war äußerst beliebt. Nun wartet sie auf einen neuen Einsatz als Schulschiff. Die alte MS Finnmarken von 1956 liegt derzeit als Museumsschiff im Hurtigruten-Museum in Stokmarknes. Die Schiffe der »mittleren Generation« haben die Hurtigruten inzwischen alle verlassen. Zusätzlich zählen noch zahlreiche Expeditionsschiffe zur Flotte der Hurtigruten, darunter einige ehemalige Postschiffe wie die MS Maud (die ehemalige MS Midnatsol) und die MS Otto Sverdrup (die ehemalige MS Finnmarken), die beliebte MS Fram sowie seit 2019 die Hybrid-Neubauten MS Roald Amundsen und MS Fridtjof Nansen. Diese verkehren allerdings nicht im Liniendienst an der norwegischen Küste, sondern führen Expeditionskreuzfahrten in Arktis und Antarktis durch.

Schiffsname	Baujahr	Modernisierung	Passagiere	BRZ	Autostellplätze
MS Trollfjord	2002	–	822	16 140	45
MS Nordnorge	1997	2016	590	11 384	35
MS Nordkapp	1996	2016	590	11 386	35
MS Polarlys	1996	2016	619	11 341	35
MS Nordlys	1994	2019	590	11 204	45
MS Kong Harald	1993	2016	590	11 204	12
MS Richard With	1993	2018	590	11 205	45
MS Vesterålen	1983	2019	490	6261	35

Landausflüge und Unterbrechungen

An Bord angebotene Landausflüge

Die Hurtigruten-Kreuzfahrt kann durch von der Reederei angebotene Landausflüge ergänzt werden. Die unterschiedlich langen Ausflüge umfassen Museumsbesuche, Stadtbesichtigungen, den Abstecher zum Nordkap oder die Fahrt vom Geirangerfjord über den Trollstigen bis nach Molde. Sie werden mit Bussen und kleineren Schiffen sowie jahreszeitlich mit Schneemobilen, Speedbooten oder Husky-Gespannen durchgeführt. Eventuelle Ausrüstung wie Thermohandschuhe, Spezialstiefel mit Spikes usw. werden gestellt. Es gibt auch einen Wanderpass, bei dem meist vier durchaus anspruchsvolle Wanderungen mit Guide inkludiert sind. Das Angebot ist derart vielfältig, dass es bei einer einzigen Fahrt nicht ausgeschöpft werden kann, bei Hin- und Rückfahrt lassen sich Angebote variieren. Einige Angebote sind nur auf der nordgehenden, andere nur auf der südgehenden Route möglich. Oft gibt es auch noch spontane Spaziergänge oder Wanderungen, die die Crew an Bord kurzfristig anbietet.

Natürlich kommt auch das Erleben der einzigartigen Natur Norwegens nicht zu kurz: Walsafaris, Nordlichterjagden, Besuche bei Rentieren oder Huskys oder das Beobachten eines Tauchers auf der Suche nach Königskrabben stehen fest auf dem Programm. Selbst aktiv werden kann man bei Radtouren, Kajakfahrten oder Reitausflügen.

Am Ende jedes Landausflugs geht es wieder an Bord des Schiffs, entweder im Hafen, in dem der Landausflug beginnt, oder im nächsten Hafen.

Von Hafen zu Hafen

Grundsätzlich besteht die Möglichkeit, die Schiffe der Hurtigruten als Fähre zu benutzen und die Reise in jedem Hafen zu beenden oder zu unterbrechen und ein paar Tage später das nächste Schiff zu nehmen. Dabei bietet sich natürlich die Mitnahme des eigenen Pkw, Motorrads oder Fahrrads an. Auch kann der Gast hierbei selbst bestimmen, ob er mit oder ohne Kabinenunterbringung reisen möchte. Wohnmobile sind allerdings nicht zulässig auf den Hurtigruten-Schiffen.

INFO *

LANDAUSFLUGSMÖGLICHKEITEN

Einige Beispiele für die mehr als zwei Dutzend Landausflugsmöglichkeiten:

Ålesund: Stadtbesichtigung; Ausflug zum Atlanterhavsparken
Geiranger: Eine Alternative zur Schiffsrückfahrt von Geiranger nach Molde ist die Busfahrt über den Ørnevegen und den Trollstigen.
Kristiansund: Atlantikstraße: Busfahrt von Kristiansund über die Atlantikstraße, eine der sehenswertesten Nationalen Ferienstraßen Norwegens, nach Molde.
Trondheim: Stadtrundfahrt durch die Krönungsstadt mit Besichtigung des Nidarosdoms oder Kajaktour auf der Nidelva.
Ørnes: Svartisen: Schiffsausflug zum zweitgrößten Gletscher Norwegens.
Bodø: Gezeitenstrom Saltstraumen: Speedboot-Ausflug zu einem der stärksten Gezeitenströme der Erde.
Stamsund: Lofotr Wikingerfest: Das Wikingerfest ist eine von zahlreichen Ausflugsmöglichkeiten auf der Inselgruppe der Lofoten.
Trollfjord: Seeadler-Safari: Bootsausflug im Trollfjord.
Tromsø: Eismeerstadt Tromsø: Stadtbesichtigung oder polarhistorischer Stadtrundgang oder Mitternachtskonzert in der Eismeerkathedrale; Hundeschlittentour auf Kvaløya: Mit Kaffeepause in einem Sámizelt auf der Insel Kvaløya (nicht auf der gleichnamigen Insel von Hammerfest).
Honningsvåg: Nordkap: Busausflug zum traditionell als nördlichster Punkt Europas angesehenen Nordkapfelsen; Vogelbeobachtung Gjesvær: Kombinierte Bus- und Bootsfahrt zum Vogelschutzgebiet Gjesværstappan; ornithologische Führung.
Kjøllefjord: Sámi und Rentiere: Folklore mit Kaffee im Sámizelt vor Rentierherde auf der Halbinsel Nordkinn in Finnmark; Schneemobil nach Mehamn: Bus- und Schneescooter-Tour (Pkw-Führerschein Klasse I erforderlich) auf der Halbinsel Nordkinn in Finnmark.
Kirkenes: Quad-Safari: Im Quad (Pkw-Führerschein Klasse I erforderlich) von Kirkenes zur russischen Grenze; Besichtigung des Eishotels.

Reisezeiten und Klima

Die Strecke wird ganzjährig befahren, und jede Jahreszeit hat ihre ganz eigenen Reize. Die Kirschblüte in Hardanger, der Nationalfeiertag am 17. Mai und der volksfestartige Syvfjellsturen (Sieben-Berge-Tour) in Bergen Ende Mai signalisieren, dass in den unteren Lagen Südnorwegens der Frühling eingezogen ist. In den oberen Lagen ab 1000 Meter Höhe kann sich der Schnee bis weit in den Juli hinein halten. In der spätsommerlichen Nachsaison ab Mitte August fallen die wenigsten Niederschläge, auch die Mücken sind dann meistens verschwunden. Malerisch ist der lichtintensive, farbenprächtige September, in dem in höheren Lagen nachts die Temperaturen oft unter 0 °C sinken und Schnee fallen kann. Endgültig überzuckern sich die Berge mit Schnee im Oktober, während sich dann in Küstenlagen ein goldener Spätherbst mit klarem, wunderbarem Licht erleben lässt. Danach werden die Tage rasch kürzer, die Zeit der Stürme und der winterlichen Lichterfeste beginnt: Weiß gekleidete »Lussibräute« wecken am 10. Dezember die Friedensnobelpreisträger zur Preisverleihung in Oslo, in der Nacht auf den 13. Dezember findet das eigentliche Lussifest statt, eines der schönsten Lichterfeste des Nordens. In den tiefsten Mittwinternächten wird das Lichter- und Friedensfest Jul gefeiert; in diesem Fest, das seinen alten Namen in ganz Skandinavien beibehalten hat, verbinden sich ger-

SOUNDTRACK FÜR DIE REISE

TIPPS *

»Hurtigrute« von Kari Bremnes
Die Hymne über die Hurtigruten schlechthin, von einer der besten Sängerinnen des Landes.

»The Sea« von Ketil Bjørnstad
Die dramatische Musik von Allroundtalent Bjørnstad liefert den passenden Soundtrack zu Steilküsten oder zu tanzenden Nordlichtern.

»Å, Vestland, Vestland« von Sissel Kyrkjebø
Eine gesungene Liebeserklärung an die Westküste Norwegens.

»Peer-Gynt-Suite« von Edvard Grieg
Das wohl bekannteste Orchesterstück Norwegens passt lautmalerisch perfekt in das Land der Mitternachtssonne.

»Daniel's Joik« von Jon Henrik Fjällgren
Der samische Sänger übersetzt in seinen Liedern die Tradition des Joikens, des Gesangs der Sámi, in die Moderne.

»Suite für Geige und Klavier in g-Moll« von Johan Halvorsen
Von dem eher unbekannten norwegischen Komponisten Halvorsen (1864 bis 1935) stammt diese entspannte Begleitmusik für Seetage.

»Kråkeviks songbok« von Herborg Kråkevik
Die Sängerin interpretiert auf diesem Album traditionelle norwegische Volks- und Kinderlieder – herzerwärmend schön.

»Har du fyr« von Hekla Stålstrenga
Weil wir alle – nicht nur in der Polarnacht – ein Licht in der Dunkelheit brauchen, das uns nach Hause führt.

manische Traditionen mit dem christlichen Weihnachtsfest. Nach Jul werden die Tage wieder länger, und schon im eisklirrenden Februar sind sie so lang, dass man wieder Hundeschlittentouren unternehmen kann: Das Finnmarksløpet von Alta nach Kirkenes und zurück, das längste Hundeschlittenrennen Europas, findet alljährlich etwa Anfang März statt. Besonders im Winter hat eine Hurtigruten-Tour einen ganz besonderen Reiz, obwohl die Tage kurz sind. Stundenlanges Dämmerlicht, eine in Schnee getauchte Landschaft, heimelig erleuchtete Ortschaften und das berühmte Nordlicht tragen zu dieser Faszination bei. In den Wintermonaten bieten die Hurtigruten die besonderen »Hunting the Light«-Touren an. Unter diesem Motto werden die eindrucksvollen Nordlichter aufgesucht. Wer will, wird auch nachts für dieses einmalige Himmelsschauspiel geweckt – schließlich gibt die Reederei ja auch ein »Nordlichtversprechen« ab. Auch spezielle Landausflüge mit Schneemobil oder Hundeschlitten führen zu besonders lichtfernen Orten, an denen man mit etwas Glück die tanzenden Polarlichter ganz in friedvoller Stille auf sich wirken lassen kann. Aber auch wenn sich die Nordlichter nicht zeigen, verzaubert die stundenlange Dämmerung den Winterhimmel in ein rosa- und violettfarbenes Spektakel. Im Hochsommer wiederum geht die Sonne ganz im Norden nicht unter: In der Nordland-Hauptstadt Bodø ist die Mitternachtssonne vom 4. Juni bis zum 8. Juli zu erleben, am Nordkap vom 13. Mai bis zum 29. Juli. Selbst im Süden des Landes ist um 23 Uhr noch Tageslicht; die Sonne geht dann um drei Uhr schon wieder auf. Am Nordkap selbst ist das Erleben der Mitternachtssonne ein ganz besonders feierliches Erlebnis. In einem unterirdischen Theater im Fels kann man in einigen Sommernächten einer Folkloredarbietung beiwohnen. Wenn sich um kurz vor Mitternacht dann zu den sehnsuchtsvollen Klängen von Edvard Griegs »Morgenstimmung« die Jalousien der großen Fensterscheiben öffnen und die Sonne hineinstrahlt, bleibt kein Besucher ungerührt.

Praktische Informationen von A–Z

Abfahrt
Abfahrtsterminal in Bergen ist der Nøstet-Kai. Die Kabinen sind in Bergen täglich ab 18 Uhr bezugsfertig, die Einschiffung startet schon um 16 Uhr. Ab Bergen legt das Schiff in der Regel um 20.30 Uhr ab. In allen anderen Häfen erfolgt die Einschiffung direkt nach Anlegen des Schiffes, spätestens eine halbe Stunde vor der angegebenen Abfahrtszeit.

Alkohol
Alkohol ist in Norwegen im Vergleich zu Deutschland mindestens doppelt so teuer. Wein und Spirituosen sind nur in den Geschäften des staatlichen Vinmonopolet (»Weinmonopol«) erhältlich. Alle Schiffe der Hurtigruten-Flotte verfügen über eine staatliche Ausschankkonzession.

Arzt und Apotheke
Wegen der kurzen Abstände zwischen den einzelnen Häfen gibt es an Bord der Hurtigruten-Schiffe weder Arzt noch Apotheke.

Ausweis
Norwegen ist Schengen-Staat. Der Legitimation dient der Personalausweis oder Reisepass, der nach Beendigung der Reise noch mindestens drei Monate gültig ist.

Automitnahme
Auf der gesamten Hurtigruten-Strecke kann der Pkw das ganze Jahr über für etwa 75 Euro/Tag mitgenommen werden. Erkundigen Sie sich rechtzeitig nach der Platzverfügbarkeit und den Tarifen.

Behindertengerechtes Reisen
Alle Hurtigruten-Schiffe verfügen über Aufzüge und rollstuhlgerechte Kabinen. Der Zugang auf das Schiff mit Rollstuhl erfolgt in der Regel über die Rampe des Autodecks.

Einkaufen
Alle Hurtigruten-Schiffe verfügen über einen Bordshop mit Souvenirs, Strickwaren, Ansichtskarten, Briefmarken und Toilettenartikeln.

Elektrizität
Die Kabinen sind mit Steckdosen für 220 V Wechselstrom ausgestattet.

Feiertage
Gründonnerstag *(skjærtorsdag)*, Karfreitag *(langfredag)*, Ostermontag *(annen påskedag)*, Christi Himmelfahrt *(Kristi Himmelfartsdag)*, Pfingstmontag *(annen pinsedag)* und erster und zweiter Weihnachtsfeiertag *(første og annen juledag)*. Hinzu kommen Neujahr *(nyttår)*, der 1. Mai *(første mai)* und der norwegische

Nationalfeiertag *(nasjonaldag)* am 17. Mai *(søttende mai)*.

Gepäck

In Norwegen ist der Beruf des Gepäckträgers nahezu unbekannt. Es ist daher zu empfehlen, nur so viel Gepäck mitzunehmen, wie Sie selbst tragen und auf der gesamten Reise beaufsichtigen können. Wichtige Medikamente, Brillen, Ausweispapiere usw. sind grundsätzlich im Handgepäck und nicht im Koffer zu transportieren. Es besteht die Möglichkeit, die Koffer an der Bordrezeption zur Aufbewahrung abzugeben.

Kinder

Die meisten Schiffe sind mit einem Spiel- und Toberaum für Kinder ausgestattet. Kinder bis drei Jahre reisen im Bett der Eltern frei, Babybetten müssen vorab bestellt und bezahlt werden. Kinder, die bei Reiseantritt vier bis einschließlich 15 Jahre alt sind, erhalten eine Ermäßigung von 25% auf die Hurtigruten-Rundreise bei einer Unterbringung in der Kabine der Eltern sowie auf die Landausflüge bzw. 50% auf die Teilstreckenpassage (exkl. Kabine).

Kleidung

Die jahreszeitlich abgestimmte Kleidung für Reisen mit Hurtigruten in Norwegen unterscheidet sich prinzipiell nicht von der Ausrüstung für Reisen in Deutschland, Österreich und der Schweiz.

Rauchen

In Norwegen besteht in öffentlichen Gebäuden und an öffentlich zugänglichen Plätzen Rauchverbot. Auf Hurtigruten-Schiffen ist das Rauchen nur an bestimmten Stellen an Deck erlaubt und auch nur, wenn das Schiff sich auf See befindet. Liegt das Schiff im Hafen, ist das Rauchen an Bord gänzlich untersagt.

Souvenirs

Hochwertige Woll-, Web- und Strickwaren sind neben Fellen (Rentier, Schaf), Glas- und Zinnwaren die beliebtesten Norwegen-Souvenirs. Beachtenswert ist ferner die hochqualitative Outdoorausrüstung bekannter skandinavischer Hersteller, die in Norwegen zum Teil erheblich preiswerter als in Deutschland angeboten wird.

Sprache

Norwegisch und Englisch sind die offiziellen Bordsprachen. Die Mitarbeiter der Rezeption, der Purser und einige Mitglieder der Servicecrew sprechen in der Regel auch Deutsch. Auch Durchsagen, Tagesprogramme, Informationen zu den Häfen sowie Menükarten sind meist zusätzlich in deutscher Sprache gehalten.

Telekommunikation

Mobiltelefone kann man an Bord nutzen, wobei die Netzreichweite aber variieren kann, je nach Abstand zur Küste. WLAN ist in allen öffentlichen Bereichen verfügbar. Bei einer elftägigen Kreuzfahrt kostet die Nutzung etwa 45 Euro für zwei Geräte.

Trinkgelder

Trinkgelder kann man geben, sind aber kein Muss. Es gelten dabei dieselben Gepflogenheiten wie in Deutschland.

Wäscherei

Alle Schiffe sind mit einer Waschküche ausgestattet. Wertmarken für die Waschmaschinen und Trockner sind an der Rezeption erhältlich.

Wellness

Außer der MS Vesterålen verfügen alle Schiffe über einen Fitnessraum mit Panoramaaussicht, eine Sauna und beheizte Whirlpools auf dem Außendeck.

Wertsachen

Wertsachen können im Büro des Zahlmeisters zur Aufbewahrung im Safe abgegeben werden. Die Reederei übernimmt keine Haftung für in den Kabinen oder im Pkw gelagerte Wertsachen oder Geld.

Zahlungsmittel

Bei Bezahlung des Reisepreises werden die Kreditkarten von MasterCard und VISA akzeptiert. Währungseinheit ist die Norwegische Krone (NOK) à 100 Øre. An Bord werden die meisten Währungen gewechselt sowie VISA, American Express, MasterCard, Diners Club und JBC International akzeptiert, jedoch keine EC-Karten. Wer seine Kreditkarte bei Reisebeginn registrieren lässt, kann mit seiner Bordkarte alle während der Reise in Anspruch genommenen Leistungen bargeldlos bezahlen. Banken gibt es in allen größeren Städten.

LITERATUR FÜR DIE REISE

TIPPS *

Johan Bojer, »Die Lofotfischer«
Nichts von seiner Eindringlichkeit verloren hat Bojers Roman über die Lofotfischerei aus dem Jahr 1921.

Anne B. Ragde »Das Lügenhaus«
Mittlerweile sechs Bücher gehören zur spannenden Lügenhaus-Serie um drei Generationen von Schweinezüchtern in Trondheim.

Kiran Millwood Hargrave, »Vardø – Nach dem Sturm«
Ergreifender Roman über die Hexenverfolgungen des 17. Jahrhunderts in Vardø.

Nordgehende Route

2704 Kilometer Küstenlinie erlebt man auf der nordgehenden Route von Bergen bis Kirkenes. Dabei wird die Landschaft immer rauer, die Luft kälter, das Abenteuergefühl nimmt zu und auch die Chance, im Winter nachts das leuchtende Farbspektakel der Polarlichter bewundern zu können. Bedeutende Städte wie Ålesund, Trondheim und Tromsø wollen erkundet werden, Fjorde bezaubern mit landschaftlicher Schönheit und kleine Fischerdörfer lassen die Zeit vergessen.

Tag 1: Bergen

Bevor man sich an Bord begibt und sich mit Reiseleitung, Mitreisenden und der eigenen Kabine vertraut macht, sollte man sich die Chance nicht entgehen lassen, Bergen zu erkunden. Denn die zweitgrößte Stadt des Landes hat viel Sehenswertes zu bieten: von dem berühmten historischen Hanseviertel Bryggen, über die Festung Bergenhus und den lebhaften Fischmarkt bis zur Stabkirche Fantoft.

Zum 200. Geburtstag des berühmten Sohns der Stadt, Ludvig Holberg, setzte man dem Dichter ein Denkmal auf dem Platz Vågsallmenningen.

⚓ **Bergen** Bergen ist das bedeutendste Wirtschafts- und Kulturzentrum Westnorwegens und mit 250 000 Einwohnern die zweitgrößte Stadt des Landes nach Oslo. Die durch einen Inselgürtel vor der offenen See geschützte Hafen- und Universitätsstadt war bis zur Eröffnung der Bergenbahn 1909 von London aus rascher erreichbar als von Oslo: Über Schiffsrouten stand Bergen in jahrhundertelangem wirtschaftlichem und kulturellem Austausch insbesondere mit England und Deutschland. Der alte Hansehafen Bryggen am Naturhafen Vågen steht als Weltkulturerbe unter dem Schutz der UNESCO. Die Geburtsstadt des Komponisten Edvard Grieg zieht auch als Festspielort Zehntausende von Besuchern an, die Ende Mai, Anfang Juni Opern und klassischen Konzerten in der Grieghalle lauschen oder Ballett- und Theateraufführungen im Nationaltheater »Den Nationale Scene« ansehen.

1 Bryggen Das historische Hanseviertel Bryggen an der natürlichen Hafenbucht Vå-

INFO *

NORDGEHENDE ROUTE, TAG 1

Hurtigruten-Anleger:
Fußläufig ist man vom Jekteviksterminal in der Nøstegaten 30 in zehn Minuten in der Innenstadt und in rund 15 Minuten im historischen Hanseviertel Bryggen.

Check-in und Einschiffung:
Check-in ab 15 Uhr möglich, die Einschiffung beginnt ab 16 Uhr.

Abfahrt Bergen:
20.30 Uhr

Auch nachts ist das alte Hanseviertel »Bryggen« in Bergen ein beliebtes Fotomotiv, wenn …

Hoch auf den Fløyen!

Der Aussichtsberg Fløyen bietet einen spektakulären Blick. Er ist vom Stadtzentrum aus mit der Fløibahn erreichbar. Sie fährt im Sommerhalbjahr von morgens bis mitternachts in sechs Minuten zur 320 Meter hoch gelegenen Bergstation. Nicht minder empfehlenswert ist es, den Berg zu Fuß zu erobern. Wanderwege aller Schwierigkeitsgrade bieten überwältigende Ausblicke auf Berge und Stadt mit den Schären, Inseln und Fjorden. Für alle, die dann die Wanderlust gepackt hat, gibt es gute Nachrichten: Mit den »syv fjell« (Sieben Berge) gibt es direkt um die Stadt herum sechs weitere Gipfelziele.

gen steht schon seit dem Jahr 1979 auf der Liste des Weltkulturerbes der UNESCO. Benannt ist es nach den »Brücken«, dem Ensemble aus Kais zum Be- und Entladen der Schiffe sowie Speichern, Lagerhallen und Wohnhäusern der Kaufleute, Handwerker und Bediensteten. Die bunte Kulisse der Holzhäuser und die engen Gassen dazwischen wurden nach einigen Brandkatastrophen rekonstruiert, wie sie im ausgehenden Mittelalter aussahen. Im Hafen liegen die hochbordigen Hansekoggen, mit denen die Waren zwischen den Hansestädten Deutschlands, Englands, Flanderns und des Baltikums verschifft wurden. Die wichtigsten Importgüter waren Getreide, Mehl, Malz, Bier und Salz, Hauptexportartikel Stockfisch, Tran und Häute. Um 1400 gab es in Bergen 300 von Deutschen bewohnte Häuser, die Hanse kontrollierte den gesamten Handel an der norwegischen Westküste.

2 Bergenhus Die Anfänge dieses an der Hafeneinfahrt gelegenen Gebäudekomplexes reichen bis in das 13. Jahrhundert zurück. Nicht zuletzt um seinem Königtum angemessen Ausdruck verleihen zu können, ließ Håkon IV. Håkonsson (1204–1263) hier zwei repräsentative Hallen im Stil der englischen Gotik errichten. In dieser Zeit war Bergen die Hauptstadt Norwegens und Holmen – so die damalige Bezeichnung des Festungsgebiets – der Dreh- und Angelpunkt der Politik. Eines der beiden Gebäude wurde während des Zweiten Weltkrieges zerstört, das andere, die Håkonshalle, wurde sorgfältig restauriert und kann besichtigt werden. Auch der Rosenkrantzturm wurde zuerst unter König Håkon errichtet, im 16. Jahrhundert aber vom namensgebenden Adelsherren Erik Ottesen Rosenkrantz zu einem sehr prachtvollen Renaissancepalast umgebaut. Er umfasste Gefängniszellen ebenso wie Wohnräume.

... sich die kunterbunten Holzhäuser so pittoresk im Wasser der Bucht Vågen spiegeln.

TIPP *

So wird mein Tag...

Unbedingt machen!

Mit der Fløibanen vom Stadtzentrum in wenigen Minuten auf Bergens Hausberg Fløyfjellet fahren. Dort den fantastischen Ausblick über den Byfjord und die Inselgruppen Askøy und Satro genießen. Nach einer Stärkung einfach zu Fuß vom Berg absteigen – entweder die gesamte Strecke von rund einer Stunde, oder man nimmt die Bahn noch für die erste Hälfte bis zur Station Fjellveien.

Entdecken!

Bergens Kunstmeile: Als Kulturmetropole beherbergt Bergen zahlreiche interessante Museen. Allein am Lille Lungegårdsvann, dem Stadtsee, befinden sich mehrere sehenswerte Gemäldegalerien, die alle unter dem Begriff KODE zusammengefasst sind. KODE 4 ist der skandinavischen Malerei vom 14. bis zum 21. Jahrhundert gewidmet. Im benachbarten KODE 2 wird in wechselnden Ausstellungen zeitgenössische Kunst gezeigt. Die Sammlung Rasmus Meyers in KODE 3 kann unter anderem mit Meisterwerken von Edvard Munch punkten. KODE 1 zeigt Kunsthandwerk und Design.

Wenn noch Zeit ist...

Seit 1960 ist das Aquarium eine Attraktion für Groß und Klein. Es liegt an der Spitze der Halbinsel Nordnes und kann vom Hafen aus mit regelmäßig verkehrenden Fährbooten erreicht werden. Es ist eine der modernsten und größten Anlagen in Europa. Besucherlieblinge sind die Eselspinguine.

Bergen: Festung Bergenhus

Trutzig ragt die Festung Bergenhus über die Bucht Vågen in den Abendhimmel. Eines der markantesten und wuchtigsten Gebäude der Festungsanlage ist der Rosenkrantzturm (»Rosenkrantztårnet«). Bis ins 20. Jahrhundert diente er militärischen Zwecken und zur Stadtabwehr – aber auch dazu, mit seiner monumentalen Wirkung den Hanseaten deutlich zu machen, wer in Bergen das Sagen hat.

3 Marktplatz und Domkirche St. Olav Dank des täglich hier stattfindenden Fisketorget ist der direkt am Vågen gelegene Marktplatz eine besondere Touristenattraktion. Hier werden aber nicht nur fangfrische Fischspezialitäten, sondern auch Blumen und allerlei Gemüse angeboten. Unweit des Marktplatzes ragt der mächtige Turm der Domkirche St. Olav in den Himmel. Das Langschiff des Gotteshauses wurde Ende des 12. Jahrhunderts im romanischen Stil erbaut. Der gotische Chor und der untere Teil des Turmes stammen aus dem 13. Jahrhundert. In den folgenden Jahrhunderten kamen einige weitere Anbauten hinzu. Der Turm wurde erst im 17. Jahrhundert fertiggestellt.

Blick in Richtung Orgel in der Domkirche.

13 Meter breit ist der Turm der Domkirche.

Auf dem Fischmarkt von Bergen

Der »Torget« (»Markt«) am historischen Hansehafen Bryggen in Bergen ist der farbenprächtigste und berühmteste Fischmarkt Skandinaviens und das touristische Herz der Hansestadt. Hier gibt es frischen Fisch, Krebse, Krabben, Fischbrötchen, Walfleisch, Elch- und Rentiersalami sowie Blumen, Gemüse, Kunsthandwerk und Souvenirs. Die Stände haben im Sommerhalbjahr täglich ab sieben Uhr morgens zwölf Stunden lang geöffnet, am Rand des Marktplatzes befinden sich Restaurants und Cafés sowie die Talstation der Standseilbahn zum Aussichtsberg Fløyen, sodass man den berühmten Markt nach kurzer Zeit auch aus der Vogelperspektive betrachten kann. Fisch wird in zahlreichen Zubereitungen angeboten, die im deutschsprachigen Raum unbekannt sind, wie etwa Fischpudding *(fiskepudding)* mit Krabbensauce, Fischklöße *(fiskeboller)*, Heringspfannkuchen *(sildepannekaker)*, Heringsfrikadellen *(sildekaker)* oder Fischauflauf *(fiskegrateng)*. Pochierter Kabeljau *(avkokt torsk)* fehlt auf keiner Speisekarte, Prinzenfisch *(prinsefisk)* ist Kabeljaufilet mit Hummerfleisch, Spargel und Blätterteiggebäck. Der Fantasie bei der Zubereitung sind kaum Grenzen gesetzt, was auch für die Schalentiere gilt: Garnelen *(reker)*, Hummer *(hummer)*, Taschenkrebse *(krabber)*, Miesmuscheln *(blåskjell)* und Flusskrebs *(ferskvannskreps)*.

Bergen Festival

Zwei Wochen lang steht die zweitgrößte Stadt des Landes Kopf. Dieses Festival zählt zu den renommiertesten Veranstaltungen der darstellenden Kunst in ganz Skandinavien. Konzerte namhafter Interpreten klassischer und moderner, traditioneller und experimenteller Musik, dazu viele Theateraufführungen und Tanzveranstaltungen finden an vielen Plätzen statt. Den Rahmen bilden so angesehene Kultureinrichtungen wie die Håkonshallen, die Grieghallen oder Den Nationale Scene (Nationaltheater) – Stätten, die jeder Besucher der Stadt einmal aufgesucht haben sollte. Doch das Festival wird in allen Teilen Bergens veranstaltet, auch Straßenmusik und andere Formen spontaner Kleinkunst gehören dazu. Gleichzeitig steigt die »Night Jazz Bergen«, ein internationales Spektakel auf vielen Bühnen der Stadt.

Bergen
Gamle Bergen (1,8 km)
Slakterhustomten
Skuteviken
Byfjorden
Skuteviksboder
Rothaugenskole
Sandvikskirken
Christinegård idrettsplass
MULEN
E 16
E 39
Mulelven
Skredderdalen
SKUTEVIKEN
LADEGÅRDEN
Bergen Fiskeindustri
Skuteviks-bryggen
Skoltegrunnskaien
Fergekai Danmark, England
Nordnesboder
Nordnes-parken
Havforsknings-institutt
Akvariet
NORDNES
Tollbod-kaien
Bontelabo
Festningskaien
Bergenhus festning
HOLMEN
Sverresborg
Festings-museum
Håkonshallen
Rosenkrantztårnet
Mariakirken
Schøtstuene
Bryggens mus.
BRYGGEN
Bradbenken
Krohnengen skole
Fløydalen
Fløyfjellstunnelen
Fjellsiden
Nordre Nykirkekaien
Teatergarasjen
Søndre Nykirkekaien
Dregge-kaien
Munke-bryggen
Holbergskaien
Fagskole i Hordaland
Nordnes skolen
TOLLBOD-ALLMENNINGEN
Nykirken
Fredriksberg festning
Theta museet
Christi Krybbe skole
STRANDSIDEN
USF Verftet Kulturhuset
Georgernes verft
Puddefjorden
Hanseatiske Museum
Fiske-markedet
Bryggen
Torget
Korskirken
Buekorps-museet
Middelalder-bydet
KLOSTERET
Domkirken
Katedralskolen
SKANSEMYREN
Fløyen 320 m
Fløibanen
Skansemyren idrettsplass
E 39
Nordre Nøstekaien
Hurtigrute-terminalen
Den Nationale Scene
Logen Teater
Ole Bulls plass
Rådstu-plass
Torgallmenningen
Sentralbadet
Engen-senteret
Rådhuset
St. Jørgen
Lepra-museet
Kunsthøg-skolen
Standsporten
Bergen Handels-gymnasium
ASSISTENT-KIRKEGÅRDEN
Fløyfjellstunnelen
Vestl. kunstindustrimus.
KODE 1
Lille Lungegårds-vannet
PARKEN
NONNESETER
Jernbane-stasjonen
Bergens Kunsthall
KODE 2
KODE 3
KODE 4
Bystasjonen
Juridisk fakultet
Magnus Lagabøtes plass
JEKTEVIKEN
Jekteviken
Johannes-kirken
St. Paul
Grieg-hallen
Bussterminalen
Kunstskolen
Statens hus
Bomstasjon
KALFARET
585
Folkehelse-instituttet
BYSTASJONEN
Kystterminalen
Dokkeskjærskaien
Hf-bygget
Univ. bibl.
Sjøfarts-museet
Natur-historiske museet
BOT. HAGE
Bergen Polytekniske Høgskole
Bergen private gymnas
St. Jakobs
By-garasjen
Linjegods
Kultur-historiske museet
Damsgårdsveien
DAMSGÅRD
Nor-cargo
Damsgårdssundet
Nygårdsgaten
NYGÅRD
Høgskolen i Bergen
Nonnesten
Fløenstien
LUNGEGÅRDS-PARKEN
Bergen Motorbåtforening Florida
Realfagbygget
Universitetet
Matematikk
Fysikk
Geofysikk
Mikrobiologi
NYGÅRDS-PARKEN
NYGÅRD
Carl Konows gate
582
555
Puddefjordsbroen
Gyldenpris motorbåthavn
Bobilparkering
Bergens Tekniske museet
Møhlenpris-skole
Møhlenpris idrettsplass
Florida sykehus
Bom-stasjon
E 39
Store Lungegårdsvann
0
250 m
FRYDENBRO
Sotraveien
Solheimsviken
VILVITE Bergen Vitensenter
Data/informatikk
Høyteknologi-senteret
FLORIDA
Biologi
MARINE-HOLMEN
Nye Nygårdsbroen
Stabkirche Fantoft (4 km)
Damsgård-tunnelen
LØKKEPLASSEN
Bomstasjon
582

Mariakirken Noch bis 1868 hat der Pastor hier auf Deutsch gepredigt: Die Marienkirche, nahe am Hanseviertel Bryggen gelegen, ist mit dem Seefahrerquartier sichtbar verbunden. Bei den Norwegern war sie auch als »Tyskekirken«, die Kirche der Deutschen, bekannt, da sie von 1408 bis 1776 im Besitz der Hanse war. Nach dem Zweiten Weltkrieg sollte sie diesen Namen jedoch nicht länger tragen. Und noch eine Parallele gibt es zu Deutschland: Ähnlich wie der Dom zu Speyer ist sie aus Naturstein erbaut, ihre Ansicht gleicht ein wenig dessen Ostfassade. Der romanische Bau wurde schon im 12. Jahrhundert als dreischiffige Basilika errichtet. Und auch dass sie der Muttergottes geweiht ist, gibt einen Hinweis auf die Hanse, deren Kirchen alle dieser Heiligen gewidmet waren, auch die Marienkirche in Lübeck. Vor allem die Innenausstattung der Kirche zeigt die Verbindung zwischen Lübeck und Bergen.

Bymuseet Gamle Bergen Wie es einst in der norwegischen Hafensiedlung ausgesehen haben mag, vermittelt das Freilichtmuseum »Gamle Bergen« (Alt-Bergen). Mehr als 50 Häuser aus der ganzen Region sind hier zu einer kleinen Museumsstadt wiederaufgebaut worden. Der Großteil der Holzhäuser stammt aus dem 17. bis 19. Jahrhundert. Sie dienen nicht nur als schöne Kulisse, sondern geben auch in ihrem Inneren einen Eindruck vom Leben vor 200 Jahren. Auch Friseursalons, Uhrmacherwerkstätten, Fotostudios oder Zahnarztpraxen wurden originalgetreu wiederaufgebaut. Das Museumsgelände liegt im Norden der Innenstadt. In der Sommerzeit zieht mit Vorführungen alter Handwerks- und Alltagskunst wieder Leben in die geschichtsträchtigen Häuser ein: Schmiede hämmern das Eisen, beschürzte Frauen backen Brote. Ein Café und ein Museumsladen runden die kleine Stadt ab.

Stabkirche Fantoft Die Stabkirche Fantoft im ländlich geprägten Stadtteil Fana in Bergen ist der Nachbau einer Stabkirche, die um 1150 in Fortun am Sognefjord errichtet worden war. Als das mittelalterliche Gotteshaus im ausgehenden 19. Jahrhundert wie viele andere Stabkirchen an seinem ursprünglichen Standort abgerissen und durch einen Neubau ersetzt werden sollte, kaufte Konsul Fredrik G. Gade die Holzkirche, ließ sie zerlegen, nach Bergen verschiffen und 1883 auf seinem Grundstück auf Fantoft wieder aufbauen. Fehlende Teile wurden nach dem Vorbild der Stabkirche von Borgund ergänzt. Während einer Serie von Kirchenbrandstiftungen durch Mitglieder der Satanistenszene wurde 1992 auch die Fantoft-Stabkirche tragisch niedergebrannt. Seit der Vollendung des Wiederaufbaus 1997 ist sie wieder eine der meistbesuchten Sehenswürdigkeiten von Bergen.

Hordaland

Inseln, Schären und geschützte Buchten, Fjorde mit steil aufragenden Felsen, gewaltige Wasserfälle, Bergketten und Gletscher: In der ehemaligen Provinz Hordaland – seit 2020 gehört der Landesteil zur neu gebildeten Provinz Vestland – zeigt sich Fjordnorwegen von seiner charakteristischsten Seite. Vom 179 Kilometer langen Hardangerfjord wird sie quasi in zwei Teile zerschnitten. Der Fjord, der ein beliebtes Naherholungsziel der Einwohner Bergens ist, ist der zweitlängste des Landes. Weitverzweigt in Nebenarme, erstreckt er sich von der Inselwelt im Südwesten bis an den Fuß der Hardangervidda, des als Nationalpark ausgewiesenen größten Hochgebirgsplateaus Nordeuropas. Doch auch die Inselwelt rund um Bergen bietet einiges an Ausflugsmöglichkeiten. Allein der Austevoll-Archipel, der die Küste im Westen Bergens dominiert, zählt 667 Inseln.

Die Marienkirche ist eine von nur wenigen norwegischen Kirchen, deren Bilder und Statuen die Reformation 1536 überdauerten.

Im 18. Jahrhundert galt Bergen als größte Holzhausstadt Europas – eine Zeitreise dorthin bietet das Freilichtmuseum »Gamle Bergen«.

Stabkirchen: stumme Zeugen der Zeit

Die Stabkirchen sind das bedeutendste Kulturerbe Norwegens aus der jahrhundertelangen Zeit der Christianisierung. Während in großen Städten steinerne Kirchen errichtet wurden – etwa die Dome in Trondheim und Stavanger –, wurden in den ländlichen Regionen ab der Zeit König Olavs des Heiligen († 1028) rund 1000 Stabkirchen erbaut. Nach der Reformation riss man die meisten ab, manche verfrachtete man als pittoreske Sehenswürdigkeit an andere Orte und baute sie

dort wieder auf wie die Stabkirche von Vang (seit 1844 im schlesischen Krummhübel im Riesengebirge) oder die Stabkirche von Garmo: In ihr wurde 1859 Literaturnobelpreisträger Knut Hamsun getauft, heute ist sie ein Prunkstück im Freilichtmuseum Maihaugen in Lillehammer. In Norwegen selbst sind nicht einmal drei Dutzend Stabkirchen erhalten, die meisten davon kann man im Vestlandet finden. Namengebendes Merkmal der ein- oder dreischiffigen Sakralbauten sind die senkrecht gestellten Pfosten (»Stäbe«), die das charakteristische Dach stützen. Die Außenwände werden durch in einen Rahmen eingelassene Holzplanken gebildet. Die »Stäbe« werden oft mit Schiffsmasten verglichen, doch ist bis heute umstritten, ob die Inspiration tatsächlich daher rührt oder von der Architektur nordischer Königshallen übernommen wurden. Die wohl älteste Stabkirche der Welt, die Stabkirche Urnes, steht am Lusterfjord und gehört zum UNESCO-Welterbe.

Bergens Umgebung

Direkt an der Stadtgrenze Bergens beginnt die Natur – und was für eine! Fjorde, Fjell und eindrucksvolle Wasserfälle lohnen Ausflüge und Wanderungen. In Tälern und an Fjordufern findet man zudem pittoreske Orte mit lebhafter Kultur und jahrhundertealten Traditionen.

Am schmalen Flusslauf entlang führt ein Wanderweg, bis man schließlich am Fuße des tosenden Vøringsfossen steht.

Dale Eingebettet in die Berge Vestlands liegt das hübsche Dorf am westlichen Ausläufer des Bergdalen. Es ist über die Europäische Route E16 gut zu erreichen. Die kurvigen Strecken versprechen entspanntes Fahrvergnügen, zum Beispiel auch von Dale aus über die Fv 314 bis hin zu den Seen Bergsvatnet oder Hamlagrøvatnet. Der Ortsname Dale ist bekannt für die traditionellen norwegischen Strickwaren mit ihren Norwegermustern, die hier hergestellt und vor Ort, nahe dem Bahnhof, verkauft werden. Inzwischen sind sie international bekannt.

Vossevangen Der Ort in der Vestland-Gemeinde Voss liegt malerisch am Vangsvatnet-See. Wanderungen oder Rafting-Touren sind hier noch die gewöhnlichsten Angebote, das Fliegen in einem Windtunnel ist schon spektakulärer. Über allem thront der Berg Hanguren. Den 820 Meter hohen Gipfel erreicht man mit der Voss-Seilbahn, die erst 2019 in Betrieb genommen wurde, in etwa sieben Minuten. Der Blick über die westnorwegische Berglandschaft auf den Ort Voss ist atemberaubend. Wer sich traut, kann mit einem Paraglider zurück ins Tal gleiten. Wem bei dem Gedanken eher mulmig wird, sei das größte Restaurant von Voss auf der Bergkuppe empfohlen.

Vøringsfossen Er gehört zu den berühmtesten Wasserfällen Norwegens: der Vøringsfoss mit seinem spektakulären Panorama um sich herum. Tiefe Schluchten säumen den Rand des Fjellplateaus Hardangervidda, Europas größter Hochebene. Am Westrand des Hochplateaus stürzt das Wasser 183 Meter in die Tiefe, davon immerhin ganze 145 Meter im freien Fall. Doch nur im Sommer rauschen hier große Wassermassen beständig hindurch, denn eigentlich werden sie zur Stromerzeugung genutzt. Die Betreiber des Kraftwerks wollten ursprünglich die Naturschönheit drosseln und takten, doch wenigstens für die Touristensaison in den Sommermonaten ist dieses Vorhaben gestoppt worden. Wer es liebt, mit dem Rauschen des Wassers einzuschlafen, bucht sich im nahe gelegenen Fossli-Hotel ein Zimmer. Dort haben Besucher beim Blick auf den Wasserfall einen Logenplatz.

Vossajazz

Norwegen ist bekannt für viele Musikveranstaltungen. Zu den frühesten im Jahr gehört das Anfang April drei Tage lang stattfindende »Vossajazz«. Konzerte im Rahmen dieses Jazzevents gibt es auf mehreren Bühnen der Stadt. Neben norwegischen Musikern zieht es in jedem Jahr auch internationale Bands hierher. Ein zweiter Schwerpunkt ist Folk und Weltmusik, die Interpreten kommen aus allen Teilen der Erde. Und seit seiner Gründung 1983 wird auf dem Festival auch eine jedes Mal neu in Auftrag gegebene Langkomposition norwegischer Musiker uraufgeführt.

Hardangerfjord Der mehr als 150 Kilometer lange Hardangerfjord ist der König der Fjorde. Weit verzweigt in Nebenarme, erstreckt er sich von der Inselwelt im Südwesten bis an den Fuß der Hardangervidda, des als Nationalpark ausgewiesenen größten Hochgebirgsplateaus Nordeuropas. Die nordöstlichen Fjordzungen umschließen die Halbinsel Folgefonna, deren vergletscherte Hochgebirgswelt ebenfalls als Nationalpark unter Schutz steht. Mit seinen Gipfeln, Skigebieten und Gletschern auf den Höhen ebenso wie mit Kirschblüten in sonnenverwöhnten Tieflagen zählt Hardanger zu den malerischsten und abwechslungsreichsten Landschaften Norwegens. Darüber hinaus ist es eine Region, in der man der aktiven Pflege einer über Jahrhunderte gewachsenen Kultur noch einen zentralen Platz einräumt, etwa im Trachtenwesen (Hardangerstickerei) und in der Musik und den Tänzen. Auch findet man hier mit dem Vøringsfossen und der markanten Felsformation Trolltunga zwei der berühmtesten Natursehenswürdigkeiten des Landes, zu denen sich die Wanderung mehr als lohnt.

TIPP *

7-fjellsturen

Die sieben Bergrücken an der Bucht von Bergen werden seit über 70 Jahren beim großen sportlichen Volkswandern nacheinander erwandert oder erlaufen. Wer die Streckenwanderung oder eine der kürzeren Varianten individueller und nicht in Wettbewerbsform unternehmen möchte, kann dies natürlich auch an einem anderen Tag machen, an dem es ruhiger zugeht. Von Gravdal startet man zum ersten Gipfel, dem 396 Meter hohen Lyderhorn. Es folgen Damsgårdsfjellet mit 317 Metern, dann der Løvstakken, der 477 Meter hoch ist. Danach folgt eine besondere Erfahrung: Der höchste von allen, der Ulriken, steht bevor. Er kommt auf immerhin 643 Meter und ist ein beliebtes Revier von Mountainbikern. Danach ist der 400 Meter hohe Fløyen an der Reihe, der über Forstwege gut zu erklimmen ist und mit einer Aussichtsplattform belohnt, der Rundemanen (568 Meter) und schließlich der Sandviksfjellet. Ein Großteil seiner 417 Meter ist über steile Steinstufen zu erreichen. Für diejenigen, denen die insgesamt 35 Kilometer zu viel sind, gibt es auch kürzere Varianten. Beim »4-fjellsturen« startet man in Årstad und nimmt sich direkt den Ulriken vor, bei der Möglichkeit des »3-fjellsturen« sind nur noch die letzten drei Gipfel ab dem Fløyenrestaurant zu laufen.

Sieben Berge umgeben die Stadt unmittelbar, der höchste davon ist Ulriken, zu erkennen an den Masten für Telekommunikation und Rundfunk.

Die Idylle Norwegens im Kleinformat findet man auf dem Inselschen Omaholmen im Hardangerfjord.

Wanderung am Sørfjord

Das Ufer dieses 38 Kilometer langen Seitenarms des Hardangerfjords eignet sich für wunderschöne Wanderungen. Dabei gelangt man u. a. zu einigen spektakulären Wasserfällen wie dem 103 Meter in die Tiefe stürzenden Tveitafoss. Die Wanderung beginnt am Fuß dieses Naturphänomens in der Nähe eines Wasserkraftwerks und führt auch zum Søte- und zum Nykkjesøyfoss. Aufgrund der Gischt der Wasserfälle gedeiht eine üppige Pflanzenwelt; die Felsen sind mit einer dicken Moosschicht bedeckt, Baumstämme von einem dichten Flechtenkleid. Nach etwa vier Stunden ist man wieder am Ausgangspunkt.

Sørfjord Dieser Nebenarm des Hardangerfjords erstreckt sich in südliche Richtung und schneidet 38 Kilometer tief in das Land ein. Im Westen ragt die vergletscherte Bergwelt der Folgefonna-Halbinsel auf. An den von der Sonne verwöhnten Hängen des Ostufers, die den westlichen Rand der Hardangervidda bilden, wird seit alters her Obst angebaut. Möchte man die Region besuchen, hat man die Qual der Wahl, für welche Jahreszeit man sich entscheidet: Während der Obstblüte im Frühsommer ist die Landschaft in ein zartes Rosa oder Weiß getaucht. Zur Erntezeit im Herbst bieten dann viele Obstbauern an dem den Fjord entlangführenden Riksvei 13 ihre Erzeugnisse an. In Lofthus, dem unweit der Mündung des Sør- in den Hardangerfjord gelegenen Zentrum des Obstanbaus in der Region, laden das Sommerhaus des berühmten Komponisten Edvard Grieg (1843–1907) sowie eine mittelalterliche Steinkirche zu einer Besichtigung ein. Im Nachbarort Kinsarvik beginnt ein Wanderweg, der durch das Husedalen an vier Wasserfällen vorbei in

Hardanger Fartøyvernsenter

TIPP *

Die 1984 eröffnete Museumswerft widmet sich ganz dem Schiffsbau. Besucher können Handwerkern bei der Arbeit über die Schulter blicken oder aber selbst Hand anlegen und ein Spielzeugboot bauen. Außerdem lernen sie, wie ein Seil geschlagen wird und wie sich das Handwerk im Laufe der Zeit verändert hat. Diverse Filme zu Themen wie Wasserwege oder das Leben der Frauen an der Küste gehören zum Museumsprogramm. Im Sommer können Fahrten auf dem Fjord gebucht werden, etwa mit der »Mathilde« oder der »Vikingen«.

das Hardangervidda-Gebiet führt. Die am anderen Ende des Sørfjords gelegene Stadt Odda bietet sich als Ausgangspunkt für Touren auf die Folgefonna-Halbinsel in den Nationalpark an. Eine Straße führt von dem von Industriebetrieben geprägten Ort das Westufer des Sørfjord entlang und um die Nordspitze Folgefonnas herum. Bis zur Eröffnung des Folgefonna-Tunnels stark frequentiert, wird sie heute für Ausflüge in den malerischen kleinen Ort Utne an der Nordspitze der Halbinsel genutzt. Hier lockt besonders das Hardanger Folkemuseum mit dem Nachbau eines historischen Dorfes und einer Ausstellung zu lokalem Brauchtum. In Odda bieten Veranstalter zudem organisierte Touren in das Folgefonna-Gletschergebiet an – besonders ungeübten Kletterern sind diese dringend ans Herz zu legen.

Lofthus Eigentlich ist es nur ein kleines Dorf, dennoch rühmt sich Lofthus mit Gästen von Weltrang: Edvard Grieg hatte hier eine kleine Komponierhütte, in der er Werke wie »Der Verzauberte« und Teile der Peer-Gynt-Suiten ersann. Die Hütte gehört heute zum Garten des Hotels Ullensvang. Sehenswert sind aber auch die alte Steinkirche mit ihren Buntglasfenstern und das Skredhaugen-Freilichtmuseum mit seinen historischen Bauernhofgebäuden. Wer schon in der Gegend ist, sollte sich eine Wanderung auf dem Hardanger Fruktsti (» Hardanger Obstpfad«) auf gar keinen Fall entgehen lassen, schließlich ist die Gegend das größte Obstanbaugebiet Norwegens. Äpfel, Kirschen und Birnen wurden von den Mönchen des Zisterzienserordens vor rund 900 Jahren ins Land gebracht. Heute wachsen rund eine halbe Million Obstbäume allein in der Gemeinde Ullensvang, zu der Lofthus gehört.

Kein Wunder, dass Edvard Grieg in der Natur um Lofthus so viel Inspiration fand.

Tag 2: Florø bis Molde

Während man die Aussicht aufs Meer und zahlreiche Inseln genießt, kann man sich schon auf ein architektonisches Highlight freuen. Denn am zweiten Reisetag hält man unter anderem in Ålesund an. Die Hafenstadt zeigt sich in prächtigem Jugendstil, seit sie nach einem verheerenden Stadtbrand Anfang des 20. Jahrhunderts nahezu komplett neu aufgebaut werden musste. Mit dem spektakulären Geirangerfjord durchfährt man zudem in den Sommermonaten eine der berühmtesten Natursehenswürdigkeit Norwegens.

INFO *

NORDGEHENDE ROUTE, TAG 2

Hafen	Jan-Mai, Nov-Dez	Juni-Okt
Florø	2.45 -3.00	2.45 -3.00
Måløy	5.15-5.30	5.15-5.30
Torvik	8.20-8.30	8.20-8.30
Ålesund	9.45-20.00	9.45-10.00 und 18/19.00-20.00
Hjørund-fjord		12.15-15.45 (nur Sep/Okt)
Geiranger		14.25-14.45 (nur Juni-Aug)
Molde	22.35-23.05	22.35-23.05

⚓ Florø Auch wenn sich die Einnahmequellen der rund 11 000 Einwohner im Laufe der Jahrhunderte immer wieder veränderten, eines haben sie gemeinsam: Allesamt stehen sie in enger Beziehung zum Meer – einst der Schiffsbau, stets die Fischerei und heute zudem die Förderung von Erdöl offshore. Für Besucher lohnt sich vor allem das Kystmuseum. Siehe Südgehende Route, S. 228

⚓ Måløy Måløy liegt in der Inselgemeinde Vågsøy an der Mündung des Nordfjords und ist der zweite Hurtigruten-Hafen nach Bergen. Wie in Florø sind die meisten Einwohner im Fischfang tätig oder auf der Werft beschäftigt. Måløy zählt neben Ålesund und Tromsø zu den größten Fischereigemeinden Norwegens. Sehenswert ist das hiesige Fischereimuseum. Eine Besonderheit des Ortes ist die Måløy-Brücke über den Ulvesund: Mit 1224 Metern gehört sie zu den zehn längsten Straßenbrücken des Landes. Nicht nur sehenswert, sondern vor allem hörenswert ist das Bauwerk, denn bei bestimmten Windstärken erklingt dort ein »hohes C«. Måløy ist der westliche Endpunkt der Reichsstraße 15 am Nordufer des Nordfjords und längs des bis zu 514 Meter tiefen Hornindalsvatn, des tiefsten Binnensees Europas.

Vågsøy Die nördlich der Mündung des Nordfjords gelegene Insel Vågsøy ist ein beliebtes Ausflugsziel. Sie ist über eine 1274 Meter lange Brücke mit dem Festland verbunden und kann am besten über den Riksvei 15 erreicht werden. Die raue Inselnatur lädt zu einsamen Küstenwanderungen ein. Vågsøy ist für seine vier Leuchttürme berühmt, und drei von ihnen bieten sogar Übernachtungsmöglichkeiten an. Der Leuchtturm Kråkenes Fyr (»Krähenfeuer«) ist ein schneeweißes Gebäude im Norden der Insel und bietet eine großartige Ansicht, wenn es – vor allem an stürmischen Tagen – Wind und Wellen trotzt, damit sein Leuchtfeuer die Schiffe vor den tückischen Gewässern warnen kann. Darüber hinaus ist Vågsøy ein Zentrum des Fischfangs, hier liegt mit Måløy der zweitwichtigste Fischereihafen des Landes.

An der Westküste von Vågsøy hat die See bizarre Felsformationen aus dem Eklogitgestein gewaschen, wie das Naturdenkmal »Kannesteinen«.

Hurtigruten
Molde
Ålesund
Torvik
Fosnavåg
Ulsteinvik
Langevåg
Spjelkavik
Sykkylven
Stranda
Ørsta
Volda
Geiranger
Geirangerfjorden
Storseterfossen
Måløy
Florø
Bergen
Nordøyane
Sørøyane
Sunnmøre
Nordmøre
Romsdalsfjorden
Moldefjorden
Fannefjorden
Åndalsnes
Trollstigen
Stryn
Nordfjordeid
Sandane
Førde
Naustdal
Sunnfjord
Høyanger
Sognefjorden
Sognesjøen
Sogndal
Leikanger
Balestrand
Vik
Lærdalsøyri
Aurlandsvangen
Flåmsbanen
Bergensbanen
Kjosfossen
Jostedalsbreen nasjonalpark
Breheimen nasjonalpark
Jotunheimen nasjonalpark
Hardangervidda nasjonalpark
Folgefonna nasjonalpark
Stølsheimen
Nordhordland
Voss
Dale
Indre Arna
Fana
Osøyro
Hardangerfjorden
Odda
Eidfjord
Kinsarvik
Vøringsfossen
Tvindefossen
Kvinnafossen
Fedje
Sula
Ytre Sula
Bud
Vestnes
Brattvåg
Hareid
Larsnes
Selje
Svelgen
Askvoll
Hyllestad
Lindås
Knarvik
Manger
Rosendal
Tyssedal
Strandebarm
Tysse
Øystese
Norheimsund
Ulvik
Ørsta
Hellesylt
Hjelmeland

Nordfjord Auf einer Länge von 105 Kilometern schneidet der Nordfjord tief ins Land. Er ist der sechstlängste Fjord Norwegens und gilt auch als einer der höchsten, wildesten und schönsten. Während an seinem inneren Ende die Eiskappe des Jostedalsbreen schwer aufs Land drückt, leckt bei Stryn mit dem Briksdalsbreen seine berühmteste Gletscherzunge. Im nahen Loen bietet die steile Seilbahn Skylift einen spektakulären Blick auf die Fjordlandschaft, ihre Gipfel und eisblauen Gewässer. Darunter der Hornindalsvatnet, mit 514 Metern unter dem Meeresspiegel Europas tiefster See. Das architektonisch eindrucksvolle Sagastad Center bei Myklebus zeigt ein 30 Meter langes Wikingerschiff. Hier liegt auch der Ursprung des Fjordpferds, des falben Nationalpferds Norwegens, eine der ältesten Pferderassen weltweit.

Torvik und die Vogelinsel Runde In der Nähe des kleinen Hafens Torvik liegt Runde. Die Insel im Sørøyane-Archipel ist Norwegens südlichstes Vogeleiland. In den Felswänden der nur sechs Quadratkilometer kleinen Insel brüten alljährlich 500 000 bis 700 000 Seevögel vor der großartigen Kulisse der Sunnmørsalpen, darunter Norwegens mit 5000 Brutpaaren größte Kolonie von Eissturmvögeln. Die Hauptbrutzeit ist Mai bis Juni, die Seeadler hingegen legen ihre Eier bereits im März. Weite Teile der Insel stehen unter Naturschutz und dürfen zwischen dem 15. März und dem 31. August nicht betreten werden. Weitere Brutvögel sind Dreizehenmöwen, Trottellummen, Tordalken und Basstölpel. Das Leuchtfeuer von Runde mahnt an die Gefährlichkeit des Fahrwassers und die vielen Schiffstragödien im Archipel. Bis heute werden historische Münzen aus den Wracks angeschwemmt.

Man könnte meinen, irgendwann gewöhne man sich an den Zauber der norwegischen Land-

Entspannt unterwegs in der Landschaft des Nordfjord

Zwischen dem größten Festlandgletscher Europas und der wilden norwegischen Küste windet sich der Nordfjord in dramatisch schöner Landschaftskulisse. Eine entspannte Art, den Fjord zu erleben, ist eine Kajaktour. Wer den Blick auf die Fjordlandschaft jedoch lieber von oben und trockenen Fußes genießen möchte, findet in der Region auch viele Wanderwege unterschiedlicher Schwierigkeitsgrade.

schaft. Doch mit jedem Fjord, der sich bei der Schiffsreise neu vor den Augen öffnet, wird man aufs Neue von der Natur gefangen genommen.

Auch von der gefiederten Fauna der Vogelinsel Runde abgesehen, ist das Eiland einen Besuch wert – und sei es nur für den Panoramablick.

Norwegens Vogelwelt: Artenvielfalt an den Felsküsten

Mit der rauen Küste, den einsam über den Fjorden aufragenden Felsen und den planktondurchsetzten und damit fischreichen Gewässern bietet Norwegen einen idealen Lebensraum für Vögel. Mehr als 20 sogenannte Vogelfelsen liegen in den Gewässern und machen das Land zur weltgrößten Kolonie von Seevögeln. Bis auf Runde liegen fast alle Vogelinseln im Norden des Landes. Sie bieten Besuchern ein einmaliges Naturschauspiel: Die gefiederten Tiere leben dort wie im Hoch-

haus – jede Etage hat ihre eigenen Vorzüge für die Bewohner. Der König der Lüfte ist hier der Seeadler, der gern auch mal einen kleineren Vogel verspeist. Papageitaucher sind ebenfalls höhenerprobt, sie graben sich kleine Höhlen unter die Grassoden. Besonders wohl fühlen sich in Norwegen Lummen, Tölpel oder Prachttaucher. Doch der erstaunlichste Bewohner der Lüfte ist die Küstenseeschwalbe, denn sie fliegt in einem Jahr fast einmal um die Erde und erhascht wohl von allen Tieren die größte Menge Tageslicht. Im Sommer hält sie sich in der Arktis auf, und wenn dort der Winter beginnt, macht sie sich auf den Weg ans andere Ende der Erde, in die Antarktis, wo es Sommer wird. Die ständige Helligkeit in den Polargebieten ist für den Vogel lebensnotwendig, denn er hat sich auf Sichtjagd spezialisiert. Wenig erfreulich ist, dass von den rund 50 Küstenvogelarten Norwegens die Hälfte auf der Roten Liste steht und damit als im Bestand bedroht gilt.

Torvik und die Vogelinsel Runde

Basstölpel, mit über zwei Meter Flügelspannweite die größten Seevögel der Nordhalbkugel, ziehen zu Tausenden von Ende Februar bis März von den Überwinterungsgebieten im Atlantik auf die felsige Insel Runde vor der Küste. Und das ist ein eindrucksvoller Anblick, denn die meisten von den jährlich rund 2200 Brutpaaren bauen ihr Nest direkt an einer steilen Felswand auf der Nordwestseite der Insel.

Wohl der bekannteste Anblick des Geirangerfjords ist jener, der sich von der Aussichtsplattform Ørnesvingen aus bietet.

Geirangerfjord Der Geirangerfjord in der Region Sunnmøre steht als eine der schönsten Landschaften der Erde als Weltnaturerbe unter dem Schutz der UNESCO. Während der innerste Arm des Storfjords im Winter vereist ist, unternehmen die Hurtigruten-Schiffe im Sommer auf der nordgehenden Route von Ålesund aus den Abstecher durch den 15 Kilometer langen Fjord, an dessen Ende das 250-Seelen-Dorf Geiranger liegt. Vom Schiff aus zu sehen sind die berühmten Wasserfälle, ein Aussichtspunkt ist der Preikestolen ihnen gegenüber, nicht zu verwechseln mit der gleichnamigen Kanzel am Lysefjord. Die Passstraße Ørnevegen (Adlerweg) von Geiranger nach Eidsdal ist mit neun Haarnadelkurven und zahlreichen Aussichtsstellen eine der schönsten Bergstraßen Skandinaviens. An der Serpentine »Ørnesvingen« bietet sie einen atemberaubenden Blick auf den Geirangerfjord.

Geiranger Im winzigen Geiranger am Ende des gleichnamigen Fjords schwillt die Bewohnerzahl im Takt der Jahreszeiten auf und ab. Während wenige Hundert Menschen auch im Winter in der Idylle des Tals leben, sind es im Sommer einige Tausend. Dann ist Hochsaison, Kreuzfahrtschiffe legen an und Besucher strömen an Land: um für unerhört gute Aussichten auf die umliegenden Gipfel zu steigen oder zu einem Besuch im Norsk Fjordsenter, dem Infozentrum über die westnorwegische Fjordlandschaft, die zum Welterbe der UNESCO gehört. Geiranger taucht schon früh auf der Landkarte auf. Seit 1450 gibt es eine Kirche im Ort. Schon damals führte ein Gebirgsweg ins ferne Lom, um Hering, Salz oder Getreide zu handeln. Der wichtigste Weg bleib jedoch der übers Wasser. 1858 legte das erste Dampfschiff an. 1884 entstand das erste Hotel. Geiranger hatte den Tourismus für sich entdeckt.

So berühmt der Geirangerfjord ist, so klein ist der gleichnamige Ort an seinem Ende. Nicht einmal 300 Einwohner leben hier.

Die sieben Schwestern und ihr Freier

Gipfel, Gletscher und Gebirgsbäche bieten die besten Voraussetzungen für rauschende Wasserfälle. Im Geirangerfjord stürzt das Wasser gleich an mehreren Stellen atemberaubend schön in die Tiefe. Während der »Brautschleier« bauschend über die Felsen fließt und im durchscheinenden Sonnenlicht wie feines Gewebe wirkt, fallen die »De Syv Søstre« – die Sieben Schwestern (unten) – einträchtig und beinahe senkrecht 250 Meter tief in den Fjord. Besonders eindrucksvoll entfalten sie sich während der sommerlichen Schneeschmelze. Um die Wasserfälle rankt sich die Legende des unglücklichen Freiers, der nacheinander um die Hand von sieben Schwestern anhielt. Von jeder bekam er einen Korb. In seiner Enttäuschung verfiel er dem Alkohol. Soweit die Legende, die im Wasserfall »Freier« am gegenüberliegenden Ufer Gestalt annimmt. Die beste Sicht auf die Fälle im Fjord bietet sich vom Wasser aus. An Land führt etwa der Nationalwanderweg Fosseråsa zu einem weiteren Naturschauspiel: dem Storsæterfossen, hinter dessen Wassern man sogar gehen kann.

Doch nicht zuletzt dank der Hurtigruten spült es zahlreiche Touristen in den Ort mit seinen historischen Fischerhäusern.

Geirangerfjord

Tiefblau inmitten üppig grüner Vegetation – so präsentiert sich der Geirangerfjord vom beliebten Aussichtspunkt Flydalsjuvet aus. Fjorde sind ursprünglich von der Eiszeit geformte Trogtäler. Es gibt sie auch in Schottland oder Grönland, doch nirgendwo weisen die Meeresarme so spektakuläre Formen auf wie in Norwegen. Der berühmteste Fjord hierzulande ist zweifellos der Geirangerfjord.

Landausflug zur Dalsnibba »Vielleicht die fantastischste Aussicht der Welt« – so preist die Gemeinde Geiranger das 1500 Meter hohe Plateau an der Dalsnibba an, die sich oberhalb des Geirangerfjords erhebt. Über Serpentinen schraubt sich der Nibbevegen ab der Djupvasshütte mautpflichtig hinauf, und Autofahrer sollten angesichts der steilen Kurven und der senkrecht abfallenden Hänge schon schwindelfrei sein. Oben angelangt, betritt man ein karges Felsplateau. Vor einem liegt nun ein majestätisches Panorama aus Fjorden und schneebedeckten Bergen, das Besucher verstummen lässt. Der Nibbevegen wurde bereits 1948 eröffnet, um den Geirangerfjord für Touristen zu erschließen. Erst seit dem Sommer 2013 ist die Straße asphaltiert. Da die Strecke vom Fjord bis zum Gipfel 21 Kilometer misst, wird im Sommer hier ein Halbmarathon zu Fuß oder mit dem Fahrrad ausgetragen – nur für Hartgesottene!

Fahrt in den Hjørundfjord Der Hjørundfjord gehört zu den markantesten Fjordlandschaften Norwegens. Über 35 Kilometer gräbt er sich in die majestätische Bergwelt der Sunnmørsalpen mit ihren steilen Felswänden, grünen Almwiesen und einsamen Bergdörfern. Von den Einheimischen heißt es, schöner könne Norwegen nicht sein. Die scharfkantigen Zinnen und Zacken, die den Charme der Sunnmøre ausmachen, entstanden während der Eiszeit. Als sogenannte Nunataks ragten sie über mächtige Gletscherkappen und wurden von Wind und Wasser in Form geschliffen. Mit 1717 Metern ist der Kvitegga ihr höchster Gipfel. Im Norangsdalen liegt das geschichtsträchtige Belle-Époque-Hotel Union, das seit 1891 viele gekrönte Häupter Europas sah: Wilhelmina der Niederlande, Oskar II. von Schweden oder den deutschen Kaiser Wilhelm II. Noch heute verwöhnt man hier Gäste mit kulinarischen Spezialitäten der Region.

Die Dalsnibba südöstlich von Geiranger bietet einen traumhaften Blick auf den Geirangerfjord …

Ruhige Atmosphäre am Hjørundfjord.

Schneebedeckt blicken die Gipfel auf das tiefblaue Wasser des Hjørundfjords hinab.

… inmitten der vergletscherten Bergwelt von Sunnmøre. Mehrere bekannte Ferienstraßen verlaufen hier, etwa der Geirangervegen.

Bergwanderung im Hjørundfjord

Wo der Norangsfjord vom Hjørundfjord abzweigt, geht es an Land. Vom kleinen Dorf Urke führt ein alter Forstweg ins spektakuläre Gebirge der Sunnmørsalpen. Ein teils steiler Anstieg über zerklüftetes Gelände, der eine gewisse Kondition erfordert. Vom Gipfel ist die Aussicht über den Fjord, die Alpen und die Dörfer Urke und Sæbø im Tal atemberaubend. Die Wanderung passiert eine verlassene Bärenhöhle.

⚓ **Ålesund** Ihr vom Jugendstil geprägtes Bild macht die Kleinstadt sehr attraktiv. Doch das ist es nicht allein: Ålesund erstreckt sich über mehrere Inseln, die über Brücken miteinander verbunden sind. Dass es sich mit einem relativ modernen Gesicht zeigen kann, liegt in einem verheerenden Feuer begründet: 1904 brannte die Innenstadt fast komplett nieder. Der Norwegen sehr wohlgesonnene deutsche Kaiser Wilhelm II. ordnete Katastrophenhilfe an – und die Kleinstadt erstrahlte bald schöner denn je. Allerdings durften die Häuser von da an nur noch aus Stein erbaut werden. Mit 428 Einwohnern pro Quadratkilometer weist die Stadt eine für norwegische Verhältnisse ungewöhnlich hohe Bevölkerungsdichte auf. Die Verleihung der Stadtrechte erfolgte erst im Jahr 1848, als sich die Einwohnerzahl aufgrund des Ausbaus zum größten Fischereihafen Norwegens rasch erhöhte.

Trankocherei In dem über 100 Jahre alten Gebäude direkt am Wasser wurde früher das Walfett für die Weiterverarbeitung zu industriellen Schmierstoffen, Lampenölen, pharmazeutischen und kosmetischen Produkten aufbereitet. Heute ist hier ein Shoppingcenter mit Antiquitätengeschäften untergebracht.

Besonders im Stadtkern von Ålesund ist die changierende Architektur geprägt von Tradition und Moderne. Allgegenwärtig ist auch das Wasser.

Sobald die Sonne im Meer versunken ist, erstrahlt Ålesund mit zahlreichen warmen Lichtern.

TIPP *

So wird mein Tag …

Hurtigruten-Anleger
Der Skansekaia liegt quasi direkt im Stadtzentrum, unweit des Jugendstilviertels und vieler Shopping-Möglichkeiten.

Liegezeiten
In Juni und Juli wird der Geirangerfjord angefahren, daher nur sehr kurzer Aufenthalt, in den übrigen Monaten mindestens drei Stunden.

Unbedingt machen!
Die 418 (!) Stufen des Hausbergs Aksla erklimmen und die atemberaubende Aussicht auf sich wirken lassen!

Entdecken!
Am frühen Morgen laufen die Fischer im Hafen ein – immer ein Spektakel, wenn sie dort Krabben und Krebse direkt vom Kutter verkaufen! Ein Bummel auf dem Moloveien mit seinen Antiquitätengeschäften ist ebenfalls ein toller Spaziergang

Wenn noch Zeit ist …
Das exzellent ausgestattete Jugendstilzentrum ist im Gebäude der ehemaligen Schwanenapotheke untergebracht. Multimediaprogramme machen hier mit der Geschichte der Stadt und insbesondere ihrer berühmten Jugendstilarchitektur vertraut. Die Originalausstattung der Apotheke ist heute noch erhalten. Auf dem Vorplatz erinnert ein Denkmal an die Walfangtradition der Stadt.

Hausberg Aksla Ålesunds Stadtberg Aksla ragt 189 Meter hoch über den Fjord. Um seinen Fuß schmiegen sich pastellfarbige Jugendstilhäuser und ein Park, wo die Statue des Wikingers Gange-Rolv auf Bewunderer wartet. Seit Ende des 19. Jahrhunderts führt von dort eine Treppe mit 418 Stufen auf den Berg. Zwei Aussichtsplattformen – Kniven und Fjellstua – bieten eine wunderbare Sicht auf das Häusergewirr der Stadt, auf die Fjordlandschaft mit ihrer einmaligen Inselwelt aus Schären, Holmen und den Eilanden Valderøya, Giske und Godøy und auf das Panorama der majestätischen, schneebedeckten Sunnmørsalpen in der Ferne. Rund um den Gipfel der Aksla ist ein gut markiertes Wegenetz angelegt. Nach einer Wanderung lohnt die Einkehr an der Bergstation Fjellstua. Im Sommer genießt man dort Außengastronomie und an klaren Tagen den Sonnenuntergang im Meer.

Fiskerimuseet (Fischereimuseum) An der Frontseite in strahlendem Weiß prangt der große Schriftzug »Oluf Holm A/S«, das an die gleichnamige Fischerei erinnert. Sie hatte von 1924 bis 1986 in diesem Gebäude ihren Speicher, direkt auf einer Mole am Hafen. Das Haus selbst stammt von 1861 und ist somit eines der wenigen, das dem verheerenden Brand von 1904 entging. Das heute dort angesiedelte Fischereimuseum erläutert die historische Entwicklung der Fischerei, im Besonderen die Lebertranherstellung in Ålesund. Auch der

Auch dicke Wolken schaffen es nicht immer, die untergehende Sonne zu verdecken.

Platz eins unter den norwegischen Fischereihäfen – kein Wunder, dass Ålesund ein Museum besitzt, das die Geschichte dazu dokumentiert.

Wenn man es tagsüber nicht geschafft hat, ist spätestens jetzt zum Sonnenuntergang ein guter Zeitpunkt, um den Hausberg Aksla zu erklimmen.

Midtsommer erleben

Besonders rund um Mittsommer ist der Blick auf die zerklüftete Inselstadt einfach ein Traum. Die in Dämmerung getauchte See spricht verheißungsvoll von letzten Sonnenstrahlen und die späten Nächte färben die Altstadt pittoresk ein. Gefeiert wird jedoch nicht wie sonst in Skandinavien üblich am 21. Juni, sondern zwei Tage später. Der 23. Juni ist der Vorabend des Johannestages; das norwegische *midtsommer* wird deshalb auch Sankt Hans genannt. Seit Anfang des 20. Jahrhunderts wird das Sonnenwendfeuer auf Slinningsholmen, einem Ålesund vorgelagerten Eiland, entfacht. Jugendliche der Stadt schichten heutzutage den Turm aus Holzpaletten bis zu 40 Meter hoch. Das beste Panorama zeigt sich vom Hausberg Aksla aus.

Einen Kontrast zu den zahlreichen prächtigen Jugendstilbauten im Stadtzentrum Ålesunds bietet der Ausflug ins Sunnmøre Museum.

In das schlichte Leben der Vergangenheit kann man anhand der authentischen Gebäude im Sunnmøre Museum eintauchen.

Im Atlanterhavsparken ist der durch Überfischung und den menschengemachten Klimawandel gefährdete Kabeljau noch zu beobachten.

Klippfischexport nach Südeuropa, für den Kabeljau gefangen, geschnitten, gesalzen und getrocknet werden musste, wird erläutert. Die Tiefseefischerei inklusive Trawlern und Funkverkehr ist ebenso Teil der Ausstellungen. Bis heute ist Ålesund Norwegens größter Fischereihafen.

Atlanterhavsparken Der in Tueneset etwa drei Kilometer westlich von Ålesund gelegene Freizeitpark Atlanterhavsparken (Atlantikpark) zählt zu den größten Salzwasseraquarien Nordeuropas. Er wurde 1998 von König Harald V. eingeweiht. Hier wird auf beeindruckende Weise die Meeresfauna der norwegischen Küstengewässer präsentiert. Die Hauptattraktion der Anlage ist ein vier Millionen Liter fassendes Becken, in dem sich große Bestände verschiedener Fischarten des Nordatlantiks tummeln. Zu der Anlage gehört außerdem ein 6000 Quadratmeter großes Außengelände mit einer Pinguinanlage, das sich sehr harmonisch in die Küstenregion einfügt. Ein kleiner Badestrand und einige hübsche Spazierwege laden zum Verweilen ein. Auf einer Hurtigruten-Fahrt wird meist ein mehrstündiger Ausflug in das Aquarium angeboten.

Sunnmøre Museum Eines der bekanntesten Freilichtmuseen Norwegens liegt nur vier Kilometer vom Stadtzentrum Ålesunds entfernt. Das Gelände ist Teil einer ehemaligen Ausgrabungsstätte, deren Funde von der älteren Steinzeit bis zum 14. Jahrhundert die intensive archäologische Arbeit in dieser Gegend belegen. Auf einer Fläche von 120 Hektar zeigen hier 55 exemplarische Wohn- und Wirtschaftsgebäude, wie die norwegische Bevölkerung zu den jeweiligen Zeiten lebte. Sie datieren vom Mittelalter bis zum frühen 20. Jahrhundert. Trockene Geschichte also? Mitnichten! Auch mehrere Boote können besichtigt werden, darunter das Museumsboot »Heland«, das im Zweiten Weltkrieg als Fluchthelfer auf der Route zu den Shetland-Inseln diente. Den Nachbau eines Wikingerschiffs (Typ Knorr) kann man in den Sommermonaten jeden Mittwoch in Action an Bord miterleben. Ein unvergessliches Ereignis!

⚓ **Molde** Rosen und Jazz – mit diesen beiden Begriffen wird die Stadt am Moldefjord gemeinhin assoziiert. Erstere blühen üppig in den zahlreichen Rosengärten der Stadt und zweiterem geht man jedem Sommer in der 29. Kalenderwoche mit dem mehrtägigen Festival »Moldejazz« nach. Internationalen und nationalen Stars der Szene kann man dann live erleben. Siehe Südgehende Route, S. 221

Jugendstil in Ålesund

Das unweit des Hafens gelegene Zentrum von Ålesund wird von einem weltweit einzigartigen Ensemble von Jugendstilbauten geprägt. Die vielfach mit kunstvoll verzierten Erkern und Giebeln ausgestatteten Häuser wurden errichtet, nachdem in der Nacht zum 23. Januar 1904 die gesamte aus Holzhäusern bestehende Innenstadt durch einen katastrophalen Brand zerstört worden war. Die mit dem Wiederaufbau beauftragten Architekten nutzten die Gelegenheit und schufen innerhalb von wenigen Jahren eine Idealstadt, die den damaligen Vorstellungen von Urbanität vollkommen entsprach. Hilfe für den Wiederaufbau kam aus aller Herren Länder, und an die Unterstützung aus Deutschland erinnern der Straßenname »Keiser Wilhelms Gate« und ein Gedenkstein für Wilhelm II. Zahlreiche weitere berühmte Statuen und Denkmäler machen den Spaziergang durch die Stadt zu einem Lauf durch die Geschichte. Der Hurtigruten-Anleger befindet sich quasi mitten in der Stadt, und so ist es vom Schiff aus nur ein kurzer Fußmarsch zum herrlichen Jugendstilzentrum.

Von Hafen zu Hafen: Ålesund

Ålesunds Lage ist ideal für Ausflüge ins Landesinnere. Das Wasser wird man dabei dank Stor-, Sunnylvs- oder Vanylfsfjord keineswegs vermissen müssen. An sie schmiegen sich kulturell bedeutsame Ortschaften, und beste Aussichten bieten die umliegenden Berge.

Stordal und Storfjorden Der Storfjord ist sozusagen der Vater der Fjorde in Sunnmøre. Der mäandernde Meeresarm zerklüftet mit seinen Abzweigungen (Sula, Norddal, Sunnylvs, Geiranger) die Landschaft von Ålesund bis ins Landesinnere hinein nach Geiranger. Wer gerade von dort über die Adlerstraße nach Norden aufgebrochen ist, der sollte auf dem Weg nach Ålesund unbedingt in Stordal Halt machen. Dort steht die Rosekyrkja, deren weiße Außenwände zwar hübsch auf der grünen Rasenfläche anmuten, Rosen sucht man von außen jedoch vergeblich ... Das Kirchgebäude ging 1789 aus einer mittelalterlichen Stabkirche hervor. Innen dann ist die »Rosenkirche« so reich mit Ranken, biblischen Bildern, Rosen und Schnörkeln verziert, dass ihr Name sofort einleuchtet. Sie ist Teil einer historischen Siedlung von vier Gebäuden mit Pfarrstube, Speicher und einem Holzwohnhaus aus dem 18. Jahrhundert.

Aasentunet Wer sich mit der norwegischen Kultur auskennt, weiß, dass das Land zwei Schriftsprachen besitzt: Bokmål und Nynorsk. Als der »Vater« letzterer gilt Ivar Aasen. In den 1840ern bereiste er sein Heimatland und studierte unterschiedliche Dialekte, die die Grundlage für das Nynorsk bildeten. In die spannende Geschichte dieser Zeit, Leben und Arbeit des Sprachforschers sowie den heutigen Status der Sprache gibt das Museum und Dokumentationszentrum bei Ørsta wertvolle Einblicke.

Von Stranda aus bietet sich ein schöner Blick auf die tief stehende Sonne über dem Storfjord.

Wasser in jeglicher Form prägt die an Kontrasten reiche Region.

Bunt und detailreich ist die Kirche in Stordal.

Wolkenverhangen ragt »der Bischof« (»Bispen«) 1462 Meter in die Höhe.

»Route der Trolle«

TIPP *

Vom Valldalen bis zur Trollstigen

Der Name »Goldene Route« verspricht viel für die offizielle Touristenstraße zwischen Geiranger und Åndalsnes. Und sie lädt besonders nach der Fährüberfahrt von Linge nach Valldal schon zur Entschleunigung ein. Den zahlreichen Autotouristen kann vielleicht antizyklisch entkommen, wer zunächst eine Runde Ziplining im Valldal Aktivitetspark einlegt. Die Panoramastraße ist nur von Mai bis in den Herbst befahrbar, doch dann zuckeln etwa eine halbe Millionen Touristen, auch Tagesausflügler von den Kreuzfahrtschiffen, hinauf zur Passhöhe. Auf den knapp 100 Kilometern von Valldall in den Norden tauchen immer wieder grandiose Ausblicke auf: Schluchten wie die Gudbrandsjuvet, der Wasserfall Stigfossen oder reizvolle Gesteinsformationen. Außerdem hält die Strecke durch die Überwindung von rund 400 Höhenmetern auch Überraschungen am Himmel und auf der Temperaturskala parat.

Trollstigen und Isterdalen

Innerlich wappnen sollten sich Reisende gegen den mit Souvenir-Shops bevölkerten Busparkplatz kurz vor der eigentlichen Passhöhe, er bietet jedoch die einzige Haltemöglichkeit mit grandiosem Blick auf die teils nur einspurig zu befahrene Straße. Von der gut zugänglichen Aussichtsplattform aus kann man die elf Haarnadelkurven, die sich zwischen am Fuße der Berge Bispen (»Bischof«), Kongen (»König«) sowie Dronninga (»Königin«) durch das Isterdal schlängeln, Revue passieren lassen. Jede der Kurven trägt einen Namen, der sich meist vom Vorarbeiter der Straßenbauer ableitet. Die Handelsverbindung der Täler Ister- und Meierdal wurde seit Anfang des 20. Jahrhunderts sukzessive ausgebaut. König Haakon VII. eröffnete den Trollstigen schließlich 1936. Seitdem wird kontinuierlich in Straßensicherheit investiert. Auch der alte Saumpfad wurde wieder hergerichtet und dient nun als beliebter Wanderweg.

Stigfossen

Die tosenden Urgewalten dieses Wasserfalls auf etwa halber Strecke durch den Trollstigen dringen sogar bei geschlossenem Fenster und nur kurzer Fahrt über die Brücke bis ins Auto. Wer Glück hat, ist zu einer nicht so befahrenen Zeit vor Ort und kann für ein Foto anhalten – das tun viele aber auch, wenn sich schon mehrere Autos hintereinander stauen. Vorsicht, Geduld und Umsicht sind also geboten! Das Wasser stürzt 320 Meter in die Tiefe, 40 davon in freiem Fall, und ein paar Tropfen davon befeuchten sicherlich auch den ein oder anderen wagemutigen Touristen auf Fotojagd. Ein Blick nach oben lohnt ebenfalls, denn man kann schon eine Aussichtsplattform des Zielplateaus erahnen. Von dort oben stürzt der Wasserfall in die Tiefe, auch dies ein erhabener Blick. Schließlich geht es bald weiter, in Richtung der Bergsteiger-Stadt Åndalsnes. Von hier ist es nicht mehr weit zu den »Trollgipfeln« (Trolltindan).

Nicht nur der Trollstigen ist verantwortlich für die zahlreichen Besucher der Gegend, auch der Stigfossen ist wahrlich eine Attraktion.

Hellesylt und Sunnylvsfjorden Als der berühmte Dramatiker Henrik Ibsen 1862 mit dem Dampfschiff von Hellesylt in Richtung Geirangerfjord ablegte, hatte er Inspiration mit im Gepäck. Der idyllische Charme des kleinen Ortes am Sunnylvsfjorden könnte als Kulisse für sein 1866 erschienenes Drama »Brand« gedient haben, das ihm entscheidend zum literarischen Durchbruch verhalf. Hier schmiegen sich mitunter wunderschön restaurierte Bauernhäuser in die malerische Fjordlandschaft. Der Wasserfall Hellesyltfossen rauscht eindrucksvoll den Berg hinab und teilt die Gemeinde in zwei Hälften. Glücklicherweise sorgt die Hellesylt-Brücke für eine schnelle Verbindung und auch die beste Sicht auf das Wasserspiel. Davon bieten sich noch mehr bei der Fahrt über den 26 Kilometer langen Nebenarm des Storfjordes. Während Ibsen die Natur noch in aller Ruhe bestaunen konnte, fahren heute zahlreiche Kreuz- und Ausflugsschiffe durch den Fjord.

Gudbrandsjuvet Zwischen dem Trollstigen und dem benachbarten Valldal liegt die Gudbrandsjuvet, eine vom Fluss Valldøla geschaffene enge Schlucht. Skurrile Felsformationen und gewaltige Gletschermühlen bestimmen das Landschaftsbild, das von einer Fußgängerbrücke bestaunt werden kann. Die Legende will es, dass die Schlucht ihren Namen von einem Mann namens Gudbrand erhielt. Dieser soll im 16. Jahrhundert gelebt und die Frau eines Nachbarn begehrt haben. Er raubte sie kurzerhand und flüchtete – den gehörnten Ehemann samt Familie im Nacken – durch einen mutigen Sprung über die Schlucht. Man erklärte daraufhin Gudbrand für vogelfrei, und er verbrachte den Rest seines Lebens in einem Seitental der Schlucht, das heute auf den Namen Gudbrandsdalen hört und eines der herrlichsten Täler des Landes ist. Nationaldichter Henrik Wergeland nannte es passenderweise »Norwegens Tal der Täler«.

Nationalpark Reinheimen Birkenwälder charakterisieren diesen Nationalpark: Er liegt 100 Kilometer östlich von Ålesund. Mit seiner Fläche von 1974 Quadratkilometern zählt er zu den größten Nationalparks Norwegens. Die einzigartige Landschaft des Schutzgebiets erstreckt sich von den Fjorden bis zu den Gipfeln des zentralen Reinheimen-Gebirges, das eine Höhe von 2014 Metern erreicht. Nach Osten senkt sich das Relief zum Gudbrandsdalen, dem längsten Tal Norwegens. In den niedrigen Lagen des Parks finden sich lichte Kiefernansammlungen und duftende Birkenwälder. Almen und Herden wilder Bergrentiere sowie beweidete Hochtäler liegen zwischen den felsigen Flächen der Gipfelregionen, die nicht nur Schneehühnern und Steinadlern, sondern auch dem Gerfalken, der weltweit größten Falkenart, einen Lebensraum bieten. Wanderer kommen hier im Nationalpark voll und ganz auf ihre Kosten.

Nicht immer herrscht Sonnenschein, doch auch bei Nebel und Regen ist die Landschaft des Sunnylvsfjords eindrucksvoll.

Dem Namensgeber des Gudbrandsjuvet, der der Legende nach über die Schlucht sprang, muss man nicht nacheifern.

Schäumend ergießt sich das Wasser des Hellesyltfossen inmitten des Ortes Hellesylt in den Sunnylvsfjord.

Stille sucht man in der Schlucht Gudbrandsjuvet vergeblich, überall rauscht das Wasser.

Wasserfall in Gudbrandsjuvet.

Vanylvsfjord Schmal sind die Straßen zwischen Fjord und Wäldern am Vanylvsfjord. Das bis zu 250 Meter tiefe Gewässer trennt die Provinzen Vestland und Møre og Romsdal voneinander. Am Eingang zum Fjord steht auf der kleinen Insel Flekøy quasi mitten im Meer ein Leuchtturm. Das Gebiet des Inselchens steht unter Naturschutz. Entlang des Fjords liegen mehrere kleine Dörfer. Das größte ist Åheim, das sich nicht zuletzt mit dem Abbau von Olivin einen Namen gemacht hat. Das harte, grüne Mineral, das hier in großen Mengen vorkommt, wird vorrangig als Schmuckstein genutzt, inzwischen aber auch im Baugewerbe. Ebenfalls schmückend sind die vielen Sonnenblumen in der Region, die die höchsten des Landes sein sollen! Auch bei Anglern ist der Fjord ein beliebtes Ziel.

Gurskøya Zu den Gemeinden Herøy und Sande gehört auch die Insel Gurskøya. Der kleine, noch wenig bekannte Höhenzug Hestefjellet hält auf gut 600 Höhenmetern und einer Länge von zwölf Kilometern für Wanderer überwältigende Ausblicke bereit. An der nördlichen Küste Løsetstranda, die über den Fv 10 erreicht wird, liegt nahe des Ortes Moltustranda ein Feld mit 63 Steingräbern aus der Bronzezeit, das zu den wertvollsten Denkmälern des Landes zählt. Zwischen den Steinhügeln sind außerdem Reste einer alten Landwirtschaft aus dem 18. Jahrhundert zu sehen. Die weiße achteckige Leikanger Kirke, eine Holzkirche, stammt vom Anfang des 19. Jahrhunderts, wurde aber erst Mitte des Jahrhunderts am jetzigen Ort aufgebaut.

Ulsteinvik Das Zentrum der Gemeinde Ulstein ist in erster Linie für seine Werften bekannt. Hier wurden schon diverse Schiffe der Hurtigruten-Linie gebaut, auch die »Roald Amundsen« – das weltweit erste Kreuzfahrtschiff mit Hybridantrieb. Die Stadt ist sehr lebendig und lädt mit guten Einkaufsmöglichkeiten, Restaurants und Kulturangeboten zum längeren Bleiben ein. Die dem Atlantik zugewandte Küste und der vorgelagerte Archipel sowie die vielfältige Flora und Fauna machen die Region zum perfekten Urlaubsort. Bei dem Dorf Flø liegt direkt nahe der Mole ein weißer Strand.

Hareid Die Insel Hareidlandet ist über mehrere Brücken mit den Nachbarinseln und dem Festland verbunden. Ideal also, um sich problemlos und mit bester Aussicht fortzubewegen. Der östliche Teil der Insel ist dem Storfjord, dem »Großen Fjord«, zugewandt, der immerhin 86 Kilometer lang und 679 Meter tief ist. Über dem Hauptort Hareid thront der 668 Meter hohe Berg Melshornet, der ein schönes Wandergebiet ist. Mehrere Wege führen durch Wälder hinauf, wobei der Aufstieg von Ulset aus am leichtesten ist. Von oben bieten sich fantastische Blicke über den Storfjord, die Vartdalen-Berge und das Hareidsdalen. Auch die beiden anderen, etwas niedrigeren Erhebungen, Skafjellet und Holstadhornet, sind mit guten Wanderwegen ausgestattet.

Bei der Einfahrt in den Storfjord passiert man den gusseisernen Grasøyane fyr.

Bei Wanderungen in der Region kann man frische Waldluft atmen.

Hareid: Denkmal der Schlacht von Hjørungvåg.

Warme Farben zaubert der Herbst in die Landschaft um Ulsteinvik, die so einen schönen Kontrast zu den kalten Farben des Wassers bildet.

Aus verschiedenen Materialien fertigte Kristian Blystad seine Skulptur der Schiffsbauer, die in Ulsteinvik an der Sjøgata zu bewundern ist.

Tag 3: Kristiansund bis Rørvik

Kurz vor 10 Uhr erreicht man an Tag 3 der Reise Trondheim. In Norwegens Geschichte nimmt die Stadt eine zentrale Rolle ein, und dementsprechend zahlreich sind die historischen Sehenswürdigkeiten, die hier auf die Landgänger warten – allen voran der Nidarosdom. Ohne diese größte gotische Kathedrale ganz Skandinaviens gesehen zu haben, sollte man sich nicht wieder an Bord begeben. Dann geht es weiter an der Küste der Provinz Trøndelag entlang, bis das von Tausenden Inselchen umgebene Rørvik erreicht ist.

INFO *

NORDGEHENDE ROUTE, TAG 3

Hafen	ganzjährig
Kristiansund	02.45–3.00
Trondheim	9.45–12.45
Rørvik	21.40–22.00

⚓ Kristiansund Auf mehrere Inseln verteilt sich die Stadt, die seit ihrer Zerstörung im Zweiten Weltkrieg in bunten Farben neu erstrahlt. Einst war Kristiansund ein wichtiges Zentrum der Produktion von *klippfisk*, der gesalzen und dann erst getrocknet wird. Heute sind es vor allem die reiche Kultur und viele Festivals, die Besucher nach Kristiansund locken. Siehe Südgehende Route, S. 214

⚓ Trondheim Die Geburtsstunde Trondheims schlug im Jahr 997, als König Olav I. Tryggvason hier sein Langboot festmachte und an dem gelegentlichen Handelsplatz eine Stadt gründete – mit dem Namen »Niðaróss«, nach der Lage an der Mündung des Nidelva. Auf einer Halbinsel gelegen, ließ sich der Ort gut verteidigen, wuchs rasch zum florierenden Handelsplatz der Region und war als Königssitz lange Hauptstadt Norwegens. Das Grab des heiligen Olav II., heute steht hier der Nidarosdom, machte den jungen Ort außerdem bald zum wichtigen Wallfahrtsort und Bischofssitz. Der Handel blieb über die Jahrhunderte aber der bestimmende Faktor der Stadt – der heutige Name Trondheim bezeichnete ursprünglich den Handelsplatz. Nach einem verheerenden Brand 1681 wurde die Stadt am Meer schnell wieder aufgebaut, mit neuen, breiten Straßen rund um den Markt, den »Torget«.

Ihre heutige Gestalt besitzt Trondheims »Glückspforte« auf der Gamle Bybro seit 1861.

Brønnøysund
Vegafjorden
Velfjorden
Sømna
Hommelstø
Vik
Horsvær
Sklinna
Hortavær
Leka
Solsemhola
Rørvik
Brønnøyfjorden
Sørsalten
Innerfolda
Sals vatnet
Namsos
Grong
Blåfjella-Skjækerfjella nasjonalpark
Fiskumfossen
Hurtigruta
Folda
Froan
Frøya
Hitra
Frohavet
Trondheimsleia
Hammarvika
Brekstad
Trondheimsfjorden
Snåsavatnet
Steinkjer
Verdalsøra
Levanger
Leksvik
Vanvikan
Trondheim
Stjørdal
Hommelvik
Heimdal
Orkanger
Kyrksæterøra
Melhus
Selbu
Skarvan og Roltdalen nasjonalpark
Trøndelag
Trollheimen
Sunndalsøra
Dovrefjell-Sunndalsfjella nasjonalpark
Oppdal
Forollhogna nasjonalpark
Haltdalen stavkirke
Brekken
Vålådalens naturreservat
Skäckerfjällens naturreservat
NORWEGEN
SCHWEDEN
Duved
Holtås gård

TIPP *

So wird mein Tag...

Hurtigruten-Anleger
Das Hurtigruten-Terminal liegt nördlich der Innenstadt, die man in rund 20 Gehminuten, vorbei am spektakulären Bau des »Rockheim«, des Pop- und Rockmuseums, und dem Bahnhof, erreichen kann.

Liegezeiten
Auf der nordgehenden Route hat man tagsüber einen Aufenthalt von drei Stunden, auf der südgehenden ebenfalls – allerdings in den Morgenstunden.

Unbedingt machen!
Durch Bakklandet schlendern, über die Gamle Bybro gehen, auf die Speicherhäuser schauen und sich dabei etwas wünschen! Und danach im Buch-Ambiente der Bar Antikvariatet einen Kaffee genießen.

Entdecken!
In Trondheim steht im Viertel Bakklandet der weltweit erste Fahrradlift. Mit einem Zugseil kann man sich hier kostenlos die steile Straße Brubakken hochziehen lassen – gar nicht so einfach für Ungeübte und ein Spaß auch beim Zuschauen!

Wenn noch Zeit ist...
Eine Fähre und ein Ausflugsboot führen vom Fischmarkt Ravnkloa aus auf die geschichtsträchtige Insel Munkholmen. Unterwegs genießt man die Fahrt über die Nidelva, angekommen die Aussicht auf die Stadt und den Fjord.

1 Nidelva Die Altstadt Trondheims wird von der Nidelva (auch Nidar oder Nidelv genannt) umschlossen und ist nur im Westen mit dem Festland verbunden. Der 30 Kilometer lange Fluss prägt das Stadtbild seit jeher und ist besonders schön von der Bybrua-Brücke aus zu betrachten. Ihren Ursprung nimmt die Nidelva im Hyttfossen-Wasserfall beim See Selbusjøen im Süden Trøndelags. Über Klæbu und Tiller erreicht er die Stadt Trondheim, bevor er am Stadtrand bei Brattøra in den Trondheimfjord mündet. Sechs Wasserkraftwerke säumen den Flusslauf. Aber auch Künstler waren von der Nidelva inspiriert. Der norwegische Komponist Oskar Hoddø (1916–1943) soll im Frühling 1940 den beliebten Walzer »Nidelven stille og vakker du er« (Nidelven, ruhig und schön du bist) verfasst haben, nachdem er lange auf der Gamle Bybrua gestanden und seinen Blick über die Nidelva hatte schweifen lassen.

2 Bakklandet Die alte Speicherstadt von Trondheim, »Bakklandet«, entstand im 17. Jahrhundert östlich der zentralen Halbinsel als Arbeiter- und Industrieviertel. Besonders die malerischen, oft ineinander verschachtelten Wohn- und Lagerhäuser ziehen nach der Renovierung heute Blicke und Besucher an. Statt das Quartier zugunsten einer vierspurigen Straße niederzureißen, hat sich hier eine lebhafte Szene von Künstlern etabliert, gefolgt von kleinen Boutiquen und angesagten Bars. Erreichbar ist dieser Stadtteil seit 1685 über die »Gamle Bybro«, die Alte Stadtbrücke, die auf drei Steinpfeilern aus Holz erbaut wurde. In ihrer Mitte stand ursprünglich ein Eisentor, ergänzt von Zoll- und Wachhäusern an jedem Ende – ein bewachter Zugang zur Stadt bis 1816. Mit den verzierten roten Holzaufbauten aus dem Jahr 1861 gilt die Brücke auch als »Lykkens portal«, als Pforte zum Glück.

Etwas zeitvergessen und gleichzeitig typisch norwegisch zeigt sich Bakklandet.

Jahrelang Tradition als Handelszentrum für Fisch und Schalentiere hat die Allmende »Ravnkloa«.

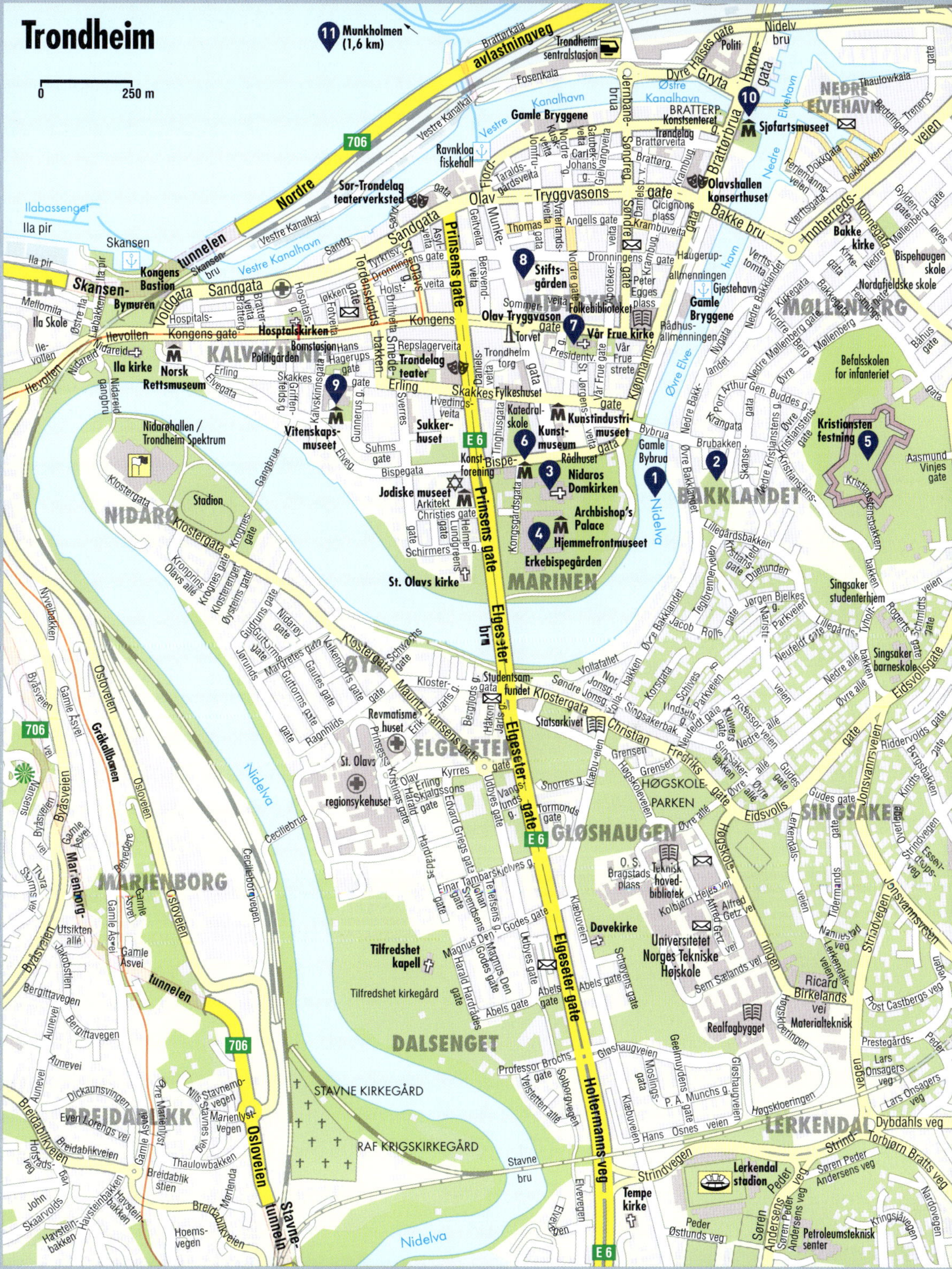
Trondheim
0
250 m
Munkholmen (1,6 km)
Trondheim sentralstasjon
Gamle Bryggene
Ravnkloa fiskehall
Sør-Trondelag teaterverksted
Olavshallen konserthuset
Sjøfartsmuseet
Stiftsgården
Folkebiblioteket
Vår Frue kirke
Torvet
Trondelag teater
Vitenskapsmuseet
Ila kirke
Norsk Rettsmuseum
Hospitalskirken
Nidarøhallen / Trondheim Spektrum
Stadion
Kunstindustrimuseet
Kunstmuseum
Rådhuset
Nidaros Domkirken
Archbishop's Palace
Hjemmefrontmuseet
Erkebispegården
Jødiske museet
St. Olavs kirke
Gamle Bybrua
Kristiansten festning
Bakke kirke
Bispehaugen skole
Nordafjeldske skole
Gamle Bryggene
Befalsskolen for infanteriet
Singsaker studenterhjem
Singsaker barneskole
Studentersamfundet
Statsarkivet
Revmatismehuset
St. Olavs regionsykehuset
Teknisk hovedbibliotek
Universitetet Norges Tekniske Højskole
Dovekirke
Tilfredshet kapell
Tilfredshet kirkegård
Realfagbygget
Materialteknisk
STAVNE KIRKEGÅRD
RAF KRIGSKIRKEGÅRD
Lerkendal stadion
Tempe kirke
Petroleumsteknisk senter
ILA
KALVSKINNET
MIDTBYEN
NIDARØ
ØYA
ELGESETER
GLØSHAUGEN
HØGSKOLEPARKEN
MARIENBORG
BREIDABLIKK
DALSENGET
MARINEN
BAKKLANDET
MØLLENBERG
NEDRE ELVEHAVN
SINGSAKER
LERKENDAL
Nidelva
Ilabassenget
Ila pir
Skansen
Nordre avlastningveg
Prinsens gate
Elgeseter gate
Holtermanns veg
Olav Tryggvasons gate
Kongens gate
Innherredsveien
Oslovveien
Stavnetunnelen
Strindvegen
706
E 6

Trondheim

Die malerischen Speicherhäuser stehen auf Pfählen in der Nidelva und sind ein beliebtes Fotomotiv in Trondheim. Sie beherbergen heute Cafés und Restaurants, kleine Läden und teure Wohnungen.

Neben den hölzernen Stabkirchen ist der imposante Nidarosdom in Trondheim wohl das berühmteste Gotteshaus Norwegens.

König Olav I. Tryggvason

In einer Zeit, als die Wikinger die Küsten Europas unsicher machten, erblickte Königssohn Olav das Licht der Welt. 995 wurde er am Oslofjord geboren und ging schon mit zwölf Jahren auf Piratenfahrten. Er brandschatzte und überfiel Küstenstädte, unter anderem war er auch dabei, als die London Bridge niederbrannte. Olav lebte mehrere Monate in der Normandie, wo er sich christlich taufen ließ. Als er zurückkehrte, schaffte er es, Norwegen im Jahr 1015 zu einem Reich unter seiner Krone zu vereinen, 1024 wurde das Christentum eingeführt. Olav ließ Kirchen bauen und führte die Taufe ein. Dennoch hatte er zahlreiche Gegner, und so musste er nach 15 Jahren Herrschaft fliehen. Als er nach zwei Jahren Exil in Kiew in sein Heimatland zurückkehren wollte, endete die Reise für ihn 1030 in der Schlacht von Stiklestad. Olav wurde aber nachgesagt, viele Wunder vollbracht zu haben, und er wurde heiliggesprochen.

3 Nidarosdom Trondheims Dom, der Nidarosdom, ist die größte gotische Kathedrale Skandinaviens und traditionell die Krönungskirche der Könige von Norwegen. Errichtet wurde das Gotteshaus vom Jahr 1152 an über der Olavsquelle und dem Grab König Olavs des Heiligen, der Norwegen zum Christentum bekehrt hatte. 1186 folgte der gotische Langchor, im Jahr 1248 die Westfassade mit einer bunten Fensterrosette. Im Jahr 1320 war das reich ausgestattete Bauwerk vollendet. Berichte von Wunderheilungen ließen es zu einem der bedeutendsten Wallfahrtsziele Nordeuropas werden. Nach Reformationsbeginn 1537 verschwanden die Pilgerströme und der gewaltige Bau verfiel. Erst während der norwegischen Nationalromantik begann 1869 die Rekonstruktion als »Nationalheiligtum«. 1906 wurde Haakon VII. hier zum ersten König des unabhängigen Norwegens gekrönt.

4 Palast der Erzbischöfe Dieser südlich des Doms gelegene Prunkbau (norwegisch: Erkebispegården) gilt als ältester steinerner Profanbau Norwegens. Seine Ursprünge

120 mittelalterliche Skulpturen und viele weitere Ausstellungsgegenstände entführen im Museum des Erkebispegården in vergangene Zeiten.

gehen auf das Ende des 12. Jahrhunderts zurück. Sehenswert sind hier vor allem die Repräsentationsräume der Erzbischöfe, die erzbischöfliche Münzprägestätte, die ausgestellten Reichsinsignien mit den wertvollen Kronjuwelen, eine Ausstellung mittelalterlicher Waffen und nicht zuletzt die größte Sammlung mittelalterlicher Steinskulpturen im gesamten skandinavischen Raum.

5 **Kristiansten Festning** Die Festung befindet sich auf einer Anhöhe östlich der Vorstadt Bakklandet. Gegen Angriffe aus dem Osten wurde sie als Befestigungsanlage 1681 von General Johan Caspar von Cicignon im Barockstil erbaut. Dem Hauptturm wurde dabei ein Platz zugewiesen, der sich in direkter Verlängerung der Längsachse des Nidarosdoms befindet. In nur vier Jahren konnten die Bauarbeiten abgeschlossen werden. 1719, am Ende des Großen Nordischen Kriegs, hielt sie den vehementen Angriffen der Schweden stand, die Invasoren gaben die Belagerung auf und zogen sich zurück. 1816 wurde die Kristiansten Festning von König Karl XIV. Johannes geschlossen. Erst im 20. Jahrhundert erlangte die Festung nochmals politische Bedeutung: als Ort für Hinrichtungen verurteilter Nazi-Kollaborateure und Kriegsverbrecher.

Erst 2001 wurde vom norwegischen Parlament beschlossen, die Festung Kristiansten nicht mehr länger militärisch zu nutzen.

Nidarosdom in Trondheim

Im hohen Norden gibt es wenige Städte, die eine so majestätische Kathedrale bieten können wie Trondheim. Besonders eindrucksvoll ist das Westportal. Nach einer Brandkatastrophe wurde es schrittweise aufgebaut und von den seinerzeit berühmtesten Künstlern Norwegens gestaltet. Die letzte der 76 Statuen wurde erst in den 1980er-Jahren in die prächtige Fassade eingegliedert.

Wer die Begriffe »Holzhaus« und »prunkvoll« nicht zusammenbringen kann, sollte dem Stiftsgården unbedingt einen Besuch abstatten.

6 Kunstmuseum Bedeutende Werke norwegischer Maler sind im Kunstmuseum zu sehen, der Großteil der Gemälde stammt aus dem 19. und 20. Jahrhundert. Viel Raum wird insbesondere der Moderne eingeräumt. Ein weiterer Anziehungspunkt ist die umfangreiche Sammlung internationaler Grafik.

7 Vår Frue kirke Im 12. Jahrhundert erbaut, erlebte die Liebfrauenkirche seither einige Veränderungen. Viele architektonische Elemente wurden bei Ausbauten ergänzt, der imposante Turm mit seinem quadratischen Grundriss war erst 1739 fertiggestellt. Aus der Nidaros Domkirken stammt das Altarbild. Das Kircheninnere erlitt bei diversen Großbränden wiederholt Schäden, wurde jedoch vollständig restauriert.

8 Stiftsgården Ein weiteres Juwel norwegischer Architektur ist der komplett aus Holz erbaute und mit 70 Zimmern großzügig ausgestattete Stiftsgården, den der norwegische König seit 1906 als offizielle Residenz nutzt. Der Stiftshof wurde im Jahr 1770 als privates Rokokopalais einer wohlhabenden Witwe errichtet, die damit die Trondheimer »bessere Gesellschaft« beeindrucken wollte. Die farblich in leuchtendem Gelb gehaltene Villa zählt zu den imposantesten Beispielen norwegischer Holzarchitektur und zu den größten erhaltenen hölzernen Gebäuden in Skandinavien überhaupt. In dem knapp 60 Meter langen Anwesen residiert regelmäßig der König bei seinen Aufenthalten in Trondheim. Zu anderen Zeiten kann das Gebäude besichtigt werden; besonders eindrucksvoll bei einem Rundgang ist der mit zahlreichen wertvollen Gemälden ausgeschmückte Speisesaal.

9 Vitenskapsmuseet In Trondheims – mehrere Gebäude beanspruchendem – Wissenschaftsmuseum fanden Sammlungen der Universität ihr Domizil. Zu den interessantesten davon gehören die naturgeschichtlichen, mit Abteilungen zu Mineralogie, Botanik und Zoologie. Ein weiteres Zeichen setzt die archäologische Sammlung. Das Museum birgt überdies eine sehenswerte Bibliothek mit wertvollen Handschriften und eine Dauerausstellung sakraler Kunst. Eine weitere Abteilung widmet sich der Geschichte der Stadt Trondheim ab der Zeit der Wikinger.

Während der südliche Teil von Munkholmen von der Festung eingenommen wird, lockt der nördliche im Sommer mit Bademöglichkeiten.

Barocker Altar in der Vår Frue kirke.

Sjøfartsmuseet Trondheims Seefahrtsmuseum, untergebracht in einem um das Jahr 1725 errichteten Gebäude, bietet allerhand: Schiffsmodelle, Galionsfiguren, nautische Gerätschaften und viele weitere maritime Objekte sind hier zu sehen. Einige stammen von der im Jahr 1781 gesunkenen Fregatte »Perlen«.

Munkholmen Verlässt das Schiff Trondheim, taucht sofort eine kleine, grau grüne Insel auf: Munkholmen, die »Mönchsinsel« im Trondheimfjord, war Exekutionsstätte der Wikinger, später Klosterort, dann ab dem 17. Jahrhundert Festungsbau und Gefängnisinsel, unter den Nazis eine Luftabwehrstation, und heute ist es ein beliebtes Ausflugsziel für die Einwohner von Trondheim und für Besucher. Angeblich bereits im Jahr 995 ließ hier der legendäre König Olav I. den Kopf seines Widersachers Håkon Jarl aufstellen; als gesichert gilt, dass die damals eher abschreckende Insel unter den Wikingern als Hinrichtungsort beliebt war. Auch wenn die Festung noch immer einen abweisenden Eindruck macht, erfreut sich Munkholmen heute an seinem Ruf als Strandbad und beliebtes Naherholungsziel. Selbst ein kleines Restaurant wurde hier errichtet; im Sommer kann man die Festung besichtigen.

⚓ Rørvik Rund 6000 Inseln und Holme umgeben die schmucke Stadt mit ihren vielen Holzhäusern inmitten des Schärengartens von Vikna. Siehe Südgehende Route, S. 211

Bjørn Nørgaard schuf die fünf Meter hohe Skulptur »Trondhjem« vor dem Kunstmuseum.

Trondheimsfjorden

Norwegens drittgrößter, besonders schöner Fjord zieht sich über 130 Kilometer im Westen vom Europäischen Nordmeer bis nach Steinkjer im Nordosten. Dabei passiert er in besonders ausladender Breite die Stadt Trondheim. Eine Leuchtturmanlage im heutigen Bezirk Orkland markiert den schmalen, aber über 600 Meter tiefen Eingang. Mehrere Inseln laden zum Baden oder zur Besichtigung von Klosteranlagen ein. Die Burg von Steinvikholmen stammt aus dem 16. Jahrhundert. Munkholm direkt vor Trondheim ist heute eine Badeinsel, war aber bekannt für seine Klosteranlage und ein Gefängnis. In Rissa werden Erdölplattformen sowie riesige Kreuzfahrtschiffe gebaut, wie das Luxus-Apartmentschiff »The World«. Ebenfalls dort befindet sich die ehemalige königliche Residenz Reins, die später zum Nonnenkloster wurde und die heute ein Teil der Kommune Indre Fosen ist.

Von Hafen zu Hafen: Trondheim

Einst ein Königreich, heute eine Provinz – Trøndelag hat eine lange Historie, die in Traditionen weiterlebt und in vielen der Ortschaften hier zu spüren ist. Trondheim liegt im Herzen der Provinz, sodass sich die Stadt als Ausgangspunkt für Erkundungen anbietet.

Burmaklippen Im Waldgebiet von Estenstadmarka südöstlich der E6 kann man seinen Höhenängsten begegnen: Etwa 50 Meter über dem Burmatal schiebt sich eine beeindruckende Felszunge in die Landschaft. Sie wird auch die »Kleine Trollzunge« genannt: »Mini Trolltunga«. Die Klippe ist leicht abschüssig und daher bestimmt nicht jedermanns Sache. Doch wer es sich darauf bequem machen möchte, der schwebt zwischen den Baumwipfeln und nimmt ein beeindruckendes Erinnerungsfoto mit nach Hause.

Børsa Ein Stückchen weiter die E 39 entlang, liegt Børsa an Norwegens drittgrößtem Fjord im Kreis Trøndelag, dem Trondheimsfjord. Ein kleiner Ausläufer des Fjords, der Gaulosen, schlängelt sich mitten durch die Ortschaft und formt so fast eine Halbinsel. Auf dieser liegt eine elegante Holzkirche. Mehrere Monolith-Steine deuten auf eine frühe Besiedlung dieser Region hin. Dank seiner netten Restaurants und Geschäfte ist Børsa recht lebendig und lädt seine Besucher zum Verweilen ein.

Orkanger Orkanger, am südlichen Teil des Trondheimfjords und heute an der E39, war schon im 17. Jahrhundert eine wichtige Hafenstadt. Von hier aus wurden die im Bergwerk Løkken geförderten Bodenschätze ins ganze Land verschifft. Jetzt gehört der Hafen zu Trondheim, und es sind eher chemische

Orkanger ist hauptsächlich Industrie- und Hafenort, zeigt sich aber auch von idyllischen Seiten.

Bei Hasselvika trotzt dieser kleine Leuchtturm tapfer den Wellen der norwegischen See.

Das Wasser des Orkdalsfjords vor Børsa wird vom Licht der untergehenden Sonne in warme Farben getaucht.

Vollkommen ruhig liegt der Selbusjø unter dem wolkenverhangenen Himmel. Der See grenzt an die beiden Kommunen Selbu und Trondheim.

Trøndelag Folkemuseum
Das Freilichtmuseum Sverresborg gilt als eines der besten im ganzen Land. An den Ruinen der mittelalterlichen Burg von König Sverres stehen mehr als 60 Gebäude aus Trondheim und der Provinz. Sie machen die Lebensweise der Vergangenheit lebendig – im Sommer sogar mit Schauspielern. Stadthäuser aus dem 18. und 19. Jahrhundert umranden einen Marktplatz samt Krämerladen, Postamt und Zahnarztpraxis. Die Landbauten hingegen reichen von der geduckten Kärntnerhütte mit Grasdach bis zum Bauernhof mit Herrenhaus, zu dem auch Ställe, Backhaus und Sauna gehörten. Die kleine Stabkirche wurde 1170 ursprünglich in Haltdalen erbaut. Ein Skimuseum zeigt die Entwicklung vom Transportmittel bis hin zum Wettkampfsport, eine Taverne serviert traditionelle Speisen.

Produkte und Holz, die hier geladen werden. Unweit des quirligen Ortes befindet sich am See Gangåsvatnet das Naturschutzgebiet Svorkmyran, wo zahlreiche Vogelarten zu beobachten sind.

Hasselvika Vom Ort Hasselvika aus gibt es in alle Richtungen Blicke über den beeindruckenden Fjord. Die kleine Marina wird im Sommer von zahlreichen Jachten angelaufen. Eine größere Auswahl an Geschäften und Cafés befindet sich im zehn Kilometer entfernten Ort Rissa. Die schlichte, dunkelrote Kirche von Hasselvika wurde erst in den 1950er-Jahren gebaut, und sie hat eine Besonderheit: Für die Figuren auf dem Altarbild standen die Bewohner des Ortes Modell.

Selbusjøen Der Selbusjø ist ein großer See ohne viel touristische Infrastruktur, und die Umgebung ist gerade deshalb äußerst idyllisch. Das erkannten in den 1980er-Jahren Geschäftsleute und eröffneten in einem für einen Industriellen gebauten Anwesen ein elegantes Hotel, das Selbusjøen Hotell. Man erreicht den See über die Landstraße 704, die von der E6 abzweigt. Das gesamte Waldgebiet ist ein Refugium für viele Vogelarten. Die Kommune Selbu ist bekannt für das wieder moderne Handwerk des Strickens, sodass man sicher jede Menge Inspiration mitnimmt.

Hell leuchtet die Festung Steinvikholmen auf der gleichnamigen Insel im Åsenfjord, der malerisch die bunten Farben der Nordlichter spiegelt.

Nationalpark Skarvan og Roltdalen Dieser Park östlich von Trondheim umfasst mehrere unterschiedliche Naturlandschaften, deren biologische Vielfalt mit der Gründung 2004 erhalten werden sollte. Auf einer Fläche um das nach Südwesten verlaufende Roltdal finden sich dichte alte Nadelwälder mit einer großen Elchpopulation sowie Moorgebiete, die Sumpfläufern sowie Kampfläufern, Prachttauchern und Bergenten eine Heimat bieten. Die Gebirgszüge im Norden und Osten des Nationalparks ragen bis fast 1500 Meter auf, sodass sich auch Steinadler und Gerfalke wohlfühlen. Oberhalb der Baumgrenze gedeihen Zwergsträucher, Moose und Flechten. Wie in fast allen Nationalparks zieht sich ein Netz von Wanderwegen durch die Landschaft. Kanuten finden ideale Bedingungen, während im Winter Langläufer kommen. Die ersten menschlichen Spuren im Park stammen bereits aus der Eisenzeit.

Steinvikholmen Folgt man der E6 Richtung Norden, erblickt man im Åsenfjord, einem nordöstlichen Ausläufer des Trondheimfjords, in der Kommune Stjørdal die kleine Insel Steinvikholmen mit ihrer gleichnamigen Festung. Die spätmittelalterliche Kirchenburg wurde von Erzbischof Olav Engelbrektson 1525–32 sehr schnell und mit für damalige Zeiten modernsten Baustoffen erbaut: Sie besteht aus mit Mörtel vermauerten Steinen. Trotz ihrer strategisch eher ungünstigen Lage im Fjord trotzte die Anlage über die Jahrhunderte Kriegen und einem Brand. Ab 1661 wurde sie als Steinbruch genutzt und erst Ende des 19. Jahrhunderts vom Fortidsminneforeningen (Verein für den Erhalt kulturhistorischer Denkmäler) erworben und rekonstruiert. Heute dient die Festung im Sommer als Musikbühne unter freiem Himmel, an der sich Besucher an einer Oper über Erzbischof Olav Engelbrektson erfreuen können. Und sogar die norwegische Ministerpräsidentin Erna Solberg schätzt die Schönheit Steinvikholmens: 2017 zierte die Festung die offizielle Weihnachtskarte der Regierung.

Noch recht jung ist der landschaftlich abwechslungsreiche Nationalpark Skarvan og Roltdalen.

TIPP *

Wanderung durch das Roltdal

Das Roltdal gilt als das größte Nadelwaldtal in der Mitte Norwegens. Bei der Gründung des rund 440 Quadratkilometer großen Parks hatte man 2004 im Sinn, die wilde Berglandschaft und die urwaldähnlichen Fichtenbestände unberührt zu belassen, das Fällen der Bäume zu stoppen oder zu reduzieren, kostbare Ökosysteme zu schützen. Davon profitiert die Natur ungemein. Nicht umsonst sind hier 20 Vogelarten heimisch, die auf der Roten Liste stehen. Mit etwas Geduld bekommt man Birk- und Auerhühner zu sehen, Habicht und Steinadler kreisen durch die Lüfte. Um einen Elch zu beobachten, braucht es einen langen Atem, die Tiere sind sehr scheu. Doch wer weiß – ein still wandernder Besucher kann das Glück haben. Rentiere laufen einem mit ziemlicher Sicherheit in großer Zahl über den Weg, seit Jahrhunderten lassen die Sámi ihre Herden hier weiden. Auch Schafe und Rinder fressen sich mancherorts am jungen Grün satt. Schon etwa 1920 wurden Wege angelegt, im Winter kommen Langläufer in das Gebiet. Dem norwegischen Wanderverein DNT ist es zu verdanken, dass auf sehr guten Routen die sehenswerten Stellen des Park entdeckt werden können. Und damit sind nicht nur die Natur-Highlights gemeint, sondern auch Spuren erster Siedler, die hier vor über 2000 Jahren sesshaft waren. Hier und da sind Tafeln installiert, die über diese Geschichte informieren. Aber: Die Schulzhytta ist die einzige Hütte im gesamten Areal. Darum ist es für Gelegenheitswanderer nicht ideal, länger und allein durch den Nationalpark Skarvan og Roltdalen zu streifen. Wer es doch tun möchte, muss ein Zelt dabei haben.

Balzender Auerhahn in Skarvan og Roltdalen.

Stiklestad Der rund 70 Kilometer nördlich von Trondheim gelegene Ort hat eine bedeutende Rolle in der norwegischen Geschichte gespielt. Bis heute wird die »Schlacht von Stiklestad«, in der im Jahre 1030 ein Heer des Königs Olav Haraldsson eine Armee von Bauern unter Führung lokaler Fürsten bezwang, als historischer Wendepunkt gefeiert, der das Ende der Wikingerzeit in Norwegen und den Beginn des Mittelalters markiert. Obwohl der König selbst in der Schlacht fiel, konnte durch den Sieg seines Heeres über die »Heiden« die Einheit des norwegischen Königreichs gefestigt werden und das Christentum seinen Siegeszug in Nordeuropa fortsetzen. Sein Grab im Nidarosdom von Trondheim entwickelte sich zu einem viel besuchten Wallfahrtsort. In ganz Nordeuropa wurden ihm Gotteshäuser geweiht, dort wird der heilige Olav bis heute tief verehrt. In Stiklestad wurde bereits um 1150 über der Stelle, an der Olav starb, eine Kirche errichtet, die heute zum Nationalen Kulturzentrum Stiklestad gehört. Hier können Besucher mittels Videomaterial den Verlauf der Schlacht nachvollziehen und sich mit dem Leben des heiligen Olav vertraut machen. Auf dem Gelände des Zentrums befinden sich außerdem ein Freilichtmuseum und ein Kulturhaus mit Hotel und Restaurant sowie ein Freilichttheater, in dem jedes Jahr in der Woche um den 29. Juli, den St.-Olavs-Tag, von mehreren Hundert Laienschauspielern die Schlacht von Stiklestad nachgespielt wird. Das Festival zieht jedes Jahr viele Tausend Menschen aus dem ganzen Land an.

Steinkjer Die Stadt am nördlichen Ende des Trondheimfjords ist ein Verkehrsknotenpunkt, an dem die Verbindungsstraße Richtung Namsos von der Europastraße 6 abzweigt und zum unmittelbar an der Küste verlaufenden Riksvei 17 führt. Steinkjer wurde 1940 bei einem deutschen Bombenangriff fast völlig zerstört und musste neu aufgebaut werden. Das Ortsbild wird deshalb von modernen, freundlichen Zweckbauten geprägt. Im Freilichtmuseum Egge kann ein für die Region typischer Gutshof aus dem 19. Jahrhundert besichtigt werden. An dem nördlich von Egge beginnenden Snåsavatn finden sich mehrere Tausend Jahre alte Felszeichnungen, darunter das Bølareinen, das von vielen als schönste prähistorische Rentierzeichnung Skandinaviens gerühmt wird.

Snåsa Etwas 50 Kilometer von Steinkjer entfernt, inmitten der atemberaubenden Schönheit Trøndelags, liegt die kleine Gemeinde Snåsa mit ihren gut 2200 Einwohnern. Rund um Snåsa leben die sogenannten Südsámi. Das Museum in Snåsa eröffnet interessante Einblicke in die reiche Kultur und Lebensweise der Sámi.

Snåsavatnet Der benachbarte Snåsavatnet ist mit einer Fläche von etwa 120 Quadratkilometern der sechstgrößte Binnensee Norwegens und ein wahres Paradies für Angler. Berühmt ist er vor allem für seinen reichen Forellenbestand, aber auch Quappen und Saiblinge kommen hier vor. 1988 wurde ein neuer Fangrekord aufgestellt: Die größte Forelle, die jemals im Snåsavatnet gefangen wurde, wog stolze 12,7 Kilogramm. Mit seinen flachen und langen Sandstränden lädt er im Sommer aber auch zum Baden ein, und im Winter kann man die einzigartige Natur der Region auf Skitouren entdecken.

Herrliche Sonnenuntergänge kann man am Beitstadfjord bei Steinkjer beobachten.

Kirche in Stiklestad.

Schlacht von Stiklestad

Hier wird Geschichte lebendig – und in ihren Ausmaßen verständlich. Jedes Jahr im Juli wird daher die historisch bedeutende Schlacht des Jahres 1030 nachgestellt, die die Christianisierung Norwegens besiegelte. Ein christliches Heer unter König Olav Haraldsson kämpfte gegen eine Armee, die von heidnischen Stammesfürsten angeführt wurde. Der später heiliggesprochene Olav fiel in der Schlacht von Stiklestad, trotzdem siegten die christlichen Truppen. Mehrere Hundert Laiendarsteller und Komparsen, natürlich in authentischer Kleidung und mit originalgetreuer Bewaffnung, stellen dieses bedeutende Ereignis jeweils am Jahrestag, dem 29. Juli, mit größter Hingabe – und in einer eindrucksvollen Lautstärke – nach.

Mit der Nordlandsbanen von Trondheim nach Bodø

TIPP *

Der Polarkreis-Express

Die bullige Diesellock des Typs NSB Di 4, die unseren Zug nach Bodø ziehen wird, gibt uns einen Vorgeschmack auf die Reise: Offensichtlich erwarten uns Hindernisse, die diese schon alte, aber kräftige Zugmaschine einfach von den Gleisen fegen wird. Wir denken dabei an Schnee, schließlich geht's hoch nach Norden und über den Polarkreis. Es tun sich dann aber auch andere Blockaden auf – dazu später.

Zunächst machen wir es uns in einem der komfortablen Schlafabteile bequem. Da wir im Winter unterwegs sind, haben wir den Nachtzug gewählt, denn wir hoffen auf das Glück, Polarlichter zu sehen, und verzichten dafür auf das Panorama von Landschaft und Städten. 44 Bahnhöfe, knapp 300 Brücken und 154 Tunnel liegen vor uns – nicht alle muss man unbedingt gesehen haben. Dass der Schnee draußen immer höher liegt, erkennen wir an den kurz aufflackernden Szenen, die das Licht unseres Abteils wie ein Scheinwerfer aus der Dunkelheit schält. Das Thermometer zeigt –14 °C Außentemperatur an. Zwischen Kiefern erklettert die Bahn nun in beständiger Fahrt die Bergkette des Saltfjellet ... und da ist er endlich bei Kilometer 579,3: der Polarkreis!

Tiere haben Vorfahrt

Die Bahn stoppt. Nicht wegen dieser geografischen Linie, sondern weil plötzlich Rentiere vor ihr herlaufen, wie ein Mitpassagier, ein Sámi, erklärt. Inzwischen türmt sich der Schnee links und rechts der Gleise zu erstaunlichen Barrieren, nur die Schienen sind relativ frei. Wer kann es den Tieren verübeln, dass sie den leichteren Weg wählen, wenngleich es oft genug der Weg in den Tod ist: Nicht immer halten die Loks rechtzeitig. Früher hatten die Fahrer Gewehre dabei, um verletzte Tiere zu erlösen, erzählt der mitreisende Sámi. Aus Tierschutzgründen sei der Abschuss jetzt verboten. Unsere Rentiere hatten Glück, einige Zeit verstreicht und die Bahn fährt weiter. In Bodø am Vestfjord hat uns die Zivilisation wieder. Und das Nordlicht flackert psychedelisch über den Nachthimmel.

Ausgebüchst

Da die Strecke regelmäßig von zwei Tagzügen und einem Nachtzug befahren wird, können Passagiere die Fahrt jederzeit unterbrechen – zum Beispiel im Städtchen Mosjøen mit dem stimmungsvollen historischen Viertel Sjøgata – und ganz entspannt einfach mit der nächsten Bahn die Reise fortsetzen.

Brücken und Tunnel wechseln sich ab auf der Nordlandsbanen, die nach Bodø führt. Hier blickt man auf einen Ortsteil von Tverlandet.

Røros' Bergbaumuseum zeigt mit seinen Wohnhäusern anschaulich, wie die Arbeiter in den vergangenen Jahrhunderten lebten und arbeiteten.

Lundamo Parallel zum Fluss Gaula verläuft die E6 in das Dorf Lundamo. Es schlängelt sich auch ein Arm des Flusses hindurch, der als lachsreichster in ganz Norwegen gilt. Im Ort findet man einige schöne Cafés und Fischrestaurants sowie reizvolle Geschäfte. Ganz in der Nähe liegen die beliebten Badeseen Benna und Grötvatn, bekannt für ihre gute Wasserqualität. Der Benna-See versorgt die Region mit Trinkwasser, weshalb Wassersport hier verboten ist. In der unmittelbaren Umgebung wachsen seltene Kräuter, die unter Naturschutz stehen.

Støren Über die E6 geht es in südlicher Richtung nach Støren. Dort fließen Gaula und Sokna zusammen. Das Gaula-Naturzentrum ist nicht nur eine Touristeninformation, sondern dort sind sehenswerte Ausstellungen über das Leben im und am Fluss geboten. Besucher lernen rund 60 hier beheimatete Wildtiere und viele Fischarten kennen. Alte Gerätschaften des Fischfangs zeigen, wie früher besonders große Lachse aus dem Wasser geholt wurden. Im Shop des gemütlichen Holzhauses gibt es schöne norwegische Produkte aus Wolle, Glas und Keramik.

Røros Der etwa 5600 Einwohner zählende Ort liegt auf 630 Meter Höhe im Grenzgebiet zu Schweden und hält mit –50,4 °C den Kälterekord unter den norwegischen Städten. In diesem Kälteloch wurde 1644 Kupfer entdeckt und die erste Schmelzhütte des Landes in Betrieb genommen. Wegen des Mangels an qualifizierten Arbeitskräften mussten Bergleute aus ganz Europa, insbesondere aus Deutschland, akquiriert werden; ständig wurden neue Erzgänge entdeckt und abgebaut, sodass die Stadt kontinuierlich anwuchs. Røros ist die am besten erhaltene historische Bergbaustadt Norwegens. 333 Jahre lang wurde hier Kupfer abgebaut, unterbrochen nur von den Bränden in den Jahren 1678 und 1679. Seitdem die historische Siedlung 1980 in die UNESCO-Weltkulturerbeliste aufgenommen wurde, hat

Wälder und Wasser prägen den Nationalpark Femundsmarka an der Grenze zu Schweden.

Røros sich zu einem Touristenmagneten entwickelt. Den Sommer über sind die Gassen der Stadt von Besuchern teilweise regelrecht überlaufen. In den sorgfältig restaurierten Holzhäusern rund um die 1784 errichtete Røros-Kirche, dem einzigen Steinbau am Ort, locken gemütliche Lokale, in vielen Geschäften bieten Kunsthandwerker ihre Produkte an. Das Bergbaumuseum auf dem Gelände der alten, abgebrannten Kupferhütte am Malmplassen (»Erzplatz«) wurde in den 1980er-Jahren nach Plänen aus dem 18. Jahrhundert erbaut. Es beeindruckt durch Nachbildungen der Kupfergruben und Schmelzanlagen im Maßstab 1:10. Ein Teil der Ausstellung ist dem Alltagsleben der Bergarbeiter und der lokalen Kulturgeschichte gewidmet, ein anderer informiert über die Geologie vor Ort. Unweit des Erzplatzes stehen die Hütten, in denen die Bergarbeiter hausten. Sie wurden direkt neben den Schlackehalden errichtet. Nur die Bergwerksdirektoren und Verwaltungsbeamte residierten in der Stadt. Rund 13 Kilometer östlich von Røros wurden zwei stillgelegte Bergwerke der Öffentlichkeit zugänglich gemacht. Wer will, kann hier in 500 Meter tief gelegene Gruben einfahren und durch die Tunnel spazieren, in der einst harte Arbeit den Menschen zu schaffen machte.

Nationalpark Femundsmarka Ganze 597 Quadratkilometer umfasst der Nationalpark, der sich über einen norwegischen und einen schwedischen Teil erstreckt und über die Hauptstraße 28 zu erreichen ist. Das Gebiet um das Zentrum Elgå ist zu jeder Jahreszeit reizvoll: Ob im Winter bei Langlauf oder Wanderungen mit Schneeschuhen, wenn Rentierherden und Elche von den Bergen ins Tal kommen, oder im Sommer per Kajak auf dem majestätischen Femundsee. Der Park besteht aus Kiefern- und Birkenwäldern, die Bergkuppen sind steinig und kahl. Direkt an den Femundsmarka-Park grenzt südlich der kleine Gutulia-Nationalpark an, ein echter Urwald mit über 30 Meter hohen, alten Bäumen. Dazwischen stehen verteilt einige Blockhütten aus dem 19. Jahrhundert, von denen eine stets für Wanderer geöffnet bleibt.

TIPP *

Femundsee

Viele Røros-Besucher nutzen die Gelegenheit zu einem Ausflug in die Abgeschiedenheit des nur wenige Kilometer südlich der Minenstadt beginnenden Gewässers. Der Femundsee erstreckt sich über eine Länge von 60 Kilometern, ist im Durchschnitt aber nur fünf Kilometer breit. Obwohl die Wind- und Strömungsverhältnisse unberechenbar sind, gilt er als Paradies für Kanu- und Kajakfahrer. Das Gebiet zwischen dem See und der schwedischen Grenze wurde als Nationalpark ausgewiesen. Es wird von gut ausgeschilderten Wanderwegen durchzogen. Die »Fæmund II«, ein kleiner Frachter, der zu einem Passagierschiff umgebaut wurde, pendelt in den Sommermonaten zwischen Synnervika im Norden und Elgå am Ostufer über den See und bietet ein schönes Erlebnis.

Auch unter einem Wolkenhimmel kann man die Zeit am Femundsee entspannt vergessen.

Rentiere im Femundsmarka-Nationalpark.

Als Zierde der Bergbaustadt (»Bergstadens Ziir«) wird Røros' Kirche auch bezeichnet.

Industrieerbe kann man in Røros erleben.

Tag 4: Brønnøysund bis Svolvær

Lang schlafen wird an diesem Tag kaum möglich sein, denn die frühmorgendliche Überquerung des Polarkreises sollte man nicht verpassen – und kann man auch kaum, dafür sorgen Reiseleiter mit Ritualen wie beispielsweise der Polarkreistaufe. So wird die Fahrt über die unsichtbare Grenze bei 66°33' zu einem unvergesslichen Erlebnis. Auch der Rest des Tages wird von staunenswerten Momenten geprägt sein. Heute erreicht man zum Beispiel den Hafen von Ørnes, von dem der zweitgrößte Gletscher Norwegens nicht weit entfernt ist, sowie abends schließlich mit Stamsund den südlichsten Hurtigrutenhafen auf den weltberühmten Inseln der Lofoten.

Dank des markanten Monuments auf der kleinen Felseninsel Vikingen kann man die Polarkreis-Überquerung nicht verpassen.

INFO

NORDGEHENDE ROUTE, TAG 4

Hafen	ganzjährig
Brønnøysund	1.35–1.45
Sandnessjøen	4.35–4.50
Nesna	6.00–6.10
Ørnes	10.00–10.10
Bodø	13.05–15.20
Stamsund	19.15–19.40
Svolvær	21.20–22.15

Brønnøysund Auf der nordgehenden Route wird man die Stadt in der Mitte der norwegischen Westküste vermutlich verschlafen. Umso mehr kann man sich darauf freuen, auf der Rückreise dann die Gelegenheit zu bekommen, die Hafenstadt auf der Halbinsel Sømnahalvøya bei Tageslicht zu erkunden. Besonders die Kirche lohnt einen Besuch, und entlang der Havnegata lässt sich entspannt der Blick auf die vertäuten Boote genießen. Siehe Südgehende Route, S. 206

Sandnessjøen Bereits im 9. Jahrhundert lebten hier Menschen, heute nennen etwas über 6000 Personen Sandnessjøen ihr Zuhause. Während in der Wirtschaft besonders das Meer als Handelsroute – und heute Rohstofflieferant – eine tragende Rolle spielt, kommen viele Besucher vor allem wegen der Berge hierher. Siehe Südgehende Route, S. 206

Nesna Von Bord aus kann man das geschäftige – aber doch nie hektische – Treiben im Hafen der idyllisch von mehreren Inseln umgebenen Küstenstadt Nesna beobachten. Siehe Südgehende Route, S. 204

Überquerung des Polarkreises Der Polarkreis ist die unsichtbare Grenze zum Land der Mitternachtssonne. Auf 66° 33' nördlicher Breite bildet er die Linie, an der die Sonne am Tag der sommerlichen Sonnenwende nicht untergeht und in der Nacht der Wintersonnenwende nicht wirklich aufgeht: Am 21. Juni ist sie mitternachts gerade noch sichtbar, am 20./21. Dezember berührt sie am Polarkreis mittags – nur mittags – den Horizont. Wegen des vergleichsweise milden Klimas ist die Arktis im Unterschied zur Antarktis teilweise bewohnt; dies gilt insbesondere für das vom Golfstrom erwärmte Nordnorwegen: Der Polarkreis trennt die polare von der gemäßigten Zone, wobei Vegetationsgrenzen natürlich nicht exakt an die geografische Linie gebunden sind. In Norwegen liegt der Polarkreis im nördlichen Helgeland auf dem Gebiet der Inselgemeinden Træna, Lurøy und Rødøy sowie der »Polarkreisstadt« Mo i Rana.

Vestfjorden
Lofoten
Røsthavet
Moskenstraumen
Svolvær
Stamsund
Bodø
Ørnes
Nesna
Sandnessjøen
Brønnøysund
Hurtigruten
Moskenesøya
Flakstadøya
Vestvågøya
Austvågøya
Leknes
Kabelvåg
Gravdal
Norsk Fiskeværsmuseum
Værøy
Røst
Saltfjorden
Fauske
Rognan
Glomfjord
Mo i Rana
Mosjøen
Hemnesberget
Vega
Gladstad
Sjunkhatten nasjonalpark
Rago nasjonalpark
Junkerdalen nasjonalpark
Saltfjellet-Svartisen nasjonalpark
Lomsdal-Visten nasjonalpark
Børgefjell nasjonalpark
Vindelfjällens naturreservat
Polarsirkelsenteret
Laksfossen
Hattfjelldal
Trofors
Tärnaby
Norwegen
Schweden

Ørnes' Umgebung besticht durch zahlreiche Felsinseln, die Hunderte Meter aus dem Meer ragen.

⚓ Ørnes Der Hurtigruten-Hafen Ørnes an der Küstenreichstraße 17 ist der Hauptort der Insel- und Gletschergemeinde Meløy, die sich von mehr als 700 Inseln bis zu den Eisflächen des Nationalparks Saltfjellet-Svartisen erstreckt. Das Gletscherwasser wird vom Storglomvatnet, Norwegens größtem Süßwasserreservoir, den Kraftwerken an Holands- und Glåmfjord zugeleitet. Die 599 Meter hohe, ins Meer vorspringende Halbinsel Kunna im Norden der Gemeinde galt jahrhundertelang als Grenze zwischen den Landschaften Helgeland und Salten, heute gehört Meløy verwaltungsmäßig zu Salten und ist in Richtung Bodø orientiert, des nächsten Hurtigruten-Hafens nach Ørnes. Das Salten-Museum befindet sich in dem historischen Gebäude, mit dem die Geschichte von Ørnes als Handelsplatz begann: 1794 erhielt Elling Pederson die Konzession, eine Gastwirtschaft zu betreiben.

Starker Strudel: der Saltstraumen

Der Saltstraumen östlich der Hafenstadt Bodø ist der stärkste Gezeitenstrom Norwegens und neben dem Old Sow in den USA, dem Corryvreckan in Schottland, dem Moskstraumen auf den Lofoten und dem Naruto in Japan einer der stärksten der Erde. Mit Geschwindigkeiten von bis zu 40 Stundenkilometer tost das Wasser durch den knapp drei Kilometer langen und an der schmalsten Stelle 150 Meter breiten Sund zwischen den Inseln Straumøya und Knaplundøya vom Saltfjord in den Skjerstadfjord und bei ablaufendem Wasser zurück. Die Strudel des »Salzstroms« erreichen Durchmesser von zehn Metern, nur bei Hochwasser und bei Niedrigwasser liegen die Wasser glatt. Die unter Denkmalschutz stehende Saltstraumenbrücke an der in Bodø endenden Küstenreichsstraße 17 überspannt den Sund auf 768 Meter Länge. Die reichen Fischvorkommen im Saltstraumen hatten in früheren Zeiten große wirtschaftliche Bedeutung, heute gilt der Saltstraumen als eines der besten Sportfischerreviere Norwegens. Seefische wie Lachs und Hering beißen ebenso an wie Forellen und Heilbutt. Die stark motorisierten Touristenfischkutter fahren oft mitten durch die Strudel. Das farbige Leben auf dem Meeresgrund – darunter Korallen und Seeanemonen – lockt zunehmend auch Taucher und Unterwasserfotografen an.

⚓ **Bodø** Die Hafenstadt Bodø ist die Hauptstadt der nordnorwegischen Provinz Nordland und der Vorort der Landschaft Salten. Dank der weltweit höchsten Dichte an Seeadlern auch als »Stadt der Seeadler« bezeichnet, liegt Bodø in der abwechslungsreichen Küstenumgebung auf einer Halbinsel zwischen Vest- und Saltfjord mit Aussicht über den 200 Kilometer breiten Vestfjord bis hin zur Inselgruppe der Lofoten. Besonders beeindruckend ist der Blick zur Lofotenwand zur Zeit der Mitternachtssonne, die in Bodø vom 4. Juni bis zum 8. Juli scheint. Das Rønvikfjellet (164 Meter) nahe dem Stadtzentrum ist Bodøs Haus- und Panoramaberg mit prachtvollem Blick auf die vorgelagerte Insel Landegode, auf die Lofotenwand und die Vogelinsel Røst sowie südwärts zum Svartisengletscher. Zur Zeit der Mitternachtssonne fahren gegen Mitternacht Sightseeingbusse vom Hafen auf das Rønvikfjellet.

Der Abend senkt sich über Bodø, das 2024 zur Europäischen Kulturhauptstadt gekürt wird.

Der kleine, malerische Hafen von Ørnes liegt an der nordgehenden Route. Von hier aus gibt es Fährverbindungen nach Meløy, Bolga und Støtt.

Von Hafen zu Hafen: Ørnes

Schon bei der Anfahrt von Ørnes wird man sich an den Inseln und Inselchen auf der einen Seite sowie den schneebedeckten Bergen auf der anderen Seite kaum satt sehen können – Landerkundungen lohnen sich also! Vor allem der Gletscher Svartisen fasziniert Besucher.

Holandsfjord Tief ist er, der Holandsfjord. Ungefähr 200 Meter reicht das türkisblaue Wasser hinab in die unergründliche Tiefe, die sich wie ein U geformt südwestlich von Halsa ins Land hineinwindet. Wo der Holandsfjord endet, sieht man direkt vor sich die Gletscherzunge des Engabreen, ein eisiger Arm des mächtigen Svartisen. Über den Engabreen entwässert er in den Holandsfjord. Wer die Eismassen mit eigenen Füßen betreten will, der gelangt über den Holandsfjord so nah an den Gletscher heran, dass der restliche Weg erwandert werden kann: Es verkehren regelmäßig Passagierschiffe über den Fjord. Sportlich Ambitionierte paddeln mit dem Kajak über das Wasser und angeln dabei möglicherweise Dorsche, Skrei, Lachs oder Meerforellen. Bald soll es sogar möglich sein, vor dem Zubettgehen noch einen Blick aufs ewige Eis werfen zu können: Mit dem Svart Resort entsteht derzeit das weltweit erste Hotel mit positiver Energiebilanz.

Nationalpark Saltfjellet-Svartisen Saltfjellet-Svartisen am Polarkreis ist der wohl abwechslungsreichste Nationalpark Norwegens. Vom Nordfjord an der vom Golfstrom erwärmten Küste schwingt sich das 2102 Quadratkilometer große Gelände hinauf zum Plateaugletscher Svartisen, dem zweitgrößten Gletscher Norwegens. Östlich der Eismassen setzt sich der Nationalpark fort in den fruchtbaren Flusstälern und eisigen Hochgebirgslandschaften des Saltfjellet, des »Salzberges«. Auf dem kalkreichen Gestein gedeiht im kurzen, aber sehr intensiven Sommer eine einzigartige Flora. Dieser Park bildet die südliche Verbreitungsgrenze für seltene arktische Pflanzenarten am Polarkreis. Das Volk der Sámi nutzt dieses Gebiet seit Menschengedenken zur Rentierdrift. Für Besucher bietet der Saltfjellet-Svartisen-Nationalpark gut markierte Wander- und Trekkingrouten sowie mehrere Übernachtungshütten an.

Engabreen Engabreen ist einer der 60 Ausläufer des Svartisen und diejenige Gletscherzunge, die auf Europas Festland am weitesten ans Meer hinabreicht: Sie endet nur rund 120 Meter über dem Meeresspiegel. Bis in die 1970er-Jahre kalbte der Gletscher hier noch direkt in das Wasser des Holandsfjords – sodass die großen Kreuzfahrtdampfer gern einen Abstecher machten. Seither hat sich die Zunge etwas zurückgezogen und das Schmelzwasser rinnt den Berg hinunter. Auch wenn der Gletscher immer weiter schrumpft: Der Kontrast zwischen tiefdunklen, uralten Eisschichten und dem Weiß von frisch gefallenem Schnee prägt nach wie vor die Landschaft. Er hat dem Svartisen seinen Namen gegeben, denn »svartis« bedeutet »schwarzes Eis«. Der Engabreen ist schon vom Atlantik aus zu erkennen, doch den besten Überblick bietet der benachbarte 1454 Meter hohe Helgelandsbukken.

Sonnenuntergang über dem Nationalpark Saltjfellet-Svartisen, vom Steindalstinden aus betrachtet.

Um 23 Uhr ist es noch immer hell im Saltfjellet, denn die Sommernächte sind hier nur von kurzer Dauer.

Svartisen

Der »Schwarzeis«-Gletscher ist mit 370 Quadratkilometern der zweitgrößte Gletscher Norwegens nach dem Jostedalsbreen. Sein Name geht auf die stellenweise dunkleren Stellen im Eis zurück. Je älter das Eis ist, umso dunkler wird es. Mit gerade einmal 20 Metern über Meeresniveau ist er zudem der tiefstgelegene Gletscher auf dem europäischen Kontinent. Eigentlich besteht der Gletscher aus zwei getrennten Teilen – dem Østisen (Osteis) und dem Vestisen (Westeis). Zwischen den Gletschern liegt das eisfreie Glomtal. Der Svartisen zählt insgesamt bis zu 60 Gletscherarme. Der bekannteste in Vestisen ist der Engabreen, der sich in nordwestliche Richtung dem Holandsfjorden entgegenstreckt. Früher reichte der Gletscherarm Engabreen bis fast an die Küste. Aufgrund der Klimaveränderungen zog sich der Gletscher bis in die 1960er-Jahre um fast zwei Kilometer zurück.

Von Mæla zum Austerdalsvatnet

TIPP *

Vom idyllischen Örtchen Mæla aus, das am östlichen Ende des gewaltigen Sjona-Fjords liegt, führt zunächst der Fv12 an der Westküste des Ranfjords entlang und gibt szenische Ausblicke auf den Fjord frei, bevor man sich auf der Europastraße 6 durch eine dichte Waldlandschaft begibt, um schließlich zum See Svartisvatnet zu gelangen. Nach einer kurzen Bootsfahrt über den See führt eine gut ausgeschilderte Wanderroute bis zum Austerdalsvatnet. Direkt am Austerdalsisen – einem der insgesamt 60 Gletscherarme des Svartisen – gelegen, entstand der See erst im letzten Jahrhundert durch das Abschmelzen des Gletschers. Eine Besonderheit des fischfreien Gletschersees ist sein Abfluss, der nur durch einen künstlich geschaffenen Tunnel und zahlreiche natürliche unterirdische Höhlen führt. Abgesehen davon, erzeugt der Austerdalsvatnet mit seiner kargen Umgebung und der in ihm mündenden Gletscherzunge eine Kulisse, die jedem Besucher die Sprache verschlägt.

Intensive Farbkontraste trotz aller Kargheit bieten sich um das Wasser des Austerdalsvatnet.

An drei Seiten von Wasser umgeben ist das kleine Røssvoll im Süden des Nationalparks.

Von Hafen zu Hafen: Bodø

Auch wenn es in Bodø selbst bereits einiges zu sehen und zu entdecken gibt, sollte man sich auch die Zeit nehmen, die Umgebung zu erkunden. Zwei Nationalparks und unzählige Wanderwege, aussichtsreiche Gipfel und klares Wasser hat die Natur hier zu bieten.

Beeindruckende 223 Meter stürzt das Wasser des Værivassfossen im Rago-Nationalpark die Felswand hinab.

Børvasstindan Insgesamt 13 Gipfel ragen spitz aus der massiven Felswand südöstlich von Bodø, die zusammen die Bergkette Børvasstindan bilden. Das Gebirge erhebt sich etwas südlich vom spektakulären Gezeitenstrom Saltstraumen in zwei markanten Gipfelreihen, Åselitindan und Falkflågtindan, in den Himmel. Mal blickt das zum größten Teil über 1000 Meter hohe Bollwerk majestätisch in der Mitternachtssonne auf den einzigartigen Wasserstrudel hinab, mal umtanzen Nordlichter die zackigen Spitzen von Åselitind (1177 Meter) oder Per Karlsatind (1036 Meter). Und mal verdecken dunkle Wolken den Blick ganz nach oben, wenn tosende Herbststürme sie zwischen die Felswände treiben. Zwischen den zerklüfteten Bergen liegt malerisch schön Åselidalen, das »verborgene Tal«, das auch Ein-

Gespeist wird der Wasserfall von einem fast vier Quadratkilometer großen Bergsee.

heimische gern durchwandern, um dort von urzeitlichen Gletschern geformte Bergseen und Wasserfälle zu besuchen.

Skjerstadfjord Ruhig und windgeschützt ist der Skjerstadfjord, den man über die Landschaftsstraße Kystriksveien erreicht. Ganz im Gegensatz zum Nachbarn, dem größeren Saltfjord, über den er mit dem engen Saltstraumen verbunden ist. Ihm hat er zu verdanken, dass er der Fjord mit dem höchsten Wasseraustausch ist. Qualitätsmerkmal für ein weiteres gutes Angelrevier!

Nationalpark Sjunkhatten 2010 wurde dieser knapp 420 Quadratkilometer große Park nördlich der Fernstraße 80 eröffnet. Die Landschaft ist durch die letzte Eiszeit gekennzeichnet. Sie besteht in erster Linie aus Bergen, Felswänden und Tälern. 40 Quadratkilometer sind allerdings komplett vom Meer bedeckt. Zwar gibt es an einigen Stellen einfache Zugänge, wie von Bodø oder Røsvik, für längere Touren sollte man aber trittsicher sein und eine gute Kondition haben. Hütten zum Übernachten gibt es auf dem Areal nämlich nicht. Im Nationalparkgebiet wird seit dem 16. Jahrhundert Rentierzucht betrieben. Überall sind hier deshalb auch Spuren der samischen und frühen norwegischen Kulturen zu finden.

Nationalpark Rago Der bereits im Jahr 1971 gegründete Park liegt östlich von Bodø. Zusammen mit den angrenzenden schwedischen Nationalparks Padjelanta, Sarek und Stora Sjöfall bildet er das größte zusammenhängende Naturschutzgebiet Europas. So sind auf einer Gesamtfläche von 5700 Quadratkilometern eiszeitlich geprägte Landschaftsformen mit den unterschiedlichsten Biotopen ausgebildet. Große Nadelwälder, Seen sowie Gebirgszüge mit tiefen Schluchten, Gletschern und wild fließende Bachläufe bieten stabilen Populationen seltener Tier- und Pflanzenarten einen Lebensraum. Der höchste Berg des Parks ist mit 1312 Metern der Ragotjahkka, während der 223 Meter hohe Værivassfossen – auch Litlverivassfossen genannt – wohl der beeindruckendste der zahllosen Wasserfälle ist, die sich auf dem Areal ergießen. Mit riesigen frei liegenden Felsen bilden sie eine urtümliche, karge und fast mystische Welt.

Saltdal und Blodveimuseet

TIPP *

Wer sich für die Geschichte und Kultur des Landstrichs interessiert, der sollte der an der E6 gelegenen Gemeinde Rognan einen Besuch abstatten. Hier wartet das rund um das Haus einer Reederfamilie aufgebaute Freilichtmuseum Saltdal mit mehr als 20 verschiedenen Gebäuden aus der Zeit vom 17. bis zum 20. Jahrhundert auf. Bei einem Spaziergang auf dem Museumspfad laden historische Bauernhäuser, eine alte Schmiede und eine Bäckerei zu einer Besichtigung ein. Das dem Freilichtmuseum angeschlossene Blodveimuseet ist in einer Lagerbaracke der Wehrmacht untergebracht. Es informiert über das Leben der Kriegsgefangenen und Zwangsarbeiter, die hier zwischen 1942 und 1945 eingepfercht waren und beim Straßenbau eingesetzt wurden. Hier werden einem die Ausmaße des Krieges erst richtig bewusst.

Neue Kraft schöpft die Natur im Frühling.

Sonnenaufgang am Børtinden.

Kystriksveien

E6 oder Fv17? Vor diese Frage wird ein jeder gestellt, der auf dem Weg in Richtung Nordnorwegen ist. Die Autobahn E6 ist der schnellere und günstigere Weg. Doch der Fylkesvei 17, besser bekannt als Kystriksveien, bietet ein besonderes Fahrerlebnis. Im Gegensatz zu inländischen E6 verläuft der Fv17 direkt am Meer und über zahlreiche Inseln hinweg. Wo es keine Brücken oder Tunnel gibt, nimmt man (insgesamt sechs Mal) die Fähre und das ist auch der Grund, weshalb man etwas mehr Budget einplanen sollte – gerade für die längeren Fahrzeuge und Gespanne verlangen die Fährgesellschaften gutes Geld. Von Steinkjer bis Bodø führt der über 600 Kilometer lange, gut ausgebaute Kystriksvei. Campingplätze sind vorhanden. Panoramablicke über die Inseln und das weite Meer können also unbesorgt genossen werden.

Östlich von Narvik spannt sich die Rombaksbru über den namensgebenden Rombaken, einem Arm des Ofotfjords.

Hafen und Häuser Narviks heben sich farbenfroh gegen die schwarz-weiße Bergkulisse ab.

Hamarøy Das alte Handelsstädtchen Tranøy – »Insel der Kraniche« – liegt ganz im Norden der Halbinsel Hamarøy. Viele kennen Hamarøy auch als »Insel von Knut Hamsun«; dieser wuchs hier auf und kehrte später, als er bereits Schriftsteller war, wieder zurück. Diese »Perle Nordnorwegens« vereint die Wildnis von Bergen und Wäldern mit fruchtbarem Ackerland und ursprünglichen Dörfern, ergänzt von Fjorden und einer Schärenlandschaft. Zum malerischen Ort Tranøy zieht es die meisten Besucher des Leuchtturms wegen, doch sehenswert ist schon allein der Blick auf die vorgelagerten Lofoten – besonders bei Sonnenuntergang. Auch eine Kunstszene hat sich in Tranøy etabliert, zahlreiche Werke sind in der Natur zu finden. Darunter in Stein gemeißelt das Hamsun-Zitat: »Einen Dank für die einsame Nacht, für die Berge, für das Rauschen der Finsternis und des Meeres, es rauscht durch mein Herz!«

Ulvsvåg Das kleine Dorf an der E6 in der Gemeinde Hamarøy liegt direkt an der Schärenküste. Im Hintergrund sind schon die Lofoten über den Vestfjord hinweg zu sehen. Vom Fischerort Skutvik aus, das über die 81 zu erreichen ist, startet eine Fähre nach Svolvær. Bergwanderungen, Langlauf oder natürlich Angeln – alles ist möglich auf der Insel Hamarøy, in Ruhe und mit großartigen Ausblicken, mit Mitternachtssonne oder mit Nordlicht im Winter.

Tysfjord 59 Kilometer lang und bis zu 800 Meter tief ist der Fjord zwischen den nördlichen Gemeinden Narvik und Hamarøy. Die Besiedlung ist in dieser Region sehr dünn. Die meisten der etwa 2000 Einwohner haben ihre Häuser direkt an den Meeresarm gebaut. Viele Verzweigungen des Fjords und mehrere Inseln verleihen der Landschaft ihren Reiz. Mit Glück kann man von Ende Oktober bis Mitte Januar Orcas (Schwertwale) beobachten. Da inzwischen allerdings weniger Heringe in das Gewässer schwimmen, haben auch die Orcas kaum noch Gründe, hierher zu kommen. Sie finden zu wenig Futter.

Ballangen Der Ort am Ofotfjord gehört zur Gemeinde Narvik, die an die schwedische Grenze stößt. Eine Zeit lang lebten die Menschen hier vom Bergbau, in erster Linie vom Abbau von Kupfererz. Davon zeugt heute aber nur noch das Ballangen Museum. Dort veranschaulichen Gegenstände des täglichen Lebens aus der Landwirtschaft und der Fischerei den früher einmal beschwerlichen Alltag der Einwohner. Exponate aus Schulen und Zeugnisse von kulturellen Aktivitäten ergänzen die Ausstellung. Ein Besuch ist auch wegen des schönen Holzgebäudes im Syllaveien 36 etwas außerhalb von Ballangen ein Muss. Das Gebäude war früher Sitz einer Bergbaugesellschaft.

Ofotfjord Der bekannteste Ort an diesem 78 Kilometer langen Meeresarm ist die Hafenstadt Narvik. Auf dem Grund des Ofotfjords liegen mehrere Schiffswracks aus dem Zweiten Weltkrieg, die ein beliebtes Ziel von Tauchern sind. Die über den Seitenarm Rombaken in unmittelbarer Nähe der Stadt führende 1,5 Kilometer lange Hålogaland-Hängebrücke wurde als Teil der E6 gebaut, um die Verbindung nach Narvik zu verkürzen. Die Überquerung der vierspurigen Brücke bietet Fahrvergnügen pur, auch wenn sie mautpflichtig ist.

Håkvik Håkvik am Herjangsfjord gehört ebenfalls zur Gemeinde des nahe gelegenen Narvik. Hier gibt es kein einziges Hotel, Touristen sind daher eher selten zu treffen. Dafür kann man ein ruhiges, authentisches Dorf erleben, wandern, baden und im Winter Langlauf machen. Nur wenige Kilometer entfernt an der E6 befindet sich der Ort Ankenes, der seit den 1970er-Jahren ein beliebtes Skiresort ist.

Narvik Bei Narvik am ganzjährig eisfreien Ofotfjord erreicht das norwegische Festland seine schmalste Stelle: Nur 6,3 Kilometer Luftlinie sind es zum schwedischen Wintersportort Riksgränsen. Die 508 Höhenmeter auf kurzer Distanz zählen zu den eindrucksvollsten Gebirgsstrecken des Nordens. Hier schraubt sich die Europastraße 10 zum Pass hinauf und setzt sich unter dem Namen »Nordkalottvägen« in Richtung der Erzbergbau-Kapitale Kiruna fort. Hier verläuft in atemberaubenden Serpentinen auch die Lapplandbahn, die »Erzbahn«, deren 1902 eröffneter Teil in Norwegen »Ofotbanen« heißt. Die dritte Top-Route des Gebiets ist der Rallarvegen, der als Mountainbike- und Wanderroute eingerichtete alte Eisenbahnsicherungsweg: Er verlangt auf norwegischer Seite Schwindelfreiheit und etwas Mut, während die schwedische Fortsetzung zum Nationalpark Abisko das Prädikat »kinderleicht« verdient.

TIPP *

Rallarvegen
Sportliche mit etwas Zeit im Gepäck sollten sich vier Namen merken: Als Rallarvegen oder Rallarveien auf norwegischer Seite, auf schwedischer Seite als Rallarleden und Rallarvägen bekannt ist der rund 50 Kilometer lange Weg, der von Rombaksbotn bis Abisko führt und ein Eldorado für Wanderer und Mountainbiker zugleich ist. Das Besondere an ihm ist seine Historie: Als um 1900 die Eisenbahnstrecke zwischen Narvik und Luleå gebaut wurde, legte man den Weg entlang der Strecke an, um den Bau zu unterstützen. Nach der Fertigstellung der Bahnlinie wurde der Weg nicht mehr benötigt und sich selbst überlassen. Mehrere Erdrutsche und Überschwemmungen machten ihn über die Jahre hinweg unpassierbar, bis man sich in den 1980/90er-Jahren wieder des Weges annahm und ihn räumte. So ist er heute ein beliebtes Ziel zum Wandern und Mountainbiken mitten durch die raue Landschaft. Auch kürzere Strecken wie zwischen Katterat und Rombaksbotn sind empfehlenswert. Nicht verwechseln darf man den nordnorwegischen Rallarvegen mit dem gleichnamigen Weg von Finse bis Flåm, der beim Bau der Bergensbanen angelegt wurde!

Passage durch den Vestfjord Von Bodø fahren die Schiffe der Hurtigruten durch den Vestfjord zur Inselkette der Lofoten. Hier bieten sich grandiose Ausblicke auf die »Lofotenwand«, wie die bis zu über 1000 Meter steil aus dem Wasser aufragenden Berge genannt werden. Der Vestfjord ist eine 200 Kilometer lange und bis zu 80 Kilometer breite Meeresbucht, in deren Tiefen Temperatur und Salzgehalt optimal für die Laichablage der Dorsche sind. Die Ablage erfolgt im Februar und im März, während der Planktonblüte ab März findet der Nachwuchs reichlich Nahrung. Da der Kabeljau heute meist ganzjährig im Nordatlantik gefangen wird, ist die Lofotfischerei stark zurückgegangen. Der aus sieben Haupt- und mehr als 100 kleineren Inseln bestehende Lofotenarchipel ist ein versunkenes Gebirge, dessen alpin zugespitzte Gipfel während der nacheiszeitlichen Landhebung wieder aus der See auftauchten.

Eindrucksvolle Nordlichter sind in der dunklen Jahreszeit in der Region um Stamsund keine Seltenheit.

Von dem Lofoten-Örtchen Stamsund aus blickt man über das dunkle Wasser des Vestfjords auf einen Sonnenaufgang, der die Wolken vertreibt.

Prächtige Jäger: Seeadler

Da in Bodø die Seeadlerdichte so hoch ist wie nirgends sonst auf der Welt, wurde in der Stadt ein weltweit einzigartiger Verein gegründet: der Havørnklubben, der Seeadlerclub. Mitglied werden kann mittlerweile jeder, früher musste man die Sichtung eines Seeadlers nachweisen – was in Anbetracht der Tatsache, dass die Tiere sich hier so oft zeigen, auch nicht weiter schwer war. Der Seeadler ist mit einer Länge von 90 Zentimetern und einer Flügelspannweite von 2,50 Metern der größte Greifvogel Nordeuropas. Obwohl er im gesamten nördlichen Europa an der Küste und in gewässerreichen Waldgebieten lebt, ist seine Beobachtung meist schwierig, da er auf eine Fluchtdistanz von bis zu 500 Metern achtet. Die Seeadler in Nordeuropa sind Standvögel, die ihr Revier ganzjährig durchstreifen. Darin unterscheiden sie sich von den Seeadlern in Nordrussland und Sibirien, die zum Winter hin in den Süden ziehen. Das Jagdrevier eines Brutpaares beträgt bis zu 50 Quadratkilometer. Sie ernähren sich von Fischen und Wasservögeln wie Hechten und Enten. Die vielfältigen Jagdmethoden reichen von der Ansitzjagd bis zum Suchflug mit Rütteln und Sturzflügen. Seeadler werden im Alter von fünf Jahren geschlechtsreif, die Paare bleiben ein Leben lang zusammen und bevorzugen fixe Wohnorte. Ihre eindrucksvollen Horste errichten sie gern in den Wipfeln hoher Bäume, an den Felsküsten Norwegens horsten sie auch in Felswänden.

Orcas – den Heringen hinterher

Im Spätherbst gehen Hunderte von Orcas im Vestfjord zwischen der Nordlandküste und der Lofotenwand auf Heringsjagd. 600 bis 1000 dieser wendigen Riesendelfine folgen im Oktober den Heringsschwärmen, die von Island in ihre Laichgebiete ziehen. Im Schutz der Nacht treiben die Heringe, dem aufsteigenden Plankton folgend, an die Wasseroberfläche. Wenn der Morgen graut, sinken sie in die sichere Tiefe. Der Schwarm, der zu spät ab-

taucht, wird Opfer der Orcas: Zu mehreren kreisen sie die Heringe ein, peitschen mit ihren Fluken die Wasseroberfläche und verschlingen die silbrigen Leiber, bis der Hunger gestillt ist. Tausende der bei den Heringsfischern unbeliebten Orcas wurden bis 1980 in Norwegen getötet, das Fleisch wurde verkauft. Heute sind die Orcas Sympathieträger der Tourismusbranche, Whale Watching auf Beobachtungsbooten hat sich als lukrativer erwiesen als der Verkauf des Fleisches. Der US-Spielfilm »Free Willy – Ruf der Freiheit« (1993) und die Haltung von Orcas in Freizeitparks haben dem Tier den Ruf eines liebenswerten, freiheitsliebenden Menschenfreunds eingetragen. Auch an Land sind die Orcas auf den Lofoten allgegenwärtig: Sie prangen auf Bechern und T-Shirts, grüßen von Postkarten und Schlüsselanhängern oder kuscheln sich als Plüschtiere an Kinderwangen.

Lofoten und die Lofotfischer

»Alpen im Nordmeer« wird die fast märchenhafte Landschaft der Lofoten auch genannt – tatsächlich ähnelt sie mit Bergspitzen und hoch gelegenen Wiesen einer Schweizer Gipfelkette, nur mit umspülten Füßen. Die lang gezogene Inselgruppe ist nach dem Wikingernamen einer einzelnen Insel benannt: Vestvågøy hieß ursprünglich »Lófóten«, »Luchsfuß«, da ihr Umriss einem solchen ähneln soll. Die wichtigsten Eilande sind per Brücke oder heute auch über Tunnel miteinander verbunden. Die Inselkette Lofoten liegt 100 Kilometer nördlich des Polarkreises, was lange Winter-

nächte bringt, doch sorgt der Golfstrom für ein mildes Klima. Seit rund 6000 Jahren leben hier Fischer, davon zeugen die weitverbreiteten Stockfischgestelle und ihre traditionellen Rorbu-Hütten. Johan Bojer setzte ihnen 1921 ein literarisches Denkmal – und bis heute gibt es einige Orte, in denen sich seitdem nur wenig verändert hat. Nusfjord beispielsweise weiß bis heute Traditionen zu erhalten, und der Tante-Emma-Laden sieht noch aus wie vor 100 Jahren. Die Lofotfischerei ist trotzdem moderner geworden: Viele mühsame Arbeiten an Bord übernehmen heute Maschinen und Computer. Statt Wale zu bejagen, sucht man sie heute gemeinsam mit Touristen auf, die, mit Kameras ausgestattet, nur darauf warten, dass sich eine Fluke oder ein Blas an der Wasseroberfläche zeigt. Längst ist der Tourismus zu einer der wichtigsten Einnahmequellen neben dem Fischfang geworden. Für viele Lofotfischer ist es ein willkommenes Zubrot, Angeltouristen in ihren Booten mitzunehmen. Und selbst die Rorbuer werden mit den Gästen geteilt – authentischer kann man auf den Lofoten nicht nächtigen.

Vestvågøy Vestvågøy ist mit 411 Quadratkilometern die zweitgrößte Lofoteninsel. Der eisenzeitliche Häuptlingssitz Lofotr in Borg ist der Namengeber des gesamten Archipels: Aus »Lofotr« wurde das Einzahlwort »Lofoten« (Luchsfuß); im Deutschen spricht man von den Lofoten in der Mehrzahl, da die Endung »-en« einen Plural suggeriert. Mit 83 Metern ist das 1000 Jahre alte Wikingerhaus von Lofotr eines der größten erhaltenen Langhäuser: Mit Bankettsaal, Wohnbereich, Schmiede, Bootshaus usw. wurde es rekonstruiert und beherbergt das Lofotr-Wikingermuseum. Mit 10 000 Einwohnern ist Vestvågøy die bevölkerungsreichste Inselgemeinde der Lofoten. Zu den bekanntesten Stränden von Vestvågøy zählen der Geröllstrand im Eggum-Naturreservat und der Strand im mittelalterlich anmutenden Fischereidorf Utakleiv, der durch einen Tunnel erreichbar ist.

Stamsund Das um 1900 von einem Unternehmer gegründete Fischerdorf Stamsund an der geschützten Vestfjordküste der Insel Vestvågøy ist der südlichste Hafen der Hurtigruten auf dem Lofotenarchipel mit täglichen Verbindungen nach Bodø und Svolvær. In der Nähe des Anlegers befinden sich Kunstgewerbeläden und Galerien, im Sommer findet das »Stamsund internasjonale teaterfestival« statt. Die umliegenden Berge erreichen bis zu 738 Meter Höhe und sind durch markierte Wanderpfade erschlossen. Der Stamsunder Sportverein betreibt die einzige alpine Wintersportanlage auf den Lofoten: Das Lofoten Snowboard Alpinsenter wartet mit einer 1700 Meter langen Abfahrtsstrecke auf. Vom Hafen in Stamsund kann man im Rahmen des dreistündigen Hurtigruten-»Wikingerausflugs« mit dem Bus zum Wikingerlanghaus Lofotr in Borg und zurück fahren.

Svolvær Ohne Zweifel ist Svolvær eng verbunden mit dem Fang von Kabeljau und dadurch seit Jahrzehnten ein wichtiges Zentrum der Fischerei. Doch die Küstenstadt hat noch einiges mehr zu bieten. Gunnar Berg, einer der bekanntesten Söhne der Stadt, war nicht der erste Maler, der sich von der Landschaft um Svolvær inspirieren ließ, und so macht sich Svolvær auch als Künstlerstadt einen Namen. Viele Galerien, Museen und Ateliers geben Einblicke in das Schaffen der regionalen Kunstschaffenden. Dem quirligen Treiben in der Stadt entgeht man im Sommer durch Wanderungen im Umland, und im Winter zieht es die Sportlichen zahlreich auf die Skipisten. Siehe Südgehende Route, S. 198

Rote Rorbuer und hölzerne Fischerboote sind in Stamsund kein seltener Anblick.

Eindrucksvolles Gebirgsmassiv am Strand von Utakleiv auf der Insel Vestvågøy.

Die Tatsache, dass der 1000-Seelen-Ort Stamsund ein Fischereizentrum ist, ist unübersehbar.

Landausflug ins Lofotr Vikingmuseum

Ein mächtiger Wikinger muss hier einst geherrscht haben, wenn man die Ausmaße seiner Gemächer betrachtet: 83 Meter misst das Langhaus in der Länge, das Archäologen hier, bei Borg auf Vestvågøy, 1983 entdeckten und kenntnisreich wiederaufbauen ließen. Heute ist es Teil des Lofotr Vikingmuseum, das Ziel eines beliebten Ausflugs der Hurtigruten-Schiffe ist. Das Langhaus selbst ist in die Schlafbereiche und die Methalle unterteilt, in der Besucher selbst Teil eines »echten« Wikinger-Festgelages werden. Zu alten Sagen und musikalischen Klängen wird neben Lamm- und Wildschweinfleisch, das stilecht nur mit dem Messer von einem Holzbrett vorkostet wird, natürlich auch der Met, der Honigwein, serviert. Die Götter werden um Beistand gebeten – und im Winter für die Touristen oft um sternenklare Nächte mit Polarlicht. Natürlich muss den nordischen Göttern auch mit Opfergaben gehuldigt werden, um Ragnarök, im Glauben der Wikinger das mystische Ende der Welt, abzuwenden. Im August veranstaltet das Museum ein großes Wikingerfestival. Eine Woche lang finden dann zahlreiche Darbietungen statt, die das Leben von Thors Volk verdeutlichen sollen. Dazu finden auch Kurse im Bogenschießen sowie Ausflüge mit einem authentischen Wikingerschiff statt.

Landausflug nach Kabelvåg

Kabelvåg auf der Insel Austvågøy ist das historische Zentrum der Lofotfischerei. Auch ließ hier König Øystein I. Magnusson bereits 1103 die erste Kapelle errichten. Die königliche Ortsgründung in Nordnorwegen spiegelte die wirtschaftliche Bedeutung der natürlichen Ressourcen aus dem

Vestfjord. Øystein sicherte der Krone durch Steuern einen Großteil der Einnahmen aus dem Fischfang. Die weitgehende Rechtlosigkeit der Fischer unter den Grundbesitzern, die auch als Rorbuer-Vermieter, Fischexporteure und Ladeninhaber fungierten und durch das Lofotgesetz von 1816 das Aufsichts- und Eigentumsrecht am Meer zugesprochen erhielten, blieb über die Jahrhunderte bestehen, bis das Lofotgesetz von 1857 die Fischereiaufsicht zur öffentlichen Angelegenheit machte. Mit der Zeit wurde es jedoch eng in Kabelvåg, und viele wanderten ins heute größere Svolvær ab.

Von Hafen zu Hafen: Stamsund

Stamsund ist der südlichste Hurtigruten-Hafen der Lofoten. Und nicht zu Unrecht gilt die Inselgruppe als eine der berühmtesten Destinationen Norwegens. Man sollte also die Chance nutzen, die Inseln mit ihrer faszinierenden Natur und den pittoresken Dörfern zu erkunden.

Zwischen dicken Wolken brechen sich einzelne Sonnenstrahlen den Weg frei und fallen auf die rasch ansteigenden Berghänge.

Leknes Sein Seehafen, der Flughafen und sich hier treffende Buslinien machen Leknes zu einem Verkehrsknotenpunkt der Lofoten. Neben Svolvær ist die Stadt auf Vestvågøy ein wichtiges Handelszentrum auf dem Archipel – und dementsprechend zweckmäßig erscheint das in den 1960er-Jahren geprägte Zuhause der knapp 3000 Einwohner. Touristisches Flair sucht man hier vergeblich, obwohl der Hafen regelmäßig von Kreuzfahrtlinien angelaufen wird. Auch wenn es Hinweise auf eine frühe Besiedelung gibt, ist davon heute nichts mehr zu sehen. Um auf Zeitreise zu gehen, empfiehlt sich ein Besuch im nahe gelegenen Wikingermuseum Lofotr in Borg. Vom Leben im 19. Jahrhundert auf den Lofoten erzählt das Museum in Fygle. Es wurde in einer alten Schule und einer Rorbu, einer Fischerhütte, eingerichtet und gibt einen historischen Einblick in den Alltag von Fischern und Landwirten.

Haukland und Uttakleiv Die weißen Sandstrände auf Vestvågøy sind bei den Einheimischen genauso beliebt wie bei Reisenden: Vor allem während der Mitternachtssonne herrscht hier munteres Treiben vor dem atemberaubenden Bergpanorama. Die Landschaft auf dieser Insel ähnelt einem breiten Tal, eingerahmt von anmutig runden Bergen. Mit Blick auf die steil abfallende Felswand des Veggen führt ein beliebter Wanderweg von einem Traumstrand zum nächsten: vom Haukland zum Uttakleiv. Es empfiehlt sich also, genug Zeit zum Genießen im Gepäck zu haben. Wer will, wählt für eine Wegstrecke den Pfad über den alten Pass. Bevor 1995 ein Verbindungstunnel gebaut wurde, befuhren Pferdekarren den alten Weg, der einen herrlichen Blick über Uttakleiv zu bieten hat. Tierfreunde kommen unterwegs auf jeden Fall auf ihre Kosten, falls sich weder Seeadler noch Wale sehen lassen: Ein Blick auf die Schafherden entlang des Weges ist gesichert.

Tangstad und Steinsfjord Auf der Nordwestseite von Vestvågøy, zwischen Skolmnedet und Kostbergan, greift der Steinsfjorden mit flüssigen Fingern nach dem Land. Im Süden bewacht vom Himmeltindan, im Norden von Skolmen und Vårsetaksla, teilt sich der Fjord in zwei Teile. Der mit 2,6 Kilometern etwas kürzere Mærvollspollen liegt nördlich, der 3,5 Kilometer lange Tangstadpollen im Süden. An der Landzunge dazwischen haben sich mehrere kleine Orte angesiedelt, von denen Tangstad über einen Fischereihafen verfügt. Wie eigentlich überall rund um die Lofoten sind die Gewässer vor der Küste fischreich und beliebt bei Hobbyanglern. An Land lassen sich neben anderen Beerensorten stets Moltebeeren finden, orangefarbene kleine Früchte mit süß-saurem Geschmack. Die Beeren dieses Rosengewächses enthalten sehr viel Vitamin C und sind für Nordnorweger beinahe so etwas wie ein Grundnahrungsmittel – seit Jahrhunderten gilt deshalb,

Rund um die verstreuten Häuschen Unstads breitet sich grün der Rasen aus – ein seltener Anblick auf den an flachen Wiesen armen Lofoten.

Als »Auge von Uttakleiv« bezeichnet man gern die mit einem runden Stein und dem Meerwasser ausgefüllte Mulde am Strand von Uttakleiv.

dass Moltebeeren nur auf dem eigenen Grundstück geerntet werden dürfen.

Unstad Noch heute sind die Häuser im kleinen Ort Unstad an der Westküste von Vestvågøy angeordnet wie ein mittelalterliches Haufendorf: Wald und fruchtbarer Boden umgibt eine nah beieinander stehende Häusergruppe. Vor vielen Jahren wurde der Grund in Flurstücke eingeteilt und durch ein gerechtes Verfahren an die Bewohner dieser Solidargemeinschaft vergeben. Der Besitz eines Bauern bestand also aus kleinen Parzellen, die nicht zwingend nebeneinander lagen – und unterschiedliche Bodenbeschaffenheit mit sich brachten. Die Flurbereinigung machte dieses System irgendwann überflüssig. Seit 1995 ist Unstad durch einen Verbindungstunnel angeschlossen. Am traumhaften Sandstrand von Unstad herrschen nicht nur beste Voraussetzungen, die Mitternachtssonne zu genießen, auch unter Surfern gilt der Strand als Hotspot.

Aus manchen Perspektiven wirken die Berge bei Tangstad, als hätte man Wellen versteinert.

Hamnøy in der Dämmerung.

Auch in der kalten Jahreszeit einen Besuch wert ist der kleine Lofoten-Ort Hamnøy

Eggum Mitten auf einer Schafweide bei Eggum, am nördlichsten Ende von Vestvågøy, steht »der Kopf«. Er blickt hinaus aufs Meer, ist aus Eisen und Granit gefertigt und das Kunstwerk des Schweizer Gegenwartskünstlers Markus Raetz (1941–2020). Als Sinnbild für ein Leben voller Überraschungen verändert sich die Skulptur mit dem Blickwinkel des Betrachters, sieht mal aus wie ein klassisches Porträt, dann wie ein Kopf »auf dem Kopf«. Eine atemberaubende Kulisse dafür bietet die einzigartige Natur mit ihrem Farbenspiel, das sommers wie winters Überraschungen bereithält – wie das Leben eben. Neben inspirierender Kunst hat Eggum die Atmosphäre eines alten Fischerdorfs, einen der schönsten Kiesstrände der Lofoten und die ehemalige Radarstation »Borga« zu bieten, die die Deutsche Wehrmacht während des Zweiten Weltkriegs hier errichtete.

Flakstadøya Die höchste Erhebung der 110 Quadratkilometer großen Lofoteninsel Flakstadøya ist der »Sternengipfel« Stjerntinden am Wanderpfad durch den Süden der Insel. In 931 Meter Höhe bietet er einen Rundblick auf Vestfjord und Nordlandküste, die Nachbarinseln Vestvågøy und Moskenesøya sowie die Sandstrände im Westen. Von Vestvågøy ist die Flakstadøya auf der Europastraße 10 durch den 1782 Meter langen Unterwassertunnel »Nappstraumentunnel« erreichbar, zwei

Über das wasserreiche Land spannt sich ein effektvoller Wolkenhimmel.

Der bergigen Landschaft trotzt das Straßennetz der Lofoten auf beeindruckende Weise.

TIPP *

Fahrvergnügen auf der E10

Die Fernstraße E10, nationale Touristenstraße der norwegischen Straßenverwaltung, führt direkt an dem modernen Fischerort Napp vorbei. Im Hafen laden Fischerboote ihren Fang ab. Den Weitertransport innerhalb der Lofoten erleichtert der 1990 fertiggestellte Nappstraum-Tunnel. Unter dem Meer hindurch verbinden seine rund 1770 Meter Länge Flakstadøya und Vestvågøya miteinander, die E10 führt durch ihn hindurch. Die Küste entlang des Nappstraumen, wie der Meereskanal zwischen den beiden Inseln heißt, ist wild und abwechslungsreich. Auf lauschige Buchten folgen bizarre Felsformationen, es herrscht beständiges Auf und Ab. Etwas weiter weg vom Meer verwandeln sich munter vor sich hin plätschernde Bäche bei feuchter Witterung in beachtliche Wasserläufe. Die Vegetation aus Heidekraut, Wollgras, Krüppelbirken und unterschiedlichen Farnarten sorgt für Grün.

Brücken führen zur Moskenesøya, der südlichsten Großinsel der Lofoten. Der Inselhauptort Ramberg hat einen der berühmtesten Sandstrände der Lofoten, die Flakstad-Kirche (1783) überrascht mit einem Zwiebelturm. Der Hügel Hamnhaugen gewährt eine überragende Aussicht auf das malerische Fischerdorf Nusfjord mit seinen restaurierten Holzhäusern.

Myrland Ganz im Norden von Flakstadøya liegt abgeschieden das »Moorland«, wie Myrland übersetzt heißt. Nahe der Steilküste schmiegen sich vereinzelt stehende Häuser in die Landschaft, die eine gute Ausgangslage für Aktivitäten in der unberührten Natur bieten – fernab von allzu viel Zivilisation. Die wenigen Wanderer entlang der Küste können beobachten, wie sich im Wechsel der Gezeiten rund geschliffene Granitfelsen aus dem Wasser erheben und wieder abtauchen. Per Fahrrad lässt sich der Radius für Ausflüge ganz leicht vergrößern, ohne dabei auf Entschleunigung verzichten zu müssen: Die Lofoten gelten – trotz ihrer zahlreichen Gipfel – als beliebtes Gebiet für entspannte Radtouren. Sobald Schnee fällt, lohnt es sich, das Gefährt zu wechseln: Mit Langlaufskiern unter den Füßen gleitet man geräuschlos durch die faszinierende Berglandschaft.

Nusfjord Das kleine Örtchen Nusfjord auf Flakstadøya war einer der Hauptspielorte der Dorschfischerei des 19. Jahrhunderts, für die die Lofoten reiche Fischgründe bieten. Das Dorf zeigt noch heute mehr als 50 bestens erhaltene Fischerhütten, dazu historische Sägewerke und eine Lebertranraffinerie. Im gemütlichen Nusfjord kann man dem harten Leben der Lofotfischer nachspüren.

Flakstad Die Gemeinde verteilt sich über die gleichnamige Insel und die Insel Moskenesøy. Wären da nicht die schroffen Berge, der reißende Gezeitenfluss Moskenestraumen oder ab Herbst die Nordlichter, könnte man fast meinen, sich weit weg in der Karibik zu befinden. Weiße Strände in lang gezogenen Buchten, zum Beispiel bei Ramberg, überraschen den Besucher. Die typischen Holzhäuser und Fischerhütten, oft auf Stegen gebaut, muten aber dann doch typisch skandinavisch an. Genau wie die zweitälteste Kirche der Lofoten in einem Seitenweg der E 10, deren Einrichtungsgegenstände ihre bewegte Geschichte vom 15. Jahrhundert bis heute erzählen.

Ramberg Direkt am offenen Nordmeer die Füße in weißen Sandstrand strecken – in der kleinen Gemeinde Ramberg ist das tatsächlich möglich. Vor atemberaubender Bergkulisse lädt der weitläufige Strand zum Verweilen ein. In der Bucht von Jusnesvika, an der Nordwestseite der Lofoten und nördlich des Ortszentrums, fühlen sich Hartgesottene bei sommerlichen Temperaturen sogar bereit für einen Sprung ins kühle Nass. Weiter draußen pflügen Wale durch das Gewässer und halten mit etwas Glück ihre Fluken für Beobachtungen vom Land aus in die Luft. Den Himmel hingegen tauchen Polarlichter im Winter immer wieder in ihr sphärisches Licht. Sie erleuchten auch den nicht weit entfernt gelegenen Strand von Skagen bei Flakstad. Geführte Kajaktouren ermöglichen den Blick auf das magische Himmelsphänomen vom Wasser aus, das einzufangen vor allem ambitionierte Fotografen anspornt.

Volandstinden und Stjerntinden Zwei markante Vertreter der »Alpen im Meer«, wie die Lofoten auch gern genannt werden, erheben sich auf Flakstadøya: der an eine Pyramide erinnernde Volandstinden und der Stjerntinden, der höchste Lofotengipfel. Ob die Gesteinsriesen ihre ganze Pracht offenbaren, hängt meistens vom Wetter ab – nicht selten bleiben ihre Gipfel im dichten Nebel verborgen. Zeigt sich der Wettergott gnädig, eröffnet sich Gipfelstürmern des Volandstinden der Blick über den Skjellfjorden in südlicher Richtung und dem Torsfjorden im Norden. Wer den Stjerntinden sportlich erobern will, der braucht Ausdauer: Eine anspruchsvolle Kletterroute führt den glatten Felsen hinauf auf den Gipfel.

Moskenesøya Die Insel im rauen, südwestlichen Teil der Lofoten präsentiert sich als wild zerklüftete Gebirgslandschaft. In den Dörfern an der dem ruhigen Vestfjord zugewandten Ostküste bilden der Dorschfang und das Trocknen von Fisch bis heute die wichtigste Einnahmequelle neben dem Tourismus. Im kleinen Dorf mit dem prägnanten Namen Å, dessen oft mehr als 150 Jahre alten Fischerhütten unter Denkmalschutz stehen, wurde ein Freilichtmuseum eingerichtet. Eine Trankocherei und ein Stockfischmuseum sind hier zu sehen. Auch Reine und Hamnøy, zwei traditionsreiche kleine Fischerorte am Eingang des tief ins Land schneidenden Kirkefjords, sind beliebte Besucherziele. Die Holzhäuser von Hamnøy stehen auf einer kleinen Insel, Reine ist ganz auf Pfählen im Wasser erbaut. Die einstige Walfänger-Hochburg gilt als beliebter Ausgangspunkt für Wanderungen.

Fredvang Erst seit dem Jahr 1988 verbinden zwei Brücken das kleine Fischerdorf an der Nordspitze von Moskenesøy mit der Außenwelt: Zuvor erreichte man den Ort nur über den Wasserweg. Gut geschützt, abgewandt von der rauen Meerseite ist das idyllische Fredvang ein beliebter Ausgangspunkt für Wanderungen zur »Yttersida«, der »Außenseite«. Rund um das Dorf liegen neben vielen sandigen Agrarflächen auch die meisten Sandstrände der Gemeinde.

Kvalvika Am Ende der »Walbucht« ragt der Ryten mit 543 Metern in die Höhe, dahinter der Fuglhuken mit 557 Metern: Vom traumhaft schönen Sandstrand der Bucht Kvalvika hat man nicht nur diese beiden Gesteinsriesen im Blick, sondern auch die unendliche Weite des smaragdblauen Nordmeers. Wo einst bettelarme Fischer ihrer schweren Arbeit nachgingen, tummeln sich heute Touristen – vor allem, wenn die Mitternachtssonne am Himmel steht.

Hamnøy Das Fischerdorf Hamnøy auf der zählt dank seiner Panoramalage mit Dreifjordeblick und Aufblick zu über 700 Meter hohen Gipfeln zu den im Sommer meistbesuchten Orten der

Jede Jahres- und jede Tageszeit verleiht der Landschaft aus Bergen und Wasser um Fredvang ein neues Gesicht.

Westlich von Å i Lofoten spiegelt sich die friedvolle Landschaft aus kargen Berggipfeln im Ågvatnet.

Lofoteninsel Moskenesøya. Die Holzhäuser stehen auf einer kleinen Insel an der Ausmündung des Kirkefjords in den Vestfjord; durch Dämme und Brücken wurde die von dem steilen Felsberg Festhæltinden überragte Insel in die Europastraße 10 integriert, Hochbrücken haben die Fährverbindungen nach Reine ersetzt. Die Europastraße, seit 2007 »Nationale Ferienstraße Lofoten«, wurde zwischen Mølnarodden und Hamnøy in den Fels gesprengt und führt bei Hamnøy durch ein Brutgebiet von Dreizehenmöwen. Diese lassen sich von den Autos aber wenig stören, der Vogelfelsen von Hamnøy ist ein beliebter Fotostopp. Feriengäste finden in Hamnøy Unterkunft in den traditionellen Rorbuer.

Sakrisøy Den Fischerort Sakrisøy überragen die von eiszeitlichen Gletschern modellierten Gipfel der Lofoteninsel Moskenesøya. Moskenesøya liegt im rauen westlichen Teil der Inselgruppe und ist von starken Gezeitenströmen umgeben, der Moskenstraumen im Süden der Insel ist einer der stärksten Gezeitenströme Norwegens. Nach dem Verschwinden der großen Gletscher an der Küste Norwegens begann der Dorsch vor 10 000 Jahren seine alljährlichen Wanderungen von der Barentssee zu den Lofoten, um im Vestfjord zu laichen. Fischfang und das Trocknen von Fisch werden in Sakrisøy bis heute betrieben. Ein Verkaufsladen an der Europastraße 10 bietet maritime Köstlichkeiten wie Dorsch, Lachs, Seelachs, Seeteufel und Rotbarsch, gelegentlich Heilbutt, Stockfisch, Klippfisch, Räucherlachs und Garnelen sowie unter dem Namen »Skrei« die Delikatesse Winterkabeljau an.

Reine Das Fischerdorf Reine mit seinen auf Pfählen ins Wasser gebauten Holzhäusern ist der Hauptort der Inselgemeinde Moskenes auf der Insel Moskenesøya, der südlichsten durch die Lofast-Straßenverbindung erschlossenen Lofoteninseln: Beim Fischerdorfmuseum in Å, Norwegens Ort mit dem kürzesten Namen, endet bei Reine die Europastraße 10, die seit 2007 durch Brücken und Tunnel mit dem Festland verbunden ist (Lofast steht für Lofoten-Festlandverbindung). An der Lofast-Trasse wurden viele Fotostopp-Parkplätze eingerichtet, auch die alten Teilstücke der E 10 sind Teil der »Nationalen Ferienstraße Lofoten«. Der Moskenstraumen im Süden der Insel ist unter dem Namen Mal- bzw. Mahlstrom in der Weltliteratur verewigt worden, so in Edgar Allan Poes Seefahrer-Thriller »Der Sturz in den Mahlstrom« und Jules Vernes Zukunftsvision »20 000 Meilen unter dem Meer«.

Sørvågen Ein in einem schlichten weißen Holzhaus untergebrachtes Museum erinnert heute noch an eine technische Sensation: Von der Station in Sørvågen sendete 1906 der erste drahtlose Radiotelegraf Nordeuropas und der zweite seiner Art weltweit in den Äther. Schon bevor eine Verbindung per Funk möglich war, konnte das kleine 450-Seelen-Dorf im Süden der Insel Moskenesøy mithilfe von 170 Kilometer See- und Landkabel über die sogenannte Lofotleitung telegrafisch mit seinen Nachbardörfern in Kontakt treten. Die Möglichkeit zur Absprache steigerte den Ertrag in der Fischerei nachhaltig: gut für Sørvågen, dessen Haupteinnahmequelle die Fischerei ist. Nicht weit von der Ortschaft entfernt liegt der See Ågvatnet inmitten der moosgrünen Berglandschaft. Mit einer Höhe von gerade mal vier Metern über dem Meeresspiegel wirkt der tiefblaue Süßwassersee fast wie ein Fjord.

Å i Lofoten An der Südostküste von Moskenesøy gelegen, lockt der kleine Ort vor allem mit seinem authentischen Flair eines traditionellen Fischerdorfs: Rot gestrichene Holzhäuser mit weißen Fensterrahmen reihen sich auf Stelzen übers Wasser gebaut aneinander, an den Stegen liegen Holzboote vertäut und um den Ort herum ragen die Trockengestelle für den Stockfisch in die Höhe. Passend dazu gibt es in Å zwei Museen: das Norwegische Fischereimuseum und das Stockfisch-Museum.

Die tanzenden Farbbänder der Nordlichter zeigen sich leuchtend grün über Hamnøy.

Værøy

Die »Wetterinsel« Værøy – der Name verweist auf das auch im Sommer hier rasch wechselnde Mikroklima – liegt im Süden der Lofoten zwischen der Vogelinsel Røst und dem Moskstraumen, einem der stärksten Gezeitenströme der Erde. Die Erzähler Edgar Allan Poe und Jules Verne machten ihn als »Mahlstrom« weltbekannt. Auf der Insel Moskenesøy endet die Lofoten-Europastraße 10, Værøy ist mit der Fähre erreichbar. Der traditionelle Haupterwerb der Insulaner, die Papageitaucher- und die Adlerfängerei, gehört der Vergangenheit an. Seit der Papageitaucher (norwegisch »Lunde«) unter Schutz gestellt wurde, liegt das Vogelfängerdorf Mostad im Süden der Insel verlassen. Auch die Rasse der ihn jagenden Lundehunde wird kaum noch gezüchtet. Heute lebt man hier vom Tourismus.

Moskenesøya

Golden legt sich die Sonne hinter den gezackten Bergketten zur Ruhe und taucht Moskenesøya und die vielen kleineren Inseln rundherum in ein letztes warmes Licht. Verbunden sind die Inseln durch die E10 und einige Brücken. Vom Gipfel des Reinebringen aus hat man auf diese allabendliche Szenerie und die Orte Reine und Hamnøy einen besonders schönen Panoramablick.

Tag 5: Stokmarknes bis Skjervøy

Ein Highlight des Tages ist die Ankunft in Tromsø, denn die auf mehrere Inseln verteilte Universitätsstadt hat kulturell, architektonisch und geschichtlich einiges Sehens- und Erlebenswerte zu bieten. Doch auch die Fahrt durch die nordnorwegische Insellandschaft und entlang der hohen Lyngenalpen ist beeindruckend. Nicht zuletzt die Chance auf die Sichtung von Papageitauchern und Walen macht den Tag zu einem Erlebnis.

INFO *

NORDGEHENDE ROUTE, TAG 5

Hafen	ganzjährig
Stokmarknes	1.30–1.40
Sortland	2.55–3.10
Risøyhamn	4.35–4.50
Harstad	7.10–7.45
Finnsnes	11.00–11.30
Tromsø	14.15–18.15
Skjervøy	22.10–22.25

⚓ **Stokmarknes** Unübersehbar ist der moderne Bau des Hurtigrutemuseet, dem man auf der südgehenden Route unbedingt einen Besuch abstatten sollte. Immerhin ist Stokmarknes der Geburtsort der Postschiffroute. Siehe Südgehende Route, S. 194

⚓ **Sortland** Wer sich nach einer farblichen Abwechslung zu den typischen roten Holzhäusern Norwegens sehnt, wird von Sortland begeistert sein, denn zu Recht wird die Hafenstadt auf den Vesterålen als »blaue Stadt« bezeichnet. Siehe Südgehende Route, S. 188

⚓ **Risøyhamn** Nur knapp über 200 Menschen leben in Risøyhamn – damit ist das Dorf der kleinste Anlegehafen der Hurtigrutenschiffe. Deutlich zahlreicher sind die Seevögel, die sich auf den umliegenden Inseln wohlfühlen und Kolonien mit bis zu 160 000 Tieren bilden. Siehe Südgehende Route, S. 186

⚓ **Harstad** Reiches Kulturleben und Militärgeschichte lassen sich in Harstad erfahren. Zudem ist die Region schon seit der Bronzezeit bewohnt, weshalb es hier auch interessante archäologische Funde zu besichtigen gibt. Nicht zuletzt lockt die nördlichste Kirche des Mittelalters. Siehe Südgehende Route, S. 186

⚓ **Finnsnes** Von Finnsnes ist es ein Katzensprung über eine Brücke bis nach Senja. Das Wahrzeichen ist die Gipfelformation »Zähne des Teufels« (Djevelens Tanngard), deren Felswände bis zu 559 Meter aus der See im Nordwesten der Insel aufragen. Die durch Täler zerklüftete West- und Nordküste zählt zu den wildesten Gebirgs- und Seelandschaften des Nordens mit alpinen Bergzacken, die bis fast 1000 Meter unmittelbar aus der Brandung emporsteigen. Die Senja-Ferienstraße führt vom Fischerdorf Gryllefjord durch die wilde Nordmeerseite und an den »Zähnen des Teufels« vorbei nach Laukvik im Norden. Der Nationalpark Ånderdalen vereinigt Fjord- und Fjellandschaft und imponiert mit Seen, Wasserfällen, Birkenwäldern sowie bis zu 500 Jahre alten Nadelbaumriesen. Finnsnes selbst ist besonders im Sommer einen Besuch wert, wenn das »Finnsnes i Fest« viele Besucher anlockt.

Im Sommer sind auch auf der Insel Senja die Nächte nur kurz.

Lopphavet
Hurtigruten
Nordsandfjordhula
Murmansk
Brelvikbotn
Hasvik
Loppa
Silda
Arnøy
Skjervøy
Vanna (Vannøya)
Reinøy
Ringvassøy
Kvaløy
Tromsø
Kroken
Tromsdalen
Lyngseidet
Olderdalen
Storslett
Sørkjosen
Andenes
Andfjorden
Senjahopen
Skaland
Gryllefjord
Finnsnes
Silsand
Sørreisa
Andselv
Moen
Øverbygd
Setermoen
Harstad
Kastfjord
Breivik
Kilbotn
Sjøvegan
Bardu
Bjerkvik
NARVIK
Abisko
Abisko nationalpark
Vadvetjåkka nationalpark
Øvre Dividal nasjonalpark
Reisa nasjonalpark
Raisduottar Haldi Landskapsvernområde
Mallan luonnonpuisto
Kilpisjärvi Gibbesjávri
SCHWEDEN
NORWEGEN
Torneträsk
Påkkatanjaure naturreservat
Alajávri naturreservat
Vittangi-Soppero naturreservat
Kaitums naturreservat
Stora Sjöfallets nationalpark
KIRUNA (GIRON)
Jukkasjärvi Cohkkiras
Övre Soppero Badje-Sohppar
Kakastjåkka

Von Hafen zu Hafen: Finnsnes

Bizarre Bergspitzen und wolkenverhangene Fjorde können plötzlich Gestalt annehmen – die Fantasie ist in Norwegen zu Hause. Auf der Insel Senja hat sich so die Legende von einem Troll etabliert, der einst zu Wasser und an Land gesichtet wurde. Finnsnes ist der ideale Ausgangspunkt für eine Erkundung der Insel mit ihren hübschen Ortschaften und der majestätischen Landschaft aus Fjell und Wasser.

Kein Wunder, dass sich auf der Insel Senja die Legenden rund um Trolle hartnäckig gehalten haben, bei einer solch wilden Landschaft.

Senja Senja ist mit 1586 Quadratkilometern nach Hinnøya die zweitgrößte Insel innerhalb Norwegens Landesgrenze. Das Wahrzeichen markiert die Gipfelformation Djevelens Tanngard, die »Zähne des Teufels«, deren Felswände bis zu 559 Meter aus der See im Nordwesten der Insel aufragen. Die von Tälern tief zerklüftete West- und Nordküste zählt zu den wildesten Gebirgs- und Seelandschaften des Nordens – mit Bergzacken, die fast 1000 Meter hoch aus der rauschenden Brandung emporsteigen. Die Senja-Ferienstraße führt vom Fischerdorf Gryllefjord durch die wilde Nordmeerseite und an den »Teufelszähnen« vorbei nach Laukvik. Die Nordwestküste der zweitgrößten Insel Norwegens ist von zahlreichen Fjorden geprägt. Der Nationalpark umfasst einen Teil dieses Naturraums, der durch das Vorkommen von bis zu 500 Jahre alten Küstenkiefernwäldern eine besondere ökologische Bedeutung hat. Im Hinterland finden sich ursprüngliche Birkenwälder, Moore, Seen und zahlreiche Wasserläufe.

Nationalpark Ånderdalen Der knapp 125 Quadratkilometer große Nationalpark Ånderdalen auf der Insel Senja verkörpert wie kein anderer die typische nordische Fjord- und Fjelllandschaft. Mit seinen kargen Bergen, weiten Heide- und Moorlandschaften, sprudelnden Flüssen, Wasserfällen, fischreichen Seen, lichten Birken- und Kiefernwäldern sowie bis zu 500 Jahre alten Nadelbäumen gehört er zu den landschaftlichen Kleinodien an der Küste Nordnorwegens. Die Vegetation ist eher spärlich, lediglich in den Moorgebieten findet man eine Vielzahl von Sumpfpflanzen. Dennoch bietet der rund 200 seltenen Pflanzenarten einen Lebensraum und beeindruckt durch eine reiche Vogelwelt mit etwa 90 verschiedenen Arten. In den Seen tummeln sich Forellen, Saiblinge und Stichlinge. Zu den größten Säugetieren im Park gehören Elche, Rotfüchse, Hermeline und Fischotter. 1970 wurde der Nationalpark gegründet, fünf Jahre später bereits das erste Mal erweitert. Auch 2004 nahm man weitere Quadratkilometer hinzu. Neben Flora und Fauna soll der Nationalpark allerdings auch Kultur schützen, denn bis zum 17. Jahrhundert bewohnten Sámi die Region und bis heute sind Überreste ihrer dortigen Siedlerzeit zu finden. Es gibt einige Schutzhütten. Dank des Fischreichtums der Gewässer ist der Park ein Anglerparadies.

Bergsbotn An der Westküste Senjas breitet sich der Bergsfjord von Ost nach West aus. Gut geschützt im Inneren seines etwa vier Kilometer langen Fjordarms Bergbotn liegt ein kleines Fischerdorf, das den gleichen Namen trägt. Der dritte Namensvetter im Bunde ist das an den Bergsee Store Hestvatn angrenzende Wasserkraftwerk, das die gut 350 Meter Höhenunterschied zwischen See und Meeresspiegel zur Stromproduktion nutzt. Die Bergkulisse rund um Fjord, Ortschaft und Kraftwerk ist spektakulär. Um sie in aller Ruhe auf sich wirken lassen zu können, wurde etwas oberhalb der Ortschaft am Rand einer steilen Klippe eine Aussichtsplattform errichtet. Nur die Mitte des

44 Meter langen Bauwerks ist am Boden verankert, nach Ost und West schwebt die Plattform in der Luft. Das Erlebnis, diese Architektur zu betreten, wird durch den freien Blick auf den Fjord und die dramatisch schöne Berglandschaft gesteigert.

Ersfjordstranda Ein Besuch an diesem malerischen Fleckchen Erde im Inneren des Ersfjords hält gleich mehrere Überraschungen parat. Da wäre zum Beispiel der Strand selbst mit seinem feinen, weißen Sand, den man bei sommerlichem Sonnenschein auf den ersten Blick mühelos am europäischen Mittelmeer verorten könnte. Würden da nicht die spitzen Felszacken des Okshornan am Ende der Bucht aufragen und der Szenerie eine wilde Romantik verleihen – die lässt sich nur hier im hohen Norden finden. Warum das Gebirgsmassiv auch unter dem Namen »Zähne des Teufels« bekannt ist, wird bei ungemütlicher Witterung klar: Wenn das bizarre Gestein von Nebelschwaden umweht und vom Regen gepeitscht ist, zeigt sich seine schroffe Seite. Zu guter Letzt hält der Ersfjordstranda noch ein extravagantes Örtchen parat: ein mit goldenen Schindeln verkleidetes Toilettenhaus.

Der steinige Strand von Bergsbotn ist von den Gipfeln wie eingekesselt. Doch wo sich der Fjord zum Meer hin öffnet, blitzt auch die Sonne durch.

Bunt färbt der Herbst Jahr für Jahr den Nationalpark Ånderdalen auf der Südhälfte der Insel Senja.

Tungeneset und die »Zähne des Teufels«

Tungeneset ist ein beliebter Rastplatz und Fotospot auf der Insel Senja. Der Grund dafür erschließt sich auf den ersten Blick, denn die gezackten Gipfel der Zähne des Teufels zeigen sich von hier aus in ihrer vollen Pracht. Wenn dann auch noch spektakuläre Polarlichter Himmel und Wasser zum Leuchten bringen, wird man sich nicht so schnell von dem Anblick losreißen können.

Mefjordvær und Breidtinden Am Ende des Mefjords reihen sich die Häuser des alten Fischerortes Mefjordvær der Küste entlang auf. Viele sind es nicht, schließlich lebt nur eine Handvoll Menschen an diesem abgelegenen Ort in der rauen Natur Nordnorwegens. In der letzten Bucht vor dem offenen Meer macht der leicht ansteigende Meeresboden das Gewässer zu einem reichen Fischgrund mit hoher Artenvielfalt. Hier fühlen sich Dorsch und Köhler, Rotbarsch und Heilbutt wohl. Die Angelanlage Mefjord Brygge erleichtert Berufs- und Hobbyanglern mit modernem Komfort die Arbeit – beziehungsweise das Vergnügen. Bewacht wird die kleine Siedlung auf der zweitgrößten Insel Norwegens vom Breidtinden. Mit 1017 Metern ist er der höchste Berg auf Senja. Wer ihn in einer durchaus anspruchsvollen Wanderung bezwingt, wird mit einem fantastischen Panoramablick auf Senjas Bergwelt inklusive der Gebirgskette Kongan belohnt.

Segla 639 Meter klingen für norwegische Verhältnisse nicht gerade nach einem hohen Berg. Und doch ist der Segla ein besonderes Juwel im Norden der Insel Senja, oberhalb des kleinen Ortes Fjordgård. Es zählen eben nicht immer nur die Zahlen. Wie eine Welle, die an einer Klippe nach oben rauscht und mitten im höchsten Punkt versteinert wurde, sieht der Segla aus. Ihm zu Füßen liegt der Mefjord auf der einen, der Øyfjord auf der anderen Seite. Der Weg zum Gipfel ist eine Herausforderung, die rund vier Stunden dauert. Von oben blickt man dafür nahezu senkrecht zu den Küsten hinab. Einer der Nachbarn des Segla ist der Hesten; von dessen Gipfel hat man einen der besten Blicke auf den Segla.

Øyfjorden und Husøy Aus der Vogelperspektive sieht die Westküste Senjas aus, als würden sich die Landspitzen wie die (vielen) schlanken Finger einer linken Hand ins Meer strecken. Bleibt man in diesem Bild, liegt der Øyfjorden zwischen Zeige- und Mittelfinger. Und die kleine Insel Husøy, geschützt vor den Naturgewalten des Nordmeers, an der linken Zeigefingerseite. Die »Hausinsel« lässt sich mittlerweile über einen 300 Meter langen Damm erreichen, der direkt in die Vergangenheit führt: Für die wenigen Bewohner des nur drei Kilometer langen und zwei Kilometer breiten Eilands scheint die Zeit in den 1950er-Jahren stehen geblieben zu sein. Die nördlichen Winde tosen mitunter so heftig über die Siedlung hinweg, dass die Dächer alter Häuser wie auf Segelschiffen mit Achterstagen befestigt werden müssen, um sie vor dem Davonfliegen zu bewahren.

Wie eine Decke legen sich die Wolken über die Täler und Fjorde. Doch wer das Glück hat, ...

Nicht immer führt der Weg zum Breidtinden unter einem wolkenfreien Himmel entlang.

... auf einem der spitzen Gipfel zu stehen und auf dieses Bild herabzublicken, darf trotz der dichten Wolken die Sonne im Gesicht spüren.

Lang gezogen liegt Husøy im Fjord und wirkt erstaunlich flach im Vergleich zu den Gipfeln.

Segla auf Senja

Der wohl markanteste Gipfel der Insel ist der Segla, der sich schroff und steil über dem Wasser erhebt. Während nicht wenige Wanderer direkt seinen vielen Wegweisern folgen, wissen Insider schon längst: Am lohnenswertesten ist nicht die Tour auf den Gipfel selbst, sondern auf einen der umliegenden Berge, wie den Hesten – denn von dort bietet sich die spektakuläre Sicht auf den Segla.

Passage der Kvaløya Der Stadt Tromsø gegenüber liegt die Insel Kvaløya (»Walinsel«). Ihre schroffen Felsen bieten der Stadt einen guten Schutz gegen die Unbill des Atlantiks. Die höchste Erhebung ist der 1044 Meter hohe Store Blåmann. Seine 365 Meter hohe Nordwand ist eine der steilsten Felswände der Welt und eine wahre Herausforderung für Sportkletterer. Kvaløya ist die fünftgrößte Insel Norwegens und über eine Brücke mit der Tromsøya verbunden. Doch neben dem Felsgebirge wartet an der Südküste eine liebliche Landschaft mit alten Bauernhöfen und einer engen Fjordwelt. Besonders eindrucksvoll ist ein Ausflug auf die Kvaløya, den die Hurtigruten im Winter anbieten: Hier geht es zu einer Schlittenhundefarm, wo man nicht nur die Aufzucht der jungen Welpen begutachten kann, sondern auch selbst im Hundeschlitten durch die herrlich verschneite Landschaft gezogen wird.

Tromsø Die Universitätsstadt und Hauptstadt der Provinz Troms og Finnmark, ist mit 62 000 Einwohnern die größte Stadt Nordnor-

Warm leuchten untergehende Sonne und die Sommarøybru um die Wette. Letztere verbindet die Inseln Kvaløya und Sommarøya.

Straßenlaternen, Fenster und auch die über 1000 Meter lange Tromsøbrua heben sich golden von der weißen Winterlandschaft um Tromsø ab.

wegens und gilt auch als »Paris des Nordens«. Eine Schwebebahn führt auf den nahe gelegenen Hausberg Storsteinen. Von ihm hat man eine prachtvolle Aussicht auf die Stadt inmitten der durch die Wärme des Golfstroms klimatisch begünstigten Inselwelt im äußersten Nordwesten Norwegens. Als die nur 80 Seelen zählende Siedlung 1794 zur Stadt erhoben wurde, begann die rasante Entwicklung zur Handels- und Domstadt sowie zur Eismeerkapitale: Tromsø wurde legendär als Ausgangspunkt von Arktisexpeditionen, das Polarmuseum dokumentiert Unternehmungen wie die von Fridtjof Nansen. Wirtschaftlich dominieren die Universität und Forschungseinrichtungen. Das Universitätsklinikum ist der größte Arbeitgeber in Nordnorwegen.

Der Ersfjord zieht sich knapp 13 Kilometer weit ins Innere der Kvaløya.

So weit im Norden stehen die Chancen, farbintensive Nordlichter zu beobachten, gut.

TIPP *

So wird mein Tag...

Hurtigruten-Anleger

Prostneset, die Hafenanlage, liegt östlich des Stadtzentrums auf Tromsøya. In nur fünf Fußminuten ist man in der Fußgängerzone.

Liegezeiten

Vier Stunden hat man auf der nordgehenden Route Zeit, um das »Tor zur Arktis« zu erkunden. Auf der südgehenden Route hat man die Gelegenheit, einem Mitternachtskonzert in der Eismeerkathedrale beizuwohnen – (wohlige) Gänsehaut garantiert!.

Unbedingt machen!

Wer Tromsø aus der Vogelperspektive betrachten möchte, kann mit einer Seilbahn den knapp 400 Meter hohen Storsteinen hinauffahren. Die Aussicht über die Stadt, die Bögen der Sandnessundbrücke und sogar über die Insel Kvaloya ist überragend. Die Talstation der Seilbahn Fjellheisen befindet sich südwestlich der Eismeerkathedrale.

Entdecken!

Eigentlich hat Tromsø viel zu viel zu bieten, um alles in wenigen Stunden zu erkunden. Polarmuseum, Ishavskatedralen und Co. wollen erlebt werden. Um dem Flair nachzuspüren, ist die Fußgängerzone unweit des Hafens eine erste Anlaufstelle.

Wenn noch Zeit ist ...

Eine Stippvisite in der Mack-Brauerei südlich des Stadtzentrums: Bis zur Gründung der Nordkap Mikrobryggeri in Honningsvåg 2000 durfte sich das Unternehmen rühmen, die nördlichste Bierbrauerei Europas zu sein. Das Arctic Beer kann im Ausschank verkostet werden.

Besonders von der Tromsøya aus hat man über das eiskalte Wasser des Tromsøysund hinweg einen schönen Blick auf die Ishavskatedralen.

2005 erhielt die Ishavskatedralen eine neue Orgel, auf der auch Konzerte gespielt werden.

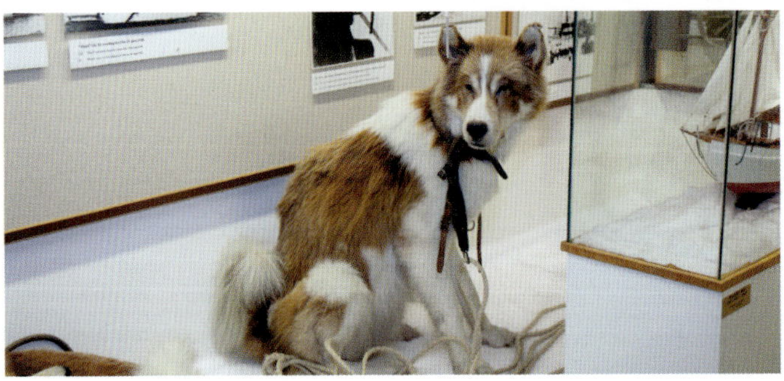

Fotografien, Nachbildungen, Schiffsmodelle und mehr kann man im Polarmuseum entdecken.

Ishavskatedralen (Eismeerkathedrale) Das bekannte Wahrzeichen Tromsøs ist auf dem Festland errichtet und von der Tromsøya aus über die Tromsø-Brücke zu erreichen: die 1965 errichtete »Eismeerkathedrale«. Formell ist sie zwar nur eine einfache evangelisch-lutherische Kirche, dennoch wurde sie schnell zur Touristenattraktion. Tatsächlich eine Kathedrale ist übrigens das zweite Gotteshaus der Stadt, nach der klassisch aussehenden Tromsø-Domkirke von 1861 die einzige norwegische Kathedrale in Holzbauweise. Besucherliebling bleibt aber das spitzgiebelige weiße Bauwerk des norwegischen Architekten Jan Inge Hovig, das mit seiner architektonisch markanten Konstruktion besticht. Aus der Ferne gleicht es einem Zelt, soll aber vielmehr zusammengeschobene Eisschollen darstellen, wie sie sich in harten Wintern an manchen Küsten auftürmen, oder die gezackten Berggipfel der nahen Insel Håja.

Polarmuseet Unmittelbar in Hafennähe ist das Polarmuseum der Universität Tromsø in mehreren denkmalgeschützten ehemaligen Zollhäusern untergebracht. Vor allem im Seebrückenhaus informiert es über die Geschichte der Polarforschung, die Nordwestpassage und das Jagen in der Arktis. Fridtjof Nansen und Roald Amundsen, Norwegens größte Polarforscher, stehen im Mittelpunkt der Dokumentation. So eröffnete das Museum am 18. Juni 1978. Das war exakt 50 Jahre, nachdem Amundsen in Tromsø zum Flug in die Arktis gestartet war – und nicht zurückkam. Diese letzte Reise war nicht etwa eine neue Expedition, sondern der Versuch, den unweit der Insel Foynøya verunglückten Umberto Nobile zu retten. Doch auch

die Lebensweise von Trappern wird präsentiert, darunter Henry Rudi, der »Eisbärkönig«, und Wanny Wolstad, die erste Eisbärenjägerin auf Spitzbergen.

Polaria »Polaria – ein arktisches Erlebnis« – mit diesem Slogan wirbt das in der Nähe des Stadtzentrums gelegene Polarium um seine Besucher. Schon die Architektur kann dieses Versprechen unterstützen: Das auffällige Gebäude ist ineinandergeschobenen Eisschollen nachempfunden. Im Inneren wird auf unterhaltsame Weise über die Ökosysteme der Polarregion informiert – sowohl das Leben an Land als auch im Wasser wird hier thematisiert – und vor allem, wie alles zusammenhängt. Mit Filmen im Panoramakino und in den Ausstellungen lernt und staunt man über die Arktis. Aber nicht nur die Theorie findet in dem Museum Platz: Zum Museum gehören mehrere Aquarien, in denen sich Fische, Schalentiere und mehr tummeln. Die Stars von Polaria sind aber vermutlich die vier Robben. Bei ihrem Training und den Fütterungen kann man zusehen.

Über Robben und Co. kann man im Polarium nicht nur theoretisch lernen.

Polaria ist bereits von außen sehenswert; die Architektur erinnert an sich aufeinander schiebende Eisschollen.

Von Hafen zu Hafen: Tromsø

Früher galt Tromsø als einer der besten Ausgangspunkte für die abenteuerlichen Expeditionen in die Arktis. In die Fußspuren der Entdecker kann man auch heute noch treten – allerdings sollte man erst einmal mit der näheren, nicht minder eindrucksvollen Umgebung beginnen.

Ausdauernd zeigt sich die Sonne im Winter auch spät in der Nacht noch am Horizont über den Inseln Sommarøy und Hillesøy.

Ersfjorden und Ersfjordbotn An der Westseite der Kvaløya, wo Sessøyfjord und Håjafjord aufeinandertreffen, ragt der gut zwölf Kilometer lange Ersfjord ins Land hinein. Hohe Felswände an beiden Seiten halten arktische Winde fern und verwandeln ihn in einen windgeschützten Ort mit spektakulär schöner Natur. Die einen erfreuen sich an ihr auf dem Wasser und haben dabei nicht selten Angelruten im Gepäck – vor allem dann, wenn sie auf der Jagd nach Steinbeißern sind. Andere nutzen den bei Ersfjordbotn in Richtung Tromvik gelegenen Aussichtspunkt, um den Blick über den Fjord bis hin zum Nordmeer schweifen zu lassen. In der Berglandschaft rundherum lassen sich Rentiere oder Lemminge beobachten. Das Fischerdorf an der Innenseite des Fjords liegt so abgelegen, dass kein Zivilisationslicht dabei stört, wenn die Nordlichter ihren Reigen aufführen. Im Winter lässt sich die Natur auf Skiern, mit Schneeschuhen oder dem Hundeschlitten erkunden.

Grøtfjord Der Grøtfjord ist ein Fjordarm des weiten Vengsøyfjord, den gern Wale aufsuchen. Besonders schön im Blick hat man den Fjord vom malerischen Fischerdorf Grøtfjord am Ostufer aus. Mit etwas Glück lassen sich Seeadler dabei beobachten, wie sie auf Heringsjagd gehen. Die nordische Landschaft verzaubert sommers wie winters und bietet beste Voraussetzungen für die Polarlichtjagd.

Rekvik Im Nordteil der »Walinsel« Kvaløya, oberhalb des Ersfjords, schlängelt sich im Westen die Verbindungsstraße hinunter an den Sessøyfjord. Dort liegt der Ort Rekvik. Am kleinen Pier liegen zwar ein paar Fischerboote vertäut, doch der Mensch spielt in dieser Region nur eine untergeordnete Rolle. Sehr zum Wohle der Natur, die sich hier ihre Ursprünglichkeit bewahren durfte. Eine gemütliche Wanderung führt nördlich von Rekvik auf den 525 Meter hohen Brosmetinden, von dessen Gipfel aus man sich mit eigenen Augen davon überzeugen kann.

Sommarøy Auf 522 Metern führt die Sommarøybrücke von Norwegens fünftgrößter Insel Kvaløya hinüber auf die »Sommer-Insel«. Ihrem Namen macht sie vor allem an strahlenden Sommertagen alle Ehre, denn weiße Sandstrände und ein intensiv türkisfarben leuchtendes Meer entführen gedanklich sofort in karibische Gefilde – zumindest so lange, bis die Zehen das arktisch kalte Meerwasser berühren. Klein geriebene Korallen lassen die Strände auf der nicht einmal einen Quadratkilometer kleinen Insel Sommarøy so hell erstrahlen, deren rund 230 Bewohner damals wie heute hauptsächlich vom Fischfang leben.

Hillesøy Genauso verhält es sich auf dem angrenzenden und mit der gleichnamigen Brücke verbundenen Eiland Hillesøy, an dessen Küste das Nordmeer anbrandet. Schiffe, die hier einst in den schwierigen Fahrrinnen auf den Meeresgrund sanken, sind heute ein mit Korallen bewachsener Lebensraum für Meerestiere.

Nicht nur der Himmel, auch das Wasser um Kvaløya wird von den Nordlichtern in leuchtendes Grün getaucht.

Orange-gelb versinkt die Septembersonne genau in die schmale Lücke, die die hohen Berge am Ersfjord offen gehalten haben.

In Ufernähe gefroren, bietet der Grøtfjord einen malerischen Spiegel für die pastellfarbene Dämmerung.

Eisblau stürzt der Wasserfall Hengen in der Nähe von Skibotn in die Tiefe.

Ullsfjorden und Svensby Blickt man von Svensby, dem kleinen Ort westlich von Lyngseidet, aufs Wasser, liegt vor einem der rund 110 Kilometer lange Ullsfjord. Er begrenzt die imposante Gebirgskette Lyngsalpan zu deren Westseite hin – ändert man also die Perspektive und blickt vom Wasser aufs Land, ist das Panorama atemberaubend. Für grünen Kontrast zu Meer und Stein sorgen die niedrigen Waldgebiete, die sich zwischen Küste und Gebirge erstrecken. Svensby besitzt eine kleine Fähranlegestelle, die die Siedlung mit dem auf der anderen Fjordseite gelegenen Breivikeidet verbindet. In Svensby selbst gibt es einen Bootsverleih, Wander- und Fahrradrouten zum Beispiel zum Trollsee unterhalb des Trollvasstinden oder zum kleinen Berg Barheia beginnen hier. Wenn Eis und Schnee die Landschaft fest im Griff haben, lässt sich die ursprüngliche Natur auf Schneemobilsafaris erkunden.

Kjosen Wie stille Gefährten aus Stein bewachen die steilen Felshänge der Lyngenalpen den Kjosen, einen kleinen Fjordarm des Ullsfjords. Er trennt das majestätische Gebirgsmassiv in zwei Teile, auf dessen Nordseite Sofatind, Tyttebærtind und Kjostatind in den Himmel ragen. Im Süden blicken Durmålsfjellet, Fornestind und Rørnesfjellet von mehr als 1000 Me-

Über den verschneiten Lyngenalpen tanzen die Nordlichter in intensiven Farben.

tern über dem Meeresspiegel auf die Szenerie herab, in der das Leben beschaulich verläuft. Im gleichnamigen Ort Kjosen, an der schmalen Landzunge zwischen Kjosen- und Lyngenfjord, leben mit rund 400 Einwohnern nur eine Handvoll Menschen in der ursprünglichen Berglandschaft. Um diese Naturbelassenheit zu bewahren, hat sich die Region dem sanften Tourismus verschrieben: Der Lyngenfjord ist als nachhaltiges Reiseziel zertifiziert, womit der Einfluss des Menschen auf die Natur gering gehalten werden soll.

Balsfjord Die Kommune der Provinz Troms og Finnmark erstreckt sich gleich an zwei Fjorden entlang, dem Malangen- und dem Balsfjord. Viele landwirtschaftliche Betriebe haben sich hier niedergelassen, und es werden Rinder, Schafe und Ziegen gezüchtet. Im Ort Storsteinnes ist der wichtigste Ziegenkäseproduzent Norwegens ansässig. Wer den Brunost, den braunen, süßlichen Käse, noch nicht probiert hat, kann das hier tun. Auch das Fjordmuseum befindet sich im Ort an der Provinzstraße 858. Etwas nördlich, an der 859, überraschen die Felsritzungen von Tennes, einem alten, großen Bauernhof. Dort sind an verschiedenen Stellen mehrere 1000 Jahre alte Petroglyphen entdeckt worden, also in Stein geritzte Figuren, die Elche, Bären, aber auch Meerestiere darstellen. Ein Beweis, dass in der Steinzeit hier Jäger gelebt haben!

Nordkjosbotn Nordkjosbotn trägt den Spitznamen »größte Kreuzung Nordnorwegens«. Hier, wo der Boden auch im Winter nie komplett friert, laufen nämlich die Europastraßen 6 und 8 zusammen. Der Ort ist eindrucksvoll zwischen hohe Berge gebettet, von denen der über 1400 Meter hohe Russetind der markanteste ist. Aus der Ferne sieht er aus wie ein Vulkan! Ein traditionelles Lokal ist die »Vollan Gjestestue«, die ohne Unterbrechung seit dem Krieg mit guter Küche aufwartet. Eine Einkehr in dem Lokal sollte man unbedingt einplanen: Dort wird auch äußerst leckeres Frühstück serviert.

Lyngenfjord Die steilsten Hänge der beeindruckenden Lyngenalpen fallen zum gleichnamigen, 82 Kilometer langen Fjord ab und umgeben ihn mit einer Welt aus blauen Gletschern, tiefen Schluchten und schroffen Felsgipfeln. Erfahrenen Skifahrern sind die Abfahrten in der Gebirgskette ein Begriff, die es erlauben, im Pulverschnee vom Gipfel bis zum Nordmeer hinunterzugleiten – für sportlich Aktive ein einzigartiges Vergnügen. Aber auch für Reisende, die auf der Suche nach dem Polarlicht hierherkommen, stehen die Chancen gut: Das vergleichsweise trockene Klima auf der Ostseite des Gebirges schafft optimale Bedingungen für den Blick auf das bunte Himmelsphänomen. Beim Fischerort Skibotn trennt sich mit dem Storfjord ein langer schmaler Fjordarm ab, der sich südlich ins Land hineinwindet. Der See Koutajärvi an seinem Ende liegt bereits auf finnischem Boden.

Skibotn Es kommt nicht häufig vor, dass ein Mitglied des Volks der Sámi Bekanntheit erlangt: Nils-Aslak Valkeapää (1943–2001), der als bisher einziger Sámi sogar mit dem Literaturpreis des Nordischen Rates ausgezeichnet wurde, ist es gelungen. Bekannt gemacht hat ihn vor allem seine Neuinterpretation traditioneller Joik-Gesänge, in denen die Sámi seit Urzeiten ihr naturverbundenes Leben besingen. Die Landschaft um den kleinen Fischerort Skibotn am Ostufer des Lyngenfjords dürfte dem Künstler einiges an Inspiration geboten haben, denn hier verbrachte er einen großen Teil seines Lebens. Da stürzt zum Beispiel der Wasserfall Hengen gut 300 Meter in die Tiefe. Abenteuerlustige, die es dem Wasser gleichtun wollen, finden im Kåfjorddal Gelegenheit für einen Bungeesprung: nämlich dort, wo die Gorsa-Brücke die 153 Meter tiefe Gorsa-Schlucht überspannt.

Passage der Lyngenalpen Es ist eine zum größten Teil noch unerforschte Welt aus schroffem Fels, zackigen Bergspitzen und ewigem Eis, die sich zwischen dem Ullsfjord und dem Lyngefjord in den Himmel erhebt. Über 100 Kilometer lang, aber nur knappe 20 Kilometer breit zieht sich die arktische Gebirgskette auf der vom Nordmeer umspülten Lyngenhalbinsel entlang. Der Jiekkevarre ist mit 1833 Metern der höchste Gipfel des Gebirges, an dessen bizarren Felsformationen im Westen der Niederschlag niedergeht und dem östlichen Gebirgsteil ein eher arides Klima beschert. Ziemlich genau in der Mitte teilt der Kjosenfjord die Gebirgslandschaft, übrigens Landschaftsschutzgebiet, in einen Nord- und einen Südteil. Der Blick auf das komplette Bergpanorama eröffnet sich aus der Ferne besonders prachtvoll, zum Beispiel von der E10 aus oder bei Überfahrten über Lyngen- oder Ullsfjord.

Skjervøy Besonders zwei Namen verbindet man mit der sich über mehrere Inseln erstreckende Kommune: Leonhard Seppalas, der hier aufwuchs und sich später in Alaska einen Namen als Musher und Olympia-Zweiter machte, sowie den der »Fram«. Nach der dreijährigen Expedition durchs Polarmeer erreichte das Schiff Fridtjof Nansens hier wieder einen sicheren Hafen – eine Woche nach der Rückkehr Nansens. Siehe Südgehende Route, S. 175

Roald Amundsen

Sein Entdeckerdrang und die Abenteuerlust ließen Roald Amundsen immer wieder allen Gefahren zum Trotz die Grenzen des Möglichen und die Grenzen der Welt ausloten. Roald Engelbregt Gravning Amundsen, 1872 als jüngster von vier Söhnen geboren, war schon als Kind von Polarexpeditionen fasziniert. Letztendlich entwickelte er sich zum wohl erfolgreichsten Entdecker rund um Nord- und Südpol: Als Erster durchquerte er 1906 die Nordwestpassage und 1920 als Zweiter die Nordostpassage. Wirklich berühmt und zum norwegischen Nationalhelden wurde er, nachdem er im Dezember 1911 vor seinem Konkurrenten Robert Scott als erster Mensch den Südpol erreicht hatte. Mit der Fram und einem Team aus rund 20 unerschrockenen Männern startete er 1910 in seinem Heimatland. Die Gruppe, mit der er sich schließlich mit Hundeschlitten zum Südpol vorwagte, bestand aus Bjaaland, Hanssen, Hassel und Wisting. Mit ihnen erreichte Amundsen am 14. Dezember 1911 schließlich den Südpol. Ein weiterer wichtiger Wegbereiter war ihm der elf Jahre ältere Fridtjof Nansen (1861–1930). Nansen hatte mit seinen Expeditionserfahrungen in Grönland und in die hohen Breitengrade der Arktis die Grundlagen dafür geschaffen, dass Polarexpeditionen nicht länger in großen Gruppen ins Eis aufbrachen, sondern in kleinen, flexiblen Teams. Nansens Landsmann baute darauf auf und erhielt später auch immer wieder direkte Unterstützung von Nansen. Vermutlich war Amundsen 1926 auch per Luftschiff unter den Ersten am Nordpol. Im Gegensatz zu anderen Expeditionen konnte er das Erreichen des Pols ausreichend beweisen. Als er allerdings 1826 dem in der Arktis abgestürzten Polarforscher Umberto Nobile zu Hilfe kommen wollte, riss bald der Funkkontakt ab. Bis heute wurden weder Amundsen und sein Rettungsteam noch die Trümmer ihres Flugzeugs gefunden.

Östlich von Tromsø streckt sich die Halbinsel Lyngen dem Norden entgegen. Dort erheben sich die Lyngenalpen auf rund 1800 Meter.

Ein paar wenige Häuser bilden den kleinen Ort Hamnes, hinter dem sich unmittelbar die steilen Berghänge der Lyngenalpen erheben.

Tag 6: Øksfjord bis Berlevåg

Langsam, aber sicher geht es am sechsten Reisetag von der West- an die Nordküste Norwegens. Deutlich merkt man, dass die Entfernung zur Arktis nun nicht mehr allzu groß ist. Fjorde und Inseln prägen nach wie vor die Landschaft, und auch Fischerdörfer passiert man noch ein paar wenige auf der Fahrt. Doch zunehmend karg sind Berge und Küste nun, und auch an der Fauna macht sich die Veränderung der klimatischen Verhältnisse bemerkbar. Orte wie Hammerfest stellen unter Beweis, dass auch so weit im Norden Kultur blühen kann, und auch die Traditionen und Kultur der Sámi werden in der Region immer wieder erlebbar. Der Höhepunkt des Tages ist sicherlich das Nordkap – über Jahre hinweg ungebrochenes Sehnsuchtsziel der Menschen, auch wenn es schon lang niemand mehr für das »Ende der Welt« hält. Blickt man von dem Plateau auf die eiskalte Barentssee hinaus, kann man in sich trotzdem noch den Hauch dieses Gefühls nachspüren, vor einem Endpunkt zu stehen. Das Ende der Reise ist aber zum Glück noch nicht erreicht, es geht weiter in Richtung Osten.

INFO *

NORDGEHENDE ROUTE, TAG 6

Hafen	ganzjährig
Øksfjord	1.50–2.00
Hammerfest	5.05–5.45
Havøysund	8.30–8.45
Honningsvåg	10.55–14.30
Kjøllefjord	16.40–17.00
Kjøllefjord	18.55–19.15
Berlevåg	22.00–22.10

⚓ Øksfjord Am gleichnamigen Fjord reihen sich die Häuser des 500-Einwohner-Ortes auf – 120 Kilometer von der nächsten Stadt entfernt. Wie so viele Orte in dieser Region, lebt auch Øksfjord größtenteils vom Fischfang und der Weiterverarbeitung. Siehe Südgehende Route, S. 175

⚓ Hammerfest Auch wenn Hammerfest seinen Titel als nördlichste Stadt des Landes 1998 an Honningsvåg – wenn auch nicht unumstritten – abgeben musste, ist der Ort nach wie vor weltbekannt. Der ganzjährig eisfreie Hafen ist ein großer Vorteil für den Handel. Siehe Südgehende Route, S. 166

⚓ Havøysund und die Porsangerhalvøya Nördlichste Windkraftanlage und nördlichster Birkenwald: Die kleine Gemeinde Havøysund hat ein paar angebliche Superlative zu bieten, auf die die 1200 Einwohner stolz sind. Dennoch lohnt auch hier eine Unterbrechung der Schiffsreise: Havøysund liegt auf der hübschen Insel Havøya (»Meeresinsel«) direkt vor der Halbinsel Porsanger, zu der eine Brückenverbindung besteht. Hier findet man dann Lappland pur: Die Halbinsel, die zwischen den beiden Fjorden Altafjord und Porsangerfjord liegt, bietet endlose Weiten in absoluter Stille. Dazwischen eine fast baumlose Tundralandschaft, in der Rentiere umherziehen und die ein Vogelparadies ist. Im Südosten liegt der Stabbursdalen-Nationalpark mit Hochfjellgebieten, durch die ein reißender Fluss fließt, und mit uralten Kiefernwäldern – natürlich die nördlichsten der Erde –, in denen auch Elch und Vielfraß heimisch sind.

Nicht einmal 500 Personen wohnen in den farbenfrohen Häusern von Øksfjord.

Das Örtchen Havøysund erreichen die Hurtigruten sowohl auf südlicher wie auf nördlicher Route am Morgen gegen acht Uhr.

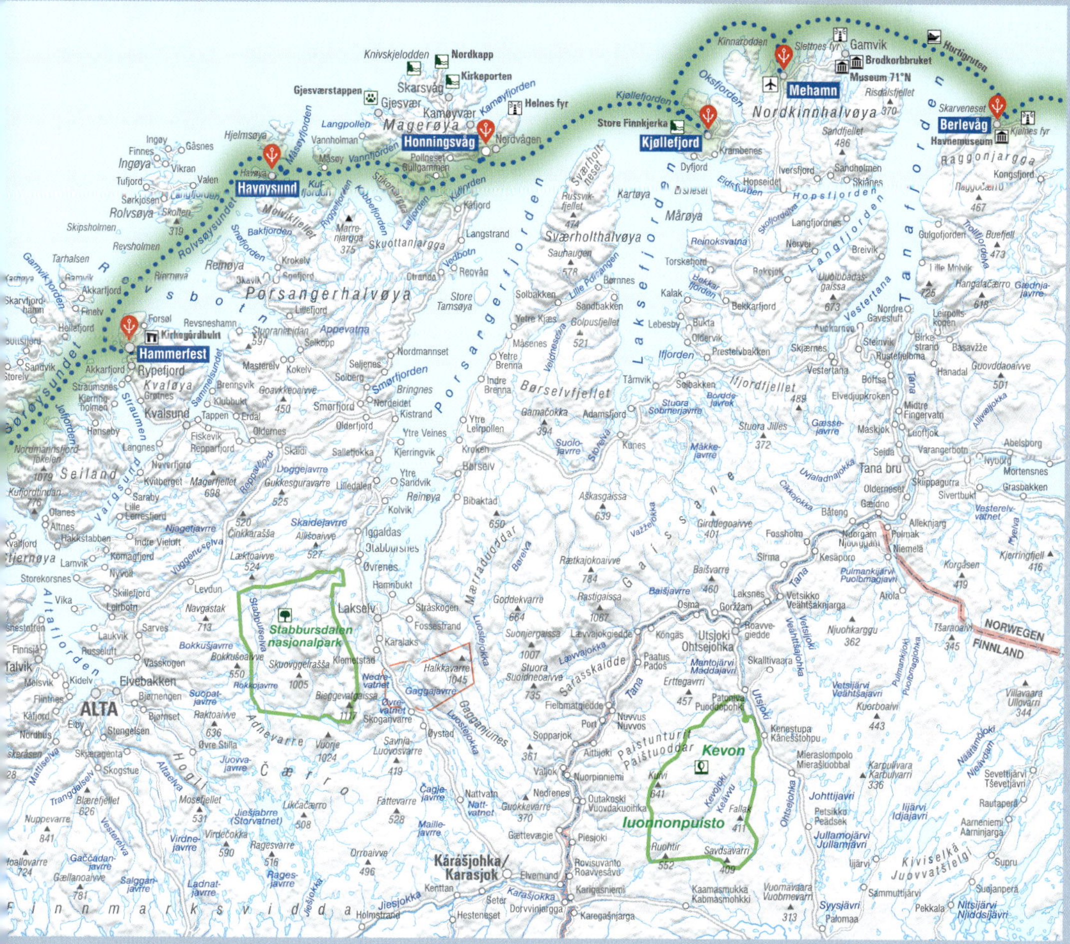

Rentiere

Mit der Finnmark werden typischerweise die Sámi verbunden, und damit unweigerlich auch ihre charakteristischen Nutztiere. Das Ren oder Rentier, eine nordische Hirschart, kann einige Superlative für sich beanspruchen. Es zählt zu den Säugetieren, die am weitesten nördlich leben – je nördlicher, desto kleiner ist die Unterart: Das kurzbeinige Spitzbergen-Ren ist nur knapp halb so groß wie das größte Tundren-Ren. Auch wandern diese Tiere von allen Landsäugern die weitesten

Strecken: Um nämlich dem arktischen Winter zu entgehen, legen wilde Rener, so der Plural, jedes Jahr bis zu 5000 Kilometer zurück. Die Rentiere in Lappland sind domestiziert oder halbwild. Sie leben in den Wäldern und ziehen im Sommer in die Bergregionen, begleitet von den Sámi, die seit Jahrtausenden ihre Hüter sind. Heute nutzen viele Sámi dabei Motorschlitten oder Geländemotorräder, um Schritt zu halten. Im Norden Kanadas und in Alaska, wo sie Karibus genannt werden und heute ohne nomadische Begleiter leben, sind Herden von 500 000 bis 900 000 Tieren bekannt. In Nordeuropa gehen bis zu 100 000 Rentiere auf Wanderschaft, bevor sie sich am Ziel in kleine Gruppen von fünf bis 15 Tieren aufteilen. Die einzige wilde Population von Rentieren ist in Norwegen in der Hardangervidda zu finden. Auch wenn die weltweite Rentierpopulation zahlenmäßig noch stark ist, macht sich der menschengemachte Klimawandel zunehmend als Bedrohung bemerkbar.

Magerøya: mehr als nur das Nordkap

Natürlich kommen die meisten Besucher auf die Insel ganz im Norden des Landes, um das Nordkap zu besuchen. Dennoch lohnt der Aufenthalt auch aufgrund der wunderschönen Natur und der vielfältigen Vogelwelt, die auf der »kargen Insel« zu beobachten ist. Seit 1929 steht sie unter Naturschutz, sehr zum Wohle der über 400 verschiedenen Pflanzenarten, die hier gedeihen. Auf der Insel gibt es keinen Wald, aber in den geschützten Tälern

können Birken und Weidenbüsche wachsen. Eine besonders wichtige Pflanzenart ist hier die Rentierflechte. Sie dient den Rentierherden während der Sommermonate als Nahrung, wenn sie zum Weiden auf die Insel kommen. Deren Anreise erfolgt komfortabel per Boot oder Viehtransporter. Zurück schwimmen die Tiere an einer schmalen Stelle durch den Sund. Kein Problem, denn nun sind sie gut genährt und gekräftigt. Die höchste Erhebung der Insel ist der 417 Meter hohe Gråkollfjellet. Eine Besteigung lohnt sich, hat man doch von seinem Gipfel aus eine herrliche Aussicht über das Eiland. Fast schon trubelig geht es im Gegensatz zum Rest der Insel im Hauptort Honningsvåg zu. Stolze 2367 Einwohner zählt das Städtchen, das an der Südküste der Insel liegt. Während des Zweiten Weltkriegs wurde die Insel von deutschen Truppen besetzt und viel Bebauung zerstört.

⚓ Honningsvåg Die »Honigbucht«, ein 2400-Seelen-Ort auf der Insel Magerøya, lebt traditionell von der Fischerei und heute vom Tourismus: Seine günstige Lage zum Nordkap macht es zum perfekten Hafen für die Kreuzfahrtschiffe im Sommer, deren Passagiere von hier aus schnell ans Nordkap gelangen. Der Weg führt 34 Kilometer durch die arktische Landschaft, auf der die Sámi eine Sommerweide für 4500 Rentiere haben. Ob Honningsvåg seit 1998 tatsächlich die nördlichste Stadt Norwegens ist, ist umstritten – damals bekam es den Titel »Stadt«, obwohl nach norwegischem Recht mindestens 5000 Einwohner dafür nötig sind. Honningsvåg präsentiert sich als lebendiger kleiner Ort, in dem den Sommer über fast immer Treiben herrscht. Gleich am Hafen informiert ein Museum über Geschichte und Kultur der Region. In demselben Gebäude ist die Touristeninformation untergebracht.

⚓ Landausflug zum Nordkap Das Nordkap (im Norwegischen »Nordkapp«) auf der Insel Magerøya ist das Sehnsuchtsziel aller Mittsommernachtsreisenden: Auf dem Felsplateau ist die Mitternachtssonne vom 14. Mai bis zum 30. Juli sichtbar. Viele Reisende kommen per Schiff, und auch auf dem Landweg ist das Nordkap gut zu erreichen – über den 6875 Meter langen unterseeischen Nordkaptunnel und den 4443 Meter langen Honningsvågtunnel. Einen außergewöhnlichen Blick auf das Kap bietet das Felstor Kirkeporten beim Fischerdorf Skarsvåg. Eigentlich ist die schmale Halbinsel Knivskjellodden Europas nördlichster Ausläufer, sie liegt 1,38 Kilometer weiter im Norden. Allerdings ist sie vergleichsweise flach und nicht so spektakulär wie das Nordkap-Felsplateau, das 307 Meter hoch aus dem Meer ragt. Deshalb hielt der britische Seefahrer Richard Chancellor um 1553 dieses für den nördlichsten Punkt.

Wortwörtlich in den Schatten gestellt werden die kleinen Fischer- und Lotsenboote im Hafen Honningsvågs durch die Hurtigruten-Schiffe.

Fischerei und Tourismus sowie ein florierendes Kulturleben halten Honningsvåg am Leben – trotz der exponierten Lage von 71° Nord.

Das Nordkap-Plateau ist auch heute noch ein Sehnsuchtsziel vieler Menschen.

Seit 1978 fest mit dem Bild vom Nordkap verbunden ist die Skulptur des Globus.

»Weiße Nächte« unter der Mitternachtssonne

Nur in Nordnorwegen scheint eine Sonne, die es nirgends sonst in Norwegen gibt: die Mitternachtssonne. Auch im Süden des Landes ist es im Hochsommer um 23 Uhr noch hell und die Sonne geht um 3 Uhr schon wieder auf – dass die Sonne zur Mitternachtszeit noch strahlt und nicht untergeht, das gibt es nur nördlich des Polarkreises. Etwa 80 Tage lang verdrängt die Sonne am Nordkap die Nacht mit Mond und Sternen – ein Phänomen, das bis zum Polarkreis zu beobachten ist. Allerdings wird die Zeit der Mitternachtssonne immer kürzer, je näher der Polarkreis rückt

– an den Polarkreisen selbst tritt dieses Phänomen nur noch am Tag der Sommersonnenwende in Erscheinung. In der Nordlandhauptstadt Bodø ist die Mitternachtssonne vom 4. Juni bis zum 8. Juli zu erleben, am Nordkap vom 13. Mai bis zum 29. Juli. Millionen von Menschen kommen alljährlich aus aller Welt, um die Mitternachtssonne und die »weißen Nächte« zu sehen. Beim traditionellen Mittsommerfest Sankthans am 24. Juni brennen die »Sankthansbål« genannten Johannisfeuer: Kinder freuen sich ebenso wie Erwachsene unter der Mitternachtssonne auf die Sommerferien. Doch so schön das Land an Mittsommer auch aussieht, gibt es doch zwei Sachen zu beachten: Steht die Sonne am Himmel, geht der Melatonin-Level im Körper zurück – man wird einfach nicht müde. Das Schlafen kann gerade in den ersten Tagen immens schwerfallen, bis man irgendwann erschöpft mitten am Tag einschlummert. Und Wanderer müssen bedenken, dass die Sonne trügerisch sein kann: Viele Hochlagen in den Bergwanderregionen sind zu diesem Zeitpunkt wegen der Schneeschmelze noch unpassierbar.

Von Hafen zu Hafen: Honningsvåg

Honningsvåg liegt im Südosten von Magerøya – die Insel ist vor allem für das Nordkap-Plateau berühmt, hat aber noch einiges mehr zu bieten: Kleine, aber feine Fischerdörfer, aussichtsreiche Wanderziele und große Seevögelkolonien lassen sich von Honningsvåg aus entdecken.

Die Zahl der farbenfrohen Boote, die im Kamøyfjorden schaukeln, scheint die der Häuser von Kamøyvær zu übertreffen.

In vielen Orten Nordnorwegens wie Kamøyvær spielt der Fischfang bis heute eine große Rolle.

Bootstour zu den Gjesværstappan-Inseln

TIPP

Zu Beginn der 1980er-Jahre wurden 5,5 Quadratkilometer Land- und Wasserfläche zum Naturreservat Gjesværstappan erklärt. Die größte Insel in dem Gebiet ist Storstappen. Sie ragt wie ein massiver Felsblock über 280 Meter hoch steil aus dem Meer empor. Hier wie auf den umliegenden Inseln fühlen sich zahlreiche Seevögel wohl: Von Kormoran, Dreizehenmöwe und Krähenscharbe über Trottel- und Dickschnabellumme bis hin zu Eissturmvogel, Tordalk und Papageitaucher kommen zahlreiche Arten in großen Kolonien hierher. Um sie bestmöglichst zu schützen, darf man von Mitte Juni bis Mitte August die Insel Storstappen nicht betreten. Ganz auf den Besuch des Naturreservats muss man allerdings nicht verzichten, denn auch vom Boot aus kann man das Spektakel der brütenden, sich streitenden und umherfliegenden Vögel hervorragend beobachten. Warm eingepackt sitzt man an Deck der Vogelsafari-Boote, die ab Gjesvær starten und nach rund zwei Stunden hier wieder ankommen. Besonders die rund eine Million Papageitaucher sind ein Highlight.

Kamøyvær Das Fischerdorf mit seinen bunten Häusern liegt am Kamøyfjord auf Magerøya schon fast am Nordkap. Die E69 schlängelt sich bis dorthin. Den Eingang zum Hafen zeigt ein weißer Leuchtturm mit rotem Hut an der Mole an. Im Fjord leben so viele Meerestiere, dass die Fischer den Gastanglern eine Fanggarantie geben und sogar deren Rückreise zahlen würden, sollten sie nicht erfolgreich sein. Kaum zu befürchten: Es wurde zum Beispiel ein Heilbutt mit einem Rekordgewicht von über 230 Kilogramm aus dem Wasser geholt! Auch Steinbeißer, Dorsch und Königskrabbe gibt es hier zuhauf.

Gjesvær Heute ist der Name des kleinen Ortes im nordwestlichen Teil der Insel Magerøya nicht vielen geläufig. Doch zur Wikingerzeit war es als »Geirsver« ein bekannter Ort, von dem sogar in der »Heimskringla«, einer Saga von Beginn des 13. Jahrhunderts über die norwegischen Könige, berichtet wird. Haupteinnahmequelle ist seit Langem der Fischfang, doch die Einwohnerzahl sinkt stetig. Während in den 1970er-Jahren noch rund 350 Menschen Gjesvær ihr Zuhause nannten, leben heute nurmehr weniger als 100 Personen in dem Ort. Touristen zieht es vor allem in das benachbarte Naturreservat Gjesværstappan, das für seine große Kolonie an Seevögeln bekannt ist und das man nur von Booten aus besichtigen kann.

Lilletuva Eine hervorragende Aussicht in Richtung Gjesvær und Gjesværstappan sowie das von Felseninseln gespickte Meer bietet Lilletuva. Erreicht werden kann der Punkt im Nordwesten der Insel Magerøya mit einer etwa 1,5-stündigen, ausgeschilderten Wanderung von Gjesvær aus.

Hornvika In Luftlinie rund anderthalb Kilometer vom Nordkap entfernt liegt die kleine Bucht Hornvika. Früher war sie der Ausgangspunkt zum Nordkap-Plateau, denn bevor die Straßenverbindung dorthin gelegt wurde, schiffte man in Hornvika ein und nahm den Weg zu Fuß auf sich. Eine Wanderung hierher lohnt sich auch heute noch.

Kirkeporten ist ein beliebtes Wanderziel.

Kirkeporten In weniger als einer Stunde erreicht man, den Wegweisern von Skarsvåg folgend, die markante Felsformation Kirkeporten. Auch wenn die Wanderung wenig anspruchsvoll ist und auch mit Kindern bewältigt werden kann, sollte man aufgrund der Absturzgefahr an den steilen Hängen Vorsicht walten lassen. Am Ziel angekommen, bewundert man das Felsentor ebenso wie die Aussicht auf das Nordkaphorn (»Nordkapphornet«).

Bei Kjøllefjord wartet mit der an eine Kirche erinnernden Felsformation »Finnkirka« ein natürliches Highlight auf die Passagiere.

1000 Einwohner leben in dem kleinen Fischerdorf Kjøllefjord. Wie viele Orte im hohen Norden besteht auch dieser aus kunterbunten Häusern.

⚓ Kjøllefjord und die Halbinsel Nordkinn Der Felsvorsprung Kinnarodden auf der Halbinsel Nordkinn in Troms og Finnmark ist der nördlichste Punkt des europäischen Festlands. Er erhebt sich auf 71° 08' 01" nördlicher Breite, ist 1752 Kilometer von Kap Lindesnes, dem südlichsten Punkt des norwegischen Festlands, entfernt und vom Hurtigruten-Hafen Mehamn auf einem 23 Kilometer langen Wanderweg zu erreichen: Der Fußmarsch in der arktischen Landschaft, in der Rentiere weiden, dauert hin und zurück je gut sechs Stunden, Trinkwasser spenden kleine Seen, an denen man zelten kann. Die Hurtigruten-Schiffe fahren vom Fischerort Kjøllefjord aus mit Blick auf Kinnarodden nach Mehamn. Die Halbinsel Nordkinn liegt zwischen dem Laksefjord im Westen und dem Tanafjord im Osten. Bei Schneelage kann man sogar von Kjøllefjord quer über die Halbinsel fahren und in Mehamn wieder ins Schiff einsteigen.

⚓ Mehamn Mit zwei bis drei Familien, die sich hier 1819 niederließen, begann die Geschichte von Mehamn, dem nördlichsten Hafen auf der Hurtigruten-Strecke. Rund 70 Jahre später war es bereits die größte Walfangstation der Region. Doch was für die einen großen Gewinn bedeutete, war anderen ein Dorn im Auge: So kam es in den ersten Jahren des 20. Jahrhunderts zum sogenannten Walstreit zwischen den Walfängern und den Fischern hier. Mit einem Angriff von 1500 Fischern auf die Walfangstation erreichte der Streit seinen Höhepunkt – immerhin konnten sie zeitweise ein Walfangverbot erreichen. Heute zeigt sich Mehamn jedoch lieber von einer friedlichen Seite. Trotz der geringen Einwohnerzahl von rund 800 Personen ist es keineswegs verschlafen: Viele Feste verteilen sich übers Jahr.

⚓ Berlevåg Erst 1959 wurde Berlevåg auf dem Straßenweg erreichbar – zuvor konnte man nur per Schiff den Ort ansteuern. Rund 1000 Einwohner leben hier, und nach wie vor spielt die Fischerei für sie eine wichtige Rolle. Doch so ertragreich die Barentssee ist, so wild und ungestüm ist sie auch. Immer wieder musste die Mole neu errichtet werden, wenn schwere Unwetter das Meer aufbrausen ließen. Über diesen Ausbau informiert das Hafenmuseum von Berlevåg. Auch die Themen Schifffahrt und Fischerei werden den Besuchern näher gebracht. Übrigens hat Berlevåg auch einen sehr berühmten Chor. Seit dem internationalen Erfolg des Dokumentarfilms »Heftig og begeistret« sind die Sänger nicht mehr nur in Nordnorwegen bekannt.

Slettnes fyr – erreichbar vom Hafen Mehamn – ist der nördlichste Leuchtturm Europas.

Der nördlichste Hurtigruten-Hafen: Mehamn.

Dem Architekten Hans Magnus hat Mehamn seine unverwechselbare grün-weiße Kirche zu verdanken.

Sámi – die letzten Nomaden Europas

Die Sámi, deren Volk rund um den Polarkreis auf mehr als 160 000 Menschen geschätzt wird, sind das Urvolk von Lappland – dem Norden von Norwegen, Schweden, Finnland und der angrenzenden russischen Region. Heute nennen sie dieses Siedlungsgebiet Sápmi, es umfasst etwa 388 000 Quadratkilometer. Die Eigenbezeichnung »Samek« oder »Sámi« bedeutet »Sumpfleute« und verweist auf die weitflächige Vermoorung dieses Gebiets. Die meisten Sámi, geschätzt bis zu 100 000, leben heute im norwegischen Teil von Sápmi, rund 14 500 in Schweden, 9300 in Finnland und knapp 2000 in Russland. Nach welchen Kriterien jemand

dieser ethnischen Minderheit angehört, unterscheidet sich in den einzelnen Staaten. In Norwegen gilt: Sámi ist, wer das finno-ugrische Samisch als Muttersprache spricht oder samische Vorfahren hat. Alle eint auch die Tradition eines Lebens rund um die halbwilden Rentierherden. Eng mit der samischen Tradition verbunden sind die bunten Trachten, die heute jedoch meist nur noch bei den Volksfesten getragen werden. Die kräftigen Farben rot, blau und gelb finden sich, zusammen mit Grün, auch in der Flagge wieder. Eine samische Tradition ist auch das Handwerk, vor allem kunstvoll geschnitzte Gebrauchsgegenstände aus Holz und Rentierhorn sowie die Silberschmiedekunst. Daneben ist ihr typischer Gesangsstil, das »Joiken«, beliebt: Wie Jodeln, verquickt mit traditionellem Gesang, kommt es ohne Instrumente aus und transportiert Stimmungen ebenso wie mündlich weitergegebene Geschichten. Inzwischen sind die Grenzen zwischen den Sámi und der übrigen Bevölkerung allerdings fließend, sodass heute nur noch eine kleine Minderheit die alte samische Lebensweise weiterführt; selbst bei den traditionell nomadisch lebenden Rentierzüchtern, die noch in den Gammen (Zelten) leben, gehören der Motorschlitten und das Handy längst zum Alltag.

Tag 7: Båtsfjord bis Kirkenes

Nicht einmal zehn Kilometer von der Grenze zu Russland ist Kirkenes entfernt, und hier nimmt die nordgehende Route der Hurtigruten ihr Ende. Auf dem Weg passiert man an Tag 7 allerdings mit der Varangerhalvøya noch ein wahres Naturhighlight: Alle Häfen, die heute vor Kirkenes angefahren werden, liegen auf dieser Halbinsel, die zu einem großen Teil vom gleichnamigen Nationalpark bedeckt wird. Die Landschaft aus arktischem Hochfjell ist ein einzigartiges Ökosystem, in dem sich zu arktischer Flora ostsibirische und südlichere Arten gesellen. Die Hurtigruten umfahren den nördlichen und östlichen Teil der Halbinsel, und dabei wird man zahlreiche Seevögel beobachten können, die hier je nach Jahreszeit Quartier beziehen. Im Hafen von Kirkenes darf man sich schließlich auf die Rückreise freuen.

Der westliche Teil der Barentssee ist dank der Erwärmung durch den Golfstrom auch im Winter weitgehend eisfrei.

INFO

NORDGEHENDE ROUTE, TAG 7

Hafen	ganzjährig
Båtsfjord	0.00–0.30
Vardø	3.30–3.45
Vadsø	6.55–7.10
Kirkenes	9.00–12.30

Båtsfjord Durch den rund 13 Kilometer langen, gleichnamigen Fjord weitgehend geschützt vor der stürmischen Barentssee, liegt Båtsfjord. So ist es nicht verwunderlich, dass der Hafen des Ortes eine wichtige Rolle in der Fischerei und für den Handel in der Region spielt. Für Besucher sind vor allem die umliegenden Naturräume interessant. Siehe Südgehende Route, S. 163

Vardø Östlicher kommt man in Norwegen nicht – Vardø ist die östlichste Gemeinde des Landes. Und auch die einzige Stadt Norwegens in der arktischen Klimazone, was an Fauna und Flora sichtbar wird. Mehrere Museen sowie die Festung Vardø lohnen einen Besuch. Siehe Südgehende Route, S. 158

Durch die Barentssee Die Barentssee zwischen den Küsten Norwegens und Russlands und den Inselgruppen Nowaja Semlja und Spitzbergen gehört zu den wichtigsten Fischfangregionen der Erde; im Schelfgebiet befinden sich große Erdgaslagerstätten, die erst zum Teil erschlossen sind. Den russischen Teil der Barentssee nutzen die Kremlherren seit Beginn der Atomwaffentests auf Nowaja Semlja (1957) zur wilden Entsorgung von Atommüll und Kernreaktoren. Hier befinden sich mehrere russische Kriegsflottenbasen, 2000 sank das Atom-U-Boot »Kursk« mit 118 Seeleuten an Bord. Das finnische Territorium östlich der norwegischen Grenze (Petschenga) wurde 1944/47 von der Sowjetunion mit negativen Folgen für die Umwelt annektiert. Wie schön das Gebiet war, als es noch zu Finnland gehörte, lässt sich beim Hurtigruten-Busausflug von Kirkenes längs der Grenze erleben.

Der oft rau anmutende Varangerfjord ist der westliche Ausläufer der Barentssee.

⚓ **Vadsø** Die Anfänge der auf der Halbinsel Varangerhalvøya am Nordufer des Varangerfjords gelegene Stadt Vadsø, gehen auf eine Fischersiedlung zurück, die bereits im 15. Jahrhundert gegründet wurde. Im 18. Jahrhundert zogen finnische Einwanderer in das Städtchen. Bis 2020 war Vadsø Provinzhauptstadt. In dem Dorf Ekkerøy 15 Kilometer östlich von Vadsø wurde eine stillgelegte Fischfabrik in ein Museum umgewandelt, das über die Geschichte der Fischverarbeitung informiert und dabei alte Gerätschaften zeigt. Ekkerøy ist der einzige Ort in der Region, der von der Wehrmacht bei ihrem Abzug nicht verwüstet wurde. Das Museum gehört zum Varangermuseum, das in Vadsø drei weitere historische Gebäude unterhält – die im 19. Jahrhundert errichteten Toumainenhof und Esbensenhof und den Bietilæhof mit einem im Schweizer Stil erbauten Haupthaus. Auf der Vadsøy vorgelagerten Insel lässt sich der Mast bestaunen, an dem die Luftschiffe, mit denen Roald Amundsen und Umberto Nobile den Pol überflogen, vertäut waren.

⚓ **Kirkenes** Die Hafenstadt Kirkenes in der Gemeinde Sør-Varanger an den Grenzen zu Russland und Finnland ist als Endpunkt der E6 und der Hurtigruten ein symbolträchtiger Ort. Sie steht zugleich für den Auf- und Untergang einer blühenden Erzindustrie (1906 bis 1996), war mit 320 Luftangriffen während des Zweiten Weltkriegs eine der meistbombardierten Städte Europas, dann Frontstadt im Kalten Krieg mit direkter Grenze zwischen NATO und Warschauer Pakt, 1996 »Arbeitslosenhauptstadt« der damaligen Provinz Finnmark nach dem Ende der Erzära. Nun positioniert sie sich neu als Dienstleistungszentrum und wartet auf die Schaffung der viel diskutierten »Region Barentssee« im »Europa der Regionen«: Abwanderung, Bevölkerungsrückgang und die für norwegische Verhältnisse hohe Erwerbslosigkeit beschäftigten die Einwohner und die Politik in der Region.

Zur Kommune Vadsø gehört auch der kleine Ort Skallelv mit seiner hübschen Kapelle.

Die Durchschnittstemperatur in Kirkenes liegt selbst im Sommer nicht weit über 10 °C – und auch im Winter besitzt die Stadt ihren Charme.

Wenn im Sommer alles grünt, vergisst man leicht, wie weit nördlich die Varanger-Halbinsel liegt.

Königskrabben-Expedition

Auch wenn sie das Wort im Namen trägt – streng genommen ist die Königskrabbe keine Krabbe, sondern ein Krebs. Aber was für einer! Über zehn Kilogramm schwer und die Beinspannweite zum Teil 1,80 Meter lang – und wenn er ein Bein verliert, wächst es wieder nach. Einst wurden sie von Russland in der Barentssee planmäßig angesiedelt. Das Fleisch der monströsen Meeresbewohner gilt als Delikatesse und kann durchaus hohe Preise erzielen. Wer sich nicht mit Neoprenanzug und Sauerstoffflasche auf den Weg zu ihnen machen will, kann den angenehmeren Weg gehen und an einer Königskrabben-Expedition teilnehmen. In Kirkenes beginnt diese Fahrt in einem der RIB Boote der Fischer. Sie nehmen jetzt Kurs auf zu ihren Krabbenkäfigen, in denen die Tiere gehalten und gemästet werden. Dort angekommen, kann man den Fischern bei ihrer Arbeit zusehen, wie sie die Körbe aus dem Wasser ziehen.

Von Hafen zu Hafen: Kirkenes

Kirkenes ist ein guter Ausgangspunkt zu Erkundungen in der Finnmark. Die Region hat dank der hier seit Jahrhunderten lebenden Sámi eine reiche Kultur und Tradition zu bieten, aber auch für Wanderungen durch die arktische Landschaft ist die Gegend empfehlenswert.

Varangerbotn Unweit der Grenzen zu Finnland und Russland liegt nahe Tana der kleine Ort am Varangerfjord, der streng genommen kein Fjord ist. Er ist nämlich nicht aus Gletschern entstanden. Hier in der Region, wie in großen Teilen Nordnorwegens, ist ursprünglich das Gebiet der Sámi. Deshalb ist das 1981 eröffnete Museum von Norwegens Ureinwohnern unbedingt einen Besuch wert. Nicht nur ihre Geschichte wird erklärt. Man lernt ihre Joik-Musik kennen und das Kunsthandwerk, Duodji. Dabei kann es sich um Gegenstände handeln oder um ganz besondere Kleidungsstücke.

Nesseby Innerst am Varangerfjord liegt die zweisprachige Kommune Nesseby/Unjárga, die Mehrheit der knapp 1000 Einwohner sind Sámi. Ihre Kultur wird hier stark gefördert und Nesseby ist – neben der umgebenden Landschaft – schon allein deshalb besuchenswert.

Ekkerøy Ekkerøy ist der einzige Ort in der ehemaligen Provinz Finnmark, der von der deutschen Wehrmacht bei ihrem Abzug nicht verwüstet wurde. Das Museum gehört zum Varangermuseum, das in Vadsø drei weitere historische Gebäude unterhält: den ursprünglich 1851 von schwedischen Einwanderern errichteten Toumainenhof, den ebenfalls aus dem 19. Jahrhundert stammenden Esbensenhof und den Bietilæhof mit einem im Schweizer Stil um 1900 erbauten Haupthaus. Auf der Vadsøy vorgelagerten Insel lässt sich der Mast bestaunen, an dem die Luftschiffe, mit denen Roald Amundsen und Umberto Nobile den Pol überflogen, vertäut waren. Im Sommer sind auch die Sandstrände von Ekkerøy ein beliebter Treffpunkt, um die hier im Norden doch eher selten warme Sonne zu genießen oder ein erfrischendes Bad in der Barentssee zu riskieren.

Über 80 Kirchen wurden von dem Architekten Christian Heinrich Grosch entworfen, darunter die Nesseby kirke am Nordufer des Varangerfjords.

Nationalpark Varangerhalvøya Die Großartigkeit, diese wunderbare Melancholie dieser Szenerie ist mit Worten nicht zu beschreiben.«, so schwärmt der norwegische Geograf Baltazar Mathias Keilhau 1831 von der Varanger-Halbinsel und lobt weiter ihre »heilige Einsamkeit«. Bis ins Jahr 2006 musste es allerdings dauern, bis auch die norwegische Regierung die Besonderheit der Region erkannte und zu ihrem besseren Schutz den Nationalpark einrichtete. Auf 1804 Quadratkilometern findet man neben einer bemerkenswerten Flora und Fauna mit typisch arktischen Flechtenpflanzen sowie Polarfuchs und Saat- und Zwerggans auch zahlreiche Heiligtümer, Opferplätze und Fanganlagen der Sámi, die traditionell immer noch in dem Gebiet des Nationalparks leben und ihre Rentierzucht betreiben dürfen. Die ältesten Funde datieren aus der Zeit von 4500 v. Chr. Der Wappenvogel des Parks ist die Falkenraubmöwe, die hier aber nur Sommergast ist.

Nationalpark Øvre Pasvik Der 1970 gegründete Nationalpark liegt südlich von Kirkenes im Dreiländereck von Norwegen, Russland und Finnland. Er ist 119 Quadratkilometer groß und grenzt an entsprechende Schutzgebiete auf russischer und finnischer Seite. Der subarktische Kiefernwald, ein westlicher Ausläufer der Taiga, der zahlreichen Tierarten einen Lebensraum bietet, ist hier als europäischer Urwald erhalten. In dem kleinen Ort Svanvik gibt es ein Umweltzentrum, das Informationen zur Natur des Parks bietet. In den Sommermonaten kann der Besucher an geführten Wanderungen teilnehmen oder mit der entsprechenden Ausrüstung eigene Touren unternehmen. In den Wintermonaten gibt es Hundeschlitten- und Schneemobilsafaris. Mit etwas Glück kann man Braunbären, Wölfe, Vielfraße, Elche, Rentiere und andere seltene Tiere beobachten.

Domen Glaubt man den alten Legenden und Sagen, war der Berggipfel im Osten der Varanger-Halbinsel einst das Zuhause von Dumbr, einem Wesen halb Mensch, halb Troll. Im 17. Jahrhundert wurde der Berg zudem zum schaurigen Anlass zahlreicher Verurteilungen vermeintlicher Hexen, die auf dem Domen zum Geigenspiel des Teufels getanzt haben sollen. Mit einem modernen Aussichtsplatz lockt der Gipfel heute auf friedliche Weise Wanderer an.

TIPP *

Vogelbeobachtung auf Varanger

Die Halbinsel Varanger gehört weltweit zu den besten Destinationen, um die arktische Vogelwelt aus nächster Nähe beobachten zu können. Entlang der Ostküste sind dafür mehrere Aussichtspunkte wie Domen, Gornitak und Mortensnes eingerichtet worden. Bereits deren moderne Architektur lohnt einen Besuch. Besonders die große Zahl an bis zu 15 000 Scheckenten ist beeindruckend. Sie wählen die Varanger-Halbinsel zur Überwinterung aus, bevor sie im Mai ihren Rückflug antreten, um sich an Seen in der Tundra um die Fortpflanzung zu kümmern. Aber auch in den anderen Jahreszeiten gibt es für Vogelfreunde einiges zu entdecken: Verschiedene Gansarten – darunter Saat-, Bläss- und die im Bestand stark gefährdete Zwerggans –, Gelbschnabel-, Stern- und Eistaucher, Mornellregenpfeifer und Singschwan zählen zu den gefiederten Bewohnern der Varanger-Halbinsel. Dreizehenmöwen, Tordalk und Papageitaucher beeindrucken besonders durch ihre Nester direkt an den Klippen; im Inland lassen sich Singvögel beobachten.

Hexenverfolgung in Nordnorwegen

125 Meter lang ist die vom Schweizer Architekten Peter Zumthor aus Holz und Segeltuch gestaltete Gedächtnishalle. Sie ist ein Teil der bei Vardø errichteten Gedächtnisstätte Steilneset. Erinnert wird hier an die Hexenprozesse, die im 17. Jahrhundert in Nordnorwegen stattfanden – aber auch an Verfolgte der heutigen Zeit. Die Hexenverfolgungen in der Finnmark galten als besonders fanatisch, über 100 Personen wurden in der Region der Hexerei beschuldigt. Sie stammten sowohl aus den norwegischen Fischerdörfern als auch aus samischen Familien. Im Rahmen der Prozesse wurde oft die sogenannte Wasserprobe durchgeführt, bei der die Beschuldigten ins Meer geworfen wurden – trieben sie daraufhin an der Wasseroberfläche, galt ihre Schuld als bewiesen. 91 Männer und Frauen ließen auf dem Scheiterhaufen bei Vardø schließlich ihr Leben.

Varangerhalvøya: Paradies der Vögel

Die Europastraße 75 im Süden der Varanger-Halbinsel, die zu den Hurtigruten-Häfen Vadsø und Vardø führt, ist berühmt für die Vogelschutzgebiete in der arktischen Landschaft am Varangerfjord. Ausgangspunkt des als nationale Ferienstraße ausgewiesenen Abschnitts ist Varangerbotn am Beginn des Fjords; hier hat das Varanger Samiske Museum einen Vogelbeobachtungsturm im Varangerbotn-Vogelreservat errichten lassen. Auch im

Nesseby-Naturreservat nahe der weißen Holzkirche von Nesseby haben viele Vogelarten ein Rückzugsgebiet gefunden. Knapp zehn Minuten vor Vadsø passieren die Hurtigruten-Schiffe auf dem Weg nach Kirkenes das Hornøya-Naturreservat; auf der gleichnamigen Felsinsel brüten Tausende von Möwen, Eiderenten, Papageitauchern und andere Seevögel. Im Ekkerøy-Naturreservat östlich von Vadsø befindet sich einer der größten Vogelfelsen Europas mit über 50 Zugvogelarten und 40 000 Dreizehenmöwen-Brutpaaren. Zudem können hier Seeadler und Kampfläufer beobachtet werden. Das Hornøya-Naturreservat umfasst die gleichnamige Felsinsel vor Vardø, Norwegens östlichster Stadt am Ende der E75. Während der Sommerferien finden täglich Bootstouren zur Vogelinsel statt, wo Reisende direkt unterhalb des Vogelfelsens an Land gehen.

Südgehende Route

Hat man Kirkenes erreicht, ist auch das Ende einer Reise gekommen. Denn hier endet die nordgehende Route der Hurtigruten. Doch glücklicherweise ist Kirkenes auch ein Beginn, nämlich der der südgehenden Route. Auf ihr passiert man nun alle Häfen in umgekehrter Reihenfolge und oft zu anderen Tageszeiten, sodass es keineswegs langweilig wird – stattdessen lernt man nun einige Orte erstmals bei Tageslicht kennen. Bis Bergen sind also neue Perspektiven garantiert.

Tag 7: Kirkenes bis Berlevåg

Vormittags heißt es, Kirkenes, »das Tor zur Barentsregion«, zu erkunden. Die Nähe zur russischen Grenze ist hier deutlich zu spüren, nicht nur, weil alle Straßenschilder zweisprachig, norwegisch und russisch, verfasst sind. Mittags beginnt schließlich die Rückreise in Richtung Bergen. Doch die Hansestadt wirkt noch weit entfernt – denn es geht an Fjorden, Halbinseln und Fischerdörfern vorbei, die deutlich machen, dass man sich hier in der Arktis befindet. Fauna und Flora sind an die rauen klimatischen Bedingungen bestens angepasst, die Landschaft zeigt sich größtenteils baumlos und karg.

INFO *

SÜDGEHENDE ROUTE, TAG 7

Hafen	ganzjährig
Kirkenes	ab 12.30
Vardø	16.05–17.00
Båtsfjord	20.00–20.30
Berlevåg	22.25–22.35

Kirkenes Für eine wechselvolle Geschichte sorgte die grenznahe Lage von Kirkenes. Sowohl politisch als auch wirtschaftlich erlebte die Region ein beständiges Auf und Ab. Bei Hurtigruten-Reisenden ist die Stadt vor allem in ihrer Funktion als Wendepunkt berühmt, denn hier endet schließlich die nordgehende Route, und es beginnt die südgehende Route. Siehe Nordgehende Route, S. 150

Passage des Varangerfjords Der Varangerfjord ist der 95 Kilometer lange Westausläufer der Barentssee zwischen den Häfen Vardø und Vadsø auf der Halbinsel Varanger und dem Hurtigruten-Wendehafen Kirkenes im Dreiländereck zwischen Norwegen, Finnland und Russland. An der Mündung in die Barentssee ist der Varangerfjord 55 Kilometer breit. Die Inselstadt Vardø vor der Varanger-Halbinsel ist Norwegens östlichste und neben Hammerfest die älteste Stadt in der ehemaligen Provinz Finnmark. Mit dem Festland ist sie durch den 2892 Meter langen Vardøtunnel verbunden, der in einer Tiefe von bis zu 88 Meter unter dem Meer verläuft. Bis zur Oktoberrevolution war Vardø eine Drehscheibe im Handel mit den russischen Küstenorten. Heute ist der Fischereiort Endpunkt der Europastraße 75, deren Abschnitt längs des Varangerfjords zu den Traumstraßen des Nordens zählt.

Vardø Die Stadt Vardø liegt vor der Insel Hornøy im äußersten Osten von Norwegen. Wie die meisten Siedlungen auf den Inseln lebt auch Vardø vom Fischfang. Die kleine Siedlung entwickelt sich jetzt zu einem wichtigen NATO-Stützpunkt. Ein imposantes Bauwerk ist der 2800 Meter lange Autotunnel, der unter dem Eismeer hindurch zum Festland führt. Die Vardøhus Festning, die nördlichste Festung der Welt, lädt zu einer Besichtigung ein. Die Anfänge der Trutzburg gehen auf das 14. Jahrhundert zurück, im 18. Jahrhundert wurde sie unter König Christian VI. ausgebaut. Seit 2011 steht an der Eismeerkante von Vardø ein eindrucksvolles Hexenmahnmal, das von Peter Zumthor gestaltet wurde und an die 91 unschuldig zum Tode Verurteilten erinnert, die während der Hexenverfolgung im 17. Jahrhundert umkamen. Louise Bourgeois ersann dazu eine berührende Feuerinstallation.

Hornøya, direkt vor Vardø gelegen, ist der östlichste Punkt Norwegens und liegt auf demselben Längengrad wie Istanbul und Sankt Petersburg.

Dass Festungen nicht immer furchteinflößend aussehen müssen, beweist jene von Vardø.

Grasbewachsene Festung Vardøhus.

Tundra – baumlos, moordurchsetzt und dennoch artenreich

Der Winter in der Tundra der Finnmark, der Kältesteppe, ist lang und entbehrungsreich. Bei Temperaturen von bis zu –50 °C hat er die wenig besiedelte Finnmarksvidda fest im Griff. Unter solch unwirtlichen Bedingungen auf dem mit über 22 000 Quadratkilometer Fläche größten Hochplateau in Norwegen zu leben, scheint beinahe unmöglich. Doch Moose und Flechten, Preisel- und Moltebeeren, Hahnenfuß- und Heidekrautgewächse zeigen sich

unempfindlich gegenüber der Kälte. Sie haben sich dem Leben in der Tundra, jenseits der polaren Baumgrenze, angepasst. Unter der dichten Schneedecke vor dem stürmischen Klima geschützt, warten sie geduldig, bis die Sonne zurückkehrt. Denn ist es so weit, explodiert die Natur: Abermillionen von Mücken und Insekten schlüpfen, bestäuben die Pflanzen und dienen Vögeln als Nahrungsquelle. Das Thermometer klettert auf angenehme 15 °C Durchschnittstemperatur, sodass sich Polarfüchse, Schneehasen oder Lemminge den Pelz wärmen und für Nachwuchs sorgen können. Viel Zeit bleibt nicht: Schon nach wenigen Wochen verwandelt der Herbst die Tundra in ein Meer aus leuchtenden Rot- und Gelbtönen. Jetzt ziehen Rentierherden über die Hochebenen, um Nahrung zu suchen – es heißt gehörig Winterspeck ansetzen, um gerüstet zu sein für einen neuen Winter.

Östlich von Berlevåg wurde der von den Nationalsozialisten zerstörte Leuchtturm Kjølnes nach dem Krieg wieder neu gebaut.

Wenn man etwas Glück hat, wird man von den Hurtigruten aus öfters prächtige Nordlichter sehen, wie hier über dem abendlichen Båtsfjord.

⚓ **Båtsfjord** Obwohl auch Båtsfjord an die Barentssee grenzt, ist es ihrem Ungestüm nicht ganz so sehr ausgeliefert wie Berlevåg. Denn der Hafen liegt geschützt in einem Fjord und wird hier auch von den Hurtigruten angefahren. Vor allem zum Angeln kommen Besucher gern hierher; sie finden sowohl im Meer als auch an Land viele gute Orte, um ihr Fischerglück zu testen. Die Landschaft hier im Norden der Varanger-Halbinsel lädt außerdem zu Wanderungen ein, im Sommer wie im Winter. Die vielen Fabriken und Schiffsreperaturwerften geben bereits einen Hinweis darauf, dass die Gemeinde vor allem von der Fischerei lebt. Auch das nahe Dorf Hamningberg war einst vom Fischfang groß geworden. Heute ist es verlassen und lohnt mit seinen gut erhaltenen historischen Häusern einen Ausflug.

⚓ **Berlevåg** Im Norden der Varanger-Halbinsel gelegen, ist der Ort Berlevåg den rauen Wellen der Barentssee oft schutzlos ausgeliefert gewesen. Gleichzeitig bieten das Meer und die umliegenden Gebirgsgewässer Hobbyanglern ein abwechslungsreiches Revier. Siehe Nordgehende Route, S. 145

Clowns der Meere: Papageitaucher

Der Papageitaucher gehört wohl zu den beliebtesten Vogelarten Norwegens. Er brütet in Kolonien in selbst gegrabenen Höhlen an Land und pendelt ständig zwischen Brutplatz und Meer, da er im Wasser nach Nahrung sucht. Er ist ein sehr guter Taucher, wenn er auf Beutefang nach Sandaalen, Sprotten oder Heringen geht. Charakteristisch für ihn ist, dass er viele Fische gleichzeitig im Schnabel behalten kann, er klemmt sie mit seiner Zunge an den Oberschnabel und transportiert sie mühelos an Land. Der Papageitaucher gehört zu der Art der Alkenvögel, zu denen auch Trottellumme und Tordalk zählen. Kennzeichnend für ihn ist sein hoher, aber extrem schmaler Schnabel mit den typischen rötlich-orangefarbenen Akzenten. Während er im Wasser eine elegante Figur macht, sieht der Papageitaucher im Flug eher unbeholfen aus mit seinen im Verhältnis zum breiten Körper doch relativ kurzen, schmalen Flügeln. Er gilt weltweit als gefährdete Art. Die höchste Population weist Island auf.

Tag 8: Mehamn bis Tromsø

Frühaufsteher können noch einen Blick auf Honningsvåg erhaschen, und auch Havøysund erlebt nur, wer den Tag nicht zu spät beginnt. Spätestens bei der Ankunft in Hammerfest sollten dann alle an Bord wach sein. Nicht zu Unrecht ist die Stadt auch über die Landesgrenzen hinweg bekannt. Schon seit Jahrhunderten ist Hammerfest dank des ganzjährig eisfreien Hafens ein wichtiges Handelszentrum gewesen. Wem auf der Weiterfahrt Richtung Tromsø unerwartet langweilig wird, der kann die Zeit mit dem Zählen von Inseln verbringen.

⚓ **Mehamn** Näher am Nordpol ankert man mit den Hurtigruten nicht: Mehamn ist ihr nördlichster Hafen. Und trotz dieser Lage kann der Ort mit einem quirligen Nachtleben und einigen Festen über das Jahr verteilt aufwarten. Der Golfstrom sorgt zudem für verhältnismäßig milde Temperaturen im Sommer, teilweise klettert dann das Thermometer auch über 20 °C. Siehe Nordgehende Route, S. 145

⚓ **Kjøllefjord** Vor einer Kette steil emporragender Berge zieht sich am Ufer der Ort mit seinen kunterbunten Häusern entlang. 1944 durch die Nationalsozialisten im Rahmen der Taktik »Verbrannte Erde« zerstört, wurde der Ort nach dem Weltkrieg wiederaufgebaut; Dänemark schenkte Kjøllefjord dabei eine neue Kirche. Siehe Nordgehende Route, S. 145

⚓ Honningsvåg Lebhaft geht es im Hafen von Honningsvåg zu, zahlreiche kleine Fischerboote wogen sich hier gut vertäut. Einst spielte die Fischerei hier die Hauptrolle, mittlerweile lebt der Ort auch vom Tourismus, der durch die günstige Lage nahe des Nordkaps begünstigt wird. Siehe Nordgehende Route, S. 138

⚓ Havøysund Im Norden der namensgebenden Insel liegt der knapp 1000 Einwohner zählende Ort Havøysund. Ende der 1980er-Jahre bekam die Region mit der Havøysund-Brücke ein neues Wahrzeichen. Mit 293 Meter Länge ist sie die nördlichste Brücke über 100 Meter des Landes – möglicherweise sogar der Welt. Siehe Nordgehende Route, S. 132

Kurvig sind die wenigen Straßen auf Havøya.

SÜDGEHENDE ROUTE, TAG 8

INFO

Hafen	ganzjährig
Mehamn	1.20–1.30
Kjøllefjord	3.25–3.35
Honningsvåg	5.45–6.00
Havøysund	8.00–8.15
Hammerfest	11.00–12.45
Øksfjord	15.50–16.05
Skjervøy	19.30–19.45
Tromsø	23.45–1.30

Im Inselinneren erheben sich schroffe Berge, die der Sørøya ihr grünes Antlitz verleihen; türkisfarbene Seen bilden wirkungsvoll einen Kontrast dazu.

⚓ Hammerfest Die Stadt weit nördlich des Polarkreises ist die Landstation für die gesamte norwegische Erdöl- und Erdgasförderung in der Barentssee, denn ihr Hafen bleibt auch im Winter eisfrei. Die vier Meter hohe historische Meridiansäule, auf einer Anhöhe mit Blick auf Stadt und Meer platziert, verzeichnet die Lage mit 70° 40' 48" nördlicher Breite. Als sie 1856 errichtet wurde, war Hammerfest die nördlichste Stadt Norwegens – bis 1998 Honningsvåg Stadtrechte bekam. Der Name verrät, dass der Ort lange als guter Punkt galt, um Boote am steilen Felshang, altnordisch »hamarr«, festzumachen. Rund 200 000 Gäste aus aller Welt besuchen alljährlich das 10 000 Einwohner zählende Küstenstädtchen an der Hurtigruten-Strecke. Der Eisbärenclub »Isbjørnklubben« verleiht eine Eisbären-Nadel als Zeichen dafür, dass man in der angeblich »nördlichsten Stadt der Welt« war.

Vorbei an der Sørøya Die viertgrößte Insel Norwegens (ohne den Svalbard-Archipel) trägt einen trügerischen Namen: Sørøya bedeutet »Südinsel«, dabei liegt sie doch vor Hammerfest, der nördlichsten Stadt von Festlandeuropa. Vielleicht bezieht sich ihr Name aber auch auf die Tatsache, dass sie so grün ist, dass man sie durchaus weiter südlich verorten würde. Deswegen wird sie auch liebevoll »die grüne Insel im Norden« genannt. Die nördliche Küste ist durch zahlreiche Fjorde tief eingeschnitten. Im Westen von Sørøya liegen die Kommunen Hasvik, Breivikbotn und Sørvær, die ihre Region stolz auch als »Reich der Großfische« bezeichnen. Dorsch, Gefleckter Seewolf, Heilbutt und Köhler gehen hier in die Netze, und so verwundert es nicht, dass ein Großteil der Bevölkerung vom Fischfang lebt. Eine Autofähre verbindet Hasvik mit Øksfjord, sodass man von dort aus leicht übersetzen kann.

Vom Berg Salen aus bietet sich ein eindrucksvoller Blick auf das verschneite Hammerfest.

So wird mein Tag...

TIPP *

Hurtigruten-Anleger
Angelegt wird im nördlichen Teil der Bucht von Hammerfest, bis zum Stadtzentrum sind es nur fünf Gehminuten.

Unbedingt machen!
Lebenslange Mitgliedschaft und freien Eintritt ins Museum – der Gang zum Isbjørnklubben lohnt sich! Auch eine Anstecknadel und ein Zertifikat bekommt man hier überreicht als Zeichen, die nördlichste Stadt der Welt erreicht zu haben. Mehr als ein tolles Souvenir also! Im Museum wird über das Leben und die Tiere der Region und der Arktis informiert – unter anderem mit zahlreichen ausgestopften Exemplaren.

Entdecken!
Im April 2019 staunten Fischer nicht schlecht, als sich im Hafen ein Belugawal ihren Booten ohne Scheu näherte. Das Geschirr, das er trug, löste jedoch wilde Spekulationen aus. So sah man in ihm einen russischen Spion. Der weiße Wal hält sich bis heute in den Wassern um Hammerfest auf und ist dank seiner Zutraulichkeit eine Touristenattraktion: Hvaldimir ist der wohl berühmteste Belugawal der Welt.

Wenn noch Zeit ist...
Hammerfests Kirche besuchen: Alle fünf Vorgängerbauten fielen Flammen zum Opfer, die heutige Betonkirche wurde 1961 errichtet. Mit ihrer Architektur und der farbenfrohen Innenausstattung ist sie unbedingt einen Besuch wert!

UNESCO-Welterbe: Struve-Bogen

Der deutsch-russische Astronom Friedrich Georg Wilhelm Struve (1793 bis 1864) gilt als der geistige Vater des nach ihm benannten Bogens von Vermessungspunkten zwischen Fuglenes und Staro Nekrassowka. Der gebürtige Hamburger studierte zunächst in Estland Mathematik und Astronomie. Nach einem außerordentlich erfolgreichen Studienabschlss, wurde er zunächst an seiner Universität zum Ehrenprofessor ernannt. Später berief ihn die Russische Akademie der Wissenschaften in St. Petersburg zum Professor. Maßgeblich sind seine Berechnungen, die heute unter dem Begriff »Struve-Bogen« bekannt sind: Der Begriff »Triangu-

lation« wird vom lateinischen »triangulum« (Dreieck) abgeleitet. Vereinfacht ausgedrückt, werden mit dieser Methode, ausgehend von einer geraden Linie mit zwei festen Endpunkten (wobei die Länge zwischen den Punkten bekannt sein muss), Winkel zu einem dritten Punkt gemessen und damit ein Dreieck konstruiert. Mithilfe trigonometrischer Formeln lässt sich dann die Distanz zu einem weit entfernten Objekt berechnen. Mit einem ganzen Netz von Vermessungsdreiecken können auf diese Weise Entfernungen zwischen Orten relativ genau bestimmt werden. Zwischen Fuglenes bei Hammerfest in Norwegen und Staro Nekrassowka am Schwarzen Meer in der heutigen Ukraine wurden zwischen 1816 und 1855 unter der Leitung Struves 258 Hauptdreiecke mit 265 Haupt- und 60 untergeordneten Vermessungspunkten angelegt. Dabei wurde eine Distanz von 2822 Kilometern durch heute zehn Länder überbrückt. Die Vermessung diente der Längenberechnung des Tartu-Nullmeridians (26°43'), also des Längengrades, der genau durch Tartu verläuft. Von den Vermessungspunkten wurden 34 für das UNESCO-Weltkulturerbe ausgewählt, die die Bedeutung des Struve-Bogens für die Entwicklung der Erdvermessung repräsentieren.

Von Hafen zu Hafen: Hammerfest

Hammerfest ist nicht nur ein wichtiger Handelshafen, sondern auch ein guter Ausgangspunkt für Erkundungen in der umgebenden Landschaft. Besonders die Vogelwelt lockt in den Seiland-Nationalpark. Auch prähistorische Felsritzungen lassen sich in der Region entdecken.

Nationalpark Seiland Der 316 Quadratkilometer große Seiland-Nationalpark auf der gleichnamigen Insel umfasst neben einer alpinen Küstenlandschaft auch zahlreiche Fjorde und ein Mittelgebirge. Die beiden Gletscher Seilandsjøkelen und Nordmannsjøkelen sind die nördlichsten Gletscher Norwegens und mit 940 Metern beziehungsweise 1014 Metern zugleich auch die niedrigsten in ganz Skandinavien. Der höchste Berg im Park ist die 1079 Meter hohe Seilandstuva. Im Süden der Insel liegen die beiden größten Fjorde, Store Kufjord und Jøfjord. Da der Boden dort besonders fruchtbar ist, findet man eine abwechslungsreiche Vegetation mit einigen sehr seltenen alpinen Pflanzen wie dem Arktischen Mohn oder dem Kleinen Sandkraut vor. Die Küstenregionen sind dazu fest in der Hand von Möwen und Seeschwalbenkolonien, grauen Hasengänsen und Gryllteisten. Die zum Teil sehr steilen Berge bieten dagegen zahlreichen Raubvögeln ideale Lebensbedingungen. Die verbreitetsten Arten sind See- und Steinadler, Turm-, Ger- und Zwergfalke sowie der Raufußbussard.

Olderfjord Bewegt man sich in Richtung Südwesten entlang des großen Porsangerfjords auf der E69, der nördlichsten Autobahn der Welt, gelangt man zum kleinen Olderfjord. Dort, an der Anschlussstelle zur E6, liegt auch das Dorf. Es ist bewundernswert, wie gut die kurvige Straße seit den 1970er-Jahren ausgebaut wurde, sodass man nicht zwangsweise an Fähren anstehen muss, um voranzukommen. Auf das Gefälle – stellenweise 9% – sollte man sich und sein Fahrzeug einstellen. Auch darauf, dass man ab und an einem Elch begegnen kann.

Kokelv sjøsamiske museum Mitte Juni bis Mitte August lohnt sich ein Ausflug ins kleine Dorf Kokelv im Innersten des Fjords Revsbotn. Dann öffnet nämlich das dortige Museum seine Pforten. Gewidmet ist es den Sjøsamer, jenen Sámi also, die entlang der Küsten lebten und traditionell ihren Lebensunterhalt nicht mit der Rentierzucht bestritten, sondern sesshaft waren und von der Fischerei lebten. In ihre Geschichte und Lebensweise bietet das Museum einen wertvollen Einblick.

Gerfalke im Herbstregen.

In Skandinavien nur im Sommer anzutreffen ist der Turmfalke.

Merline brüten in Nordnorwegen.

Auch Graugänse haben immer wieder Dispute miteinander auszutragen.

TIPP *

Arktische Kamelsafari

Sie tragen nordische Namen wie Vilje oder Odin, stören sich auch nicht an Schnee unter den Füßen – und doch sind es Kamele, die man hier im äußersten Norden Norwegens nicht vermuten würde. Nordwestlich von Hammerfest – und von dort nur eine halbe Stunde Bootsfahrt entfernt – leben sie in der Obhut von »Polaroasen« bei Akkarfjord auf der Insel Sørøya. Im Sommer kann man hier einiges gemeinsam mit den zotteligen Tieren erleben und von den Besitzern vieles lernen über die Beziehung zwischen Mensch und Tier und darüber, wie es überhaupt dazu kam, dass die Familie hier auf einer nordnorwegischen Insel begann, mongolische Kamele zu halten. Diese ungewöhnliche Geschichte ist in Norwegen nicht ganz unbekannt, nachdem im Jahr 2019 nach vierjährigen Dreharbeiten ein Film über Familie Sætereng mit ihren Kamelen in den norwegischen Kinos ausgestrahlt wurde (»Kamel«). An Besucher sind die zotteligen Tiere schon gewöhnt und so wird die Kamelsafari – eine etwa zwei bis drei Kilometer lange Wanderung mit den Tieren – zu einem erinnerungswürdigen Erlebnis.

Leuchtend rote Füße hat die Gryllteiste.

Felsritzungen in der Region

Als »Gruß aus der Vorzeit« werden die Felsen gern bezeichnet, in die vor Tausenden von Jahren Motive geritzt wurden. Viele zeigen Tiere, insbesondere Rentiere, oder auch Boote und Menschen. Um Hammerfest gibt es vier bedeutende Fundorte solcher Felsritzungen: Stokkeberg, Leirbukt, Ytre Halsen und Slettnes – in der ehemaligen Provinz Finnmark sind es insgesamt an die 30 Fundstätten. Anders als bei Felszeichnungen sind dabei die Motive direkt in den Stein vertiefend eingearbeitet. Besichtigen kann man drei der Felsen nahe Kvalsund. Bis zu 30 Zentimeter groß sind die Motive, die über das Leben einer lang vergangenen Zeit erzählen. Man nimmt an, dass die Steinritzungen zwischen 4000 und 6000 Jahre alt sind. Wiederentdeckt wurden die Boten aus der Vorzeit teilweise durch Zufall, zum Beispiel bei Straßenbauarbeiten.

Fischfang im Arktischen Meer

Der Fischfang hat in Norwegen eine lange Tradition. Felsritzungen belegen, dass im hohen Norden schon in der Steinzeit von aus Fell gefertigten Booten aus nach Heilbutt gefischt wurde. Im Winter wimmelt es zum Beispiel rund um die Lofoten geradezu vor Fischen, was schon vor Hunderten von Jahren den Menschen dazu verleitete, sich in schweres Wasser zu wagen: Manche Angler fanden dabei ihr nasses Grab auf dem Meeresgrund.

Heute ist Norwegen Europas größter Lieferant für Fisch und Fischerzeugnisse. Am bekanntesten sind Kabeljau und der Zuchtlachs »Norwegian Salmon«. Bei Küchenchefs genießen die Königskrabbe und der Zuchtheilbutt einen hervorragenden Ruf, andere beliebte Fisch- beziehungsweise Schalentierarten sind Heringe, Makrelen, Weißfische, Garnelen und Krabben. Die natürliche Grundlage für die Fischerei sind die Meeresgebiete vor Norwegens 57 000 Kilometer langer Küste; zum Vergleich: Der Äquator ist nur 40 000 Kilometer lang. Zugleich gehört Norwegen zu den wenigen Ländern, die Widerspruch gegen das Walfangverbot von 1986 eingelegt haben und bis heute kommerziell Walfang betreiben, wenn auch nur in sehr geringem Umfang. Gejagt wird ausschließlich der wenig bedrohte Minkwal, für alle anderen Walarten gilt bereits seit einigen Jahrzehnten ein Fangverbot.

Auch wenn die Hurtigruten-Schiffe keinen langen Aufenthalt in Skjervøy haben, lohnt sich ein kurzer Landgang am Hafen.

Nicht einmal 500 Personen wohnen in Øksfjord. Ihre farbenfrohen Häuser bilden jedoch einen schönen Kontrast zu der recht kargen Landschaft.

Über mehrere, meist bergige Inseln erstreckt sich der Ort Skjervøy.

⚓ **Øksfjord** Schon bei der Ankunft in Øksfjord, der ersten Hurtigruten-Anlaufstelle in der ehemaligen Provinz Finnmark, leuchten dem Reisenden die farbenfrohen kleinen Fischerhäuschen entgegen. Bunt zusammengewürfelt ruhen sie am Fuße der imposanten Bergkulisse, die sich direkt hinter dem 500-Einwohner-Ort erhebt. Richtung Südosten kann man einen Blick auf den Øksfjordjøkelen erhaschen – Norwegens fünftgrößten Gletscher und der einzige auf dem norwegischen Festland, der direkt ins Meer kalbt. Øksfjord lebt vom Fischfang und der Fisch verarbeitenden Industrie. Zahlreiche Schiffswerften prägen das Ortsbild. Neben den Hurtigruten verkehren von hier auch mehrere Fähren, unter anderem nach Hasvik (mit dem Flughafen Hasvik) auf der Insel Sørøya.

⚓ **Skjervøy** Der Hafenort Skjervøy auf der gleichnamigen Insel ist der letzte Hurtigruten-Anleger vor Tromsø. Der seit der Steinzeit besiedelte Fischerort erhielt 1721 seine weiß gestrichene Kirche, eine der ältesten Holzkirchen der Region. Weit über Norwegen hinaus bekannt wurde er 1896, als Fridtjof Nansens Mannschaft nach der ersten Arktis-Driftfahrt mit dem Expeditionsschiff »Fram« in Skjervøy eintraf – nur sieben Tage, nachdem Nansen auf völlig anderem Wege Vardø erreicht hatte. In Skjervøy trat der Polarforscher seinen Siegeszug längs der norwegischen Küste an. Der Seppala-Park in Skjervøy ist benannt nach dem Musher Leonhard Seppala, der in Skjervøy aufwuchs, 1910 in Alaska die Zucht des Siberian Husky begründete und bei der Olympiade 1932 Silber holte.

⚓ **Tromsø** Nicht nur die Studentenschaft der Universität sorgt in Tromsø für eine lebhafte Atmosphäre. Unverzichtbar ist der Besuch der Kathedrale. Siehe Nordgehende Route, S. 122

Mitternachtskonzert in der Eismeerkathedrale von Tromsø

Ein Konzert in der berühmten Ishavskatedralen ist jederzeit ein besonderes Erlebnis dank der guten Akustik, die man hier mit Blick auf die bemerkenswerte Innengestaltung genießt. Besonders stimmungsvoll sind die Mitternachtskonzerte, die hier veranstaltet werden. Zahlreiche Kerzen beleuchten dann Glasfenster und Co., und renommierte Musiker bringen klassische Werke und norwegische Volkslieder zum Klingen. Den mitternächtlichen Datumswechsel kann man in Tromsø kaum eindrucksvoller verbringen.

Buckelwale

Wale haben ihre eigene Musik. Die Töne, mit denen sie sich unter Wasser verständigen, wirken auf viele Menschen wie Meditationsklänge, so sanft und so klar. Manche Arten allerdings geben eher kurze Laute von sich, die manchmal sogar hektisch wirken: Gäbe es einen Sänger unter den Meeressäugern, wäre es eindeutig der Buckelwal, der das wohl umfassendste Spektrum an Stimmäußerungen im Repertoire hat. Forscher konnten bis-

lang 662 verschiedene Töne identifizieren, die der Wal zu sich wiederholenden Strophen aneinanderreiht. Die Lautstärke kann dabei bis zu 190 Dezibel erreichen. Dies macht den Gesang der Buckelwale zum lautesten Ruf der Tierwelt. Aber nicht nur die stimmlichen Fähigkeiten des Buckelwals sind beeindruckend, sondern auch seine Springkünste. Er lässt sich gern dabei beobachten, wie er sich mit seinem ganzen Körper aus dem Meer emporschwingt. Zuerst taucht der Kopf aus dem Wasser auf, gefolgt von den bis zu fünf Meter langen Brustflossen, die ein Drittel seiner Körperlänge ausmachen. Charakteristisch ist seine mit Furchen überzogene, pigmentierte Haut. Beim Wiedereintauchen ins Meer nimmt er eine Buckelstellung ein – deshalb der Name. Abgerundet wird der Sprung mit dem Absinken der imposanten, eingekerbten Schwanzflosse, der Fluke.

Von Hafen zu Hafen: Øksfjord

Von drei Kulturkreisen – dem samischen, dem kvenischen und dem norwegischen – ist die Region geprägt. Um Øksfjord herum lohnen sich daher nicht nur Wanderungen durch die Natur, auch die Geschichte und Traditionen sind hier Aufmerksamkeit wert.

Loppa Nur etwa ein Einwohner kommt auf jeden Quadratkilometer in der Kommune Loppa. Damit ist sie eine der am dünnsten besiedelten des Landes. Etwa die Hälfte der Einwohner leben in und um Øksfjord, das nicht zuletzt als Hurtigruten-Anleger ein wichtiges Zentrum ist. Die Haupteinnahmequelle ist dennoch nach wie vor der Fischfang und die weiterverarbeitende Industrie. Nicht nur der Mensch freut sich über die reichen Fischgründe hier, sondern auch zahlreiche Kormorane, die es sogar zum Wappentier der Kommune geschafft haben.

Langfjordbotn Das Dorf am Ende des gleichnamigen Fjords ist lieblich und von viel Grün umgeben. Hier wachsen Beeren und es gibt familiengeführte Landwirtschaftsbetriebe und Pensionen. Die Natur hat sich eine kleine Attraktion ausgedacht – die Norweger nennen sie »Bubbelen«. Das Wasser eines unterirdischen Flusses wird mit viel Druck als Fontäne an die Oberfläche gepresst, wo es dann im Fluss Bognelv landet. Die Landschaft am Langfjord ist spektakulär. Um Schnee braucht man sich im Winter keine Sorgen zu machen. Es gibt zahlreiche Skihänge und Loipen, Schneemobil-Verleiher oder Hundeschlittenfahrten.

Kvænangen Ihren Namen hat die Gemeinde vom gleichnamigen Fjord – und auch die Gebirgskette heißt so. Mitten durch die Berge führt die Autobahn E6. Kurvenreich läuft sie zum 117 Kilometer langen Fjord hinunter. Touristen kommen in erster Linie für Bergwanderungen her, und passionierte Angler freuen sich über die Vielfalt an Fischen, die sie hier fangen können. Diesbezüglich ist die Insel Spildra ein Ort der Superlative: Das Format der Fische ist beeindruckend. Auf das gut 21 Quadratkilometer große Eiland kommt man nur per Boot. Typisch sind hier, genau wie auf den Lofoten, die Gestelle für Trockenfisch, der hier Boknafisk heißt.

Kvænangsfjellet und Kvænangsfjorden
Auf 402 Metern über dem Meeresspiegel verbindet das Kvænangsfjell den Oksfjord im Westen und den Kvænangsfjord im Osten. Mit Fug und Recht darf es sich damit zu den höchsten Pässen in Nordnorwegen zählen. Die Europastraße 6 führt hier entlang, herum um den 1178 Meter hohen Kvænangstiden, von dem sich am Scheitelpunkt aus ein herrlicher Blick auf den Kvænangsfjord eröffnet. In nördlicher Richtung spitzt der Jøkelfjord hervor, mit den schneebedeckten Gipfeln der Finnmark im Hintergrund. Sobald der Winter sich zurückzieht, treiben die Sámi ihre Rentierherden zu den sanft ansteigenden Berghängen, um sie dort weiden zu lassen. Mit Sámi, Norwegern und

Inmitten des Kvænangsfjords liegt die Insel Spildra, auf einer Größe von rund 20 Quadratkilometern leben hier weniger als 30 Einwohner.

Kvenen beeinflussen drei verschiedene Volksstämme das nördliche Troms mit ihrer traditionellen Kultur. Die Sprachen Kvenisch und Samisch hört man allerdings immer seltener.

Kåfjord Ende des 19. Jahrhunderts wurde in der Gegend um die Siedlung Kåfjord am gleichnamigen Fjord, der ein Arm des Altafjord ist, Kupfererz gefunden. Zunächst von Engländern, dann von Schweden betrieben, wurde es bis ins vergangene Jahrhundert hinein in den Minen abgebaut. Heute sind die Ruinen der Hütten, Baracken und Wohnhäuser ein Freilichtmuseum. Auf einem 1,2 Kilometer langen Lehrpfad bekommt man einen guten Eindruck, dass hier einmal ein wichtiger Industriestandort war. Etwa neun Kilometer außerhalb des Ortes liegt auf dem Berg Haldde das ehemalige Nordlicht-Observatorium mit grandiosem Rundumblick. Zwar ist das Observatorium seit Langem nach Tromsø verlegt, doch die Nordlichter sind natürlich geblieben! Das renovierte Ziegelstein-Gebäude bietet zehn Wanderern Platz, zu übernachten und nach ihnen Ausschau zu halten.

Alta-Canyon Der Alta- oder Sautso-Canyon, wie ihn die Sámi nennen, ist mit 420 Meter Tiefe die größte Schlucht in Nordeuropa. Die Altaelva hat ihn über Tausende von Jahren hinweg ins Gestein gewaschen und schlängelt sich auf ihrem Weg in den Altafjord an mitunter senkrecht abfallenden Felshängen vorbei. Als die norwegische Regierung trotz massiver Proteste Ende der 1970er-Jahre den Fluss für den Ausbau des Wasserkraftwerks im Alta-Damm aufstaute, nahm ihm das einen Teil seiner Ursprünglichkeit – auch wenn die zuerst geplante Staudammhöhe verringert werden konnte. In den Sommermonaten ist der Altaelv nicht nur als Lachsangelfluss ein beliebtes Ausflugsziel, auch Kanuten kommen gern für mehrtägige Kanuwandertouren an seine Ufer. Canyon und Alta-Stausee lassen sich mit geführten Touren vom Wasser aus erkunden.

Ursprünglichkeit am Kvænangenfjord.

Goldene Farbtupfen setzt der Herbst entlang der Schlucht der Altaelva.

Silbrig grau zieht sich die Altaelva durch den Canyon und bietet vielen Fischen ein Zuhause.

Alta Die größte Gemeinde der ehemaligen Provinz Finnmark liegt an der Mündung von einem der reichhaltigsten Lachsflüsse der Erde, der 200 Kilometer langen Altaelva. Der Fluss entspringt bei der Sámi-Stadt Kautokeino und mündet schließlich in den von Sunden und Seitenarmen reich gegliederten Altafjord. Er durchzieht das insgesamt 3845 Quadratkilometer große Gebiet der Flächengemeinde Alta, wobei das vom Golfstrom erwärmte Wasser für ein mildes Klima sorgt. Birken, Erlen und Kiefern gedeihen, und neben Forstwirtschaft ist auch der Anbau von Kartoffeln und Gerste möglich. Der wichtigste Wirtschaftszweig von Alta bleibt aber die Schieferindustrie: Abbau, Verarbeitung und Export des hochwertigen Altaschiefers sichern Hunderte von Arbeitsplätzen. Kulturell ist der Ortsteil Hjemmeluft bedeutend: Dort finden sich die wichtigsten prähistorischen Felszeichnungen nördlich der Alpen. Nicht nur die Kulturgeschichte macht Alta zu einem attraktiven Ziel, auch die Natur, von der die Stadt umgeben wird. Im Winter zieht man mit Hundeschlitten oder Skiern über die schier unendliche Ebene aus Schnee, im Sommer haben die Mountainbiker und Tourengeher das Sagen.

Nordlyskatedralen (Nordlichtkathedrale) Seit dem Jahr 2013 besitzt die Stadt Alta mit der Nordlichtkathedrale ein neues Wahrzeichen: Wie eine leuchtende Spirale schraubt sich der 47 Meter hohe Kirchturm mitten im Stadtzentrum in den eisblauen Himmel. Sobald in den dunklen Wintermonaten die Nordlichter sphärisch am Himmel leuchten, reflektiert der futuristisch anmutende Bau aus titanverkleidetem Beton ihr Licht. Dann scheint es, als wäre er ebenso leicht und durchlässig wie das Phänomen am Himmel. Im Inneren tauchen strahlende, vertikal angebrachte Leuchtdioden den Raum in sanftes Licht. Fußboden, Dekoration und Möbel wurden aus massivem Eichenholz gefertigt, was für eine besinnliche Atmosphäre sorgt. Die Wellenförmigkeit des Nordlichts findet sich in der Anordnung der Orgelpfeifen wieder: Mit feinem Gespür für Details entwarf der Stavanger Architekt Kolbjørn Jenssen die Pläne für dieses Gotteshaus. Die über vier Meter hohe, zwei Tonnen schwere, aus Bronze gegossene Christusfigur schuf der dänische Künstler Peter Brandes. Dem ersten Gottesdienst in der eindrucksvollen Kathedrale wohnte sogar die norwegische Kronprinzessin Mette-Marit bei.

Eindrucksvolle Nordlyskatedrale in Alta.

Entlang des Altafjords wurden zahlreiche Felsritzungen gefunden, denen heute ein Museum gewidmet ist.

Wild-romantische Felslandschaft am Altafjord.

Im Inneren von Altas Nordlyskatedrale.

Rentierfelle sorgen im Igloo Hotel für Wärme.

Kuschelige Hochzeitssuite des Igloo Hotel.

TIPP *

Übernachten im Sorrisniva Igloo Hotel

Wer schon immer mal in einer glitzernden Welt aus Schneekristallen übernachten wollte, ist in diesem Hotel genau richtig: Von Mitte Dezember bis Anfang April öffnet seit 1999 die komplett aus Eis errichtete Unterkunft ihre Pforten für Besucher. Die Architektur orientiert sich, wie der Name bereits verrät, an einem Iglu, verwöhnt aber in 26 Zimmern und vier Suiten mit deutlich mehr Komfort und Design, als die traditionellen Schneehäuser der Inuit zu bieten haben. In den Wintermonaten zieren kunstvolle Eisskulpturen Bar, Restaurant und Kapelle mit einem Hauch Vergänglichkeit, bevor der Frühling Wände, Möbel und Gläser des Hotels zum Schmelzen bringt. Die Innentemperatur beträgt übrigens lauschige –4 °C bis –7 °C. Weil es einen da trotz weichem Rentierfell auf dem eisigen Bett frösteln kann, verhilft ein Bad im Outdoor-Jacuzzi zu angenehm-wohliger Wärme.

Alta Museum: UNESCO- Weltkulturerbe

Im Jahr 1973 entdeckte man hier durch Zufall mehr als 3000 Felszeichnungen, die sich auf über 40 Fundstätten verteilen. Die Zeichnungen sind aller Wahrscheinlichkeit nach zwischen 4200 und 500 v. Chr. entstanden. Die Bilder sind mehrere Zentimeter tief in den Stein getrieben und zeigen neben den Darstellungen von Elchen, Rentieren und Bären vor allem Szenen aus dem Alltagsleben. Menschen beim Fischfang und beim Navigieren von Booten, Jagdszenen, religiöse Rituale und Zeremonien. Die Darstellungen vermitteln einen Eindruck vom Leben des prähistorischen Menschen im Norden Europas, seiner Beziehung zur Natur und zur Welt der Götter. Die Zeichnungen sind erstaunlich detailliert und dokumentieren den Entwicklungsstand der Bewohner, die offenbar auch Schneeschuhe oder Skier kannten. In der Umgebung der Fundorte entdeckte man bei neueren Grabungen Siedlungsplätze, die etwa zur gleichen Zeit bewohnt waren, als die Felsbilder entstanden, und die Auskunft über die Lebensgewohnheiten dieser Zeit geben können.

Von Hafen zu Hafen: Skjervøy

Auch wenn Skjervøy auf einer Insel liegt, ist es gut geeignet als Startpunkt für Erkundungen in der von wilden Gewässern und tiefen Schluchten sowie vom kulturellen Miteinander geprägten Umgebung. Auch Wasserfall-Fans kommen hier voll auf ihre Kosten.

Nationalpark Reisa Der 806 Quadratkilometer große Reisa-Nationalpark liegt im Hochland des südöstlichen Teils der Provinz Troms og Finnmark. Bereits seit dem 19. Jahrhundert ist Nordreisa für seine große und üppige Flora und Fauna bekannt, die zu den artenreichsten in ganz Norwegen zählt. Der Park ist touristisch gut erschlossen, unter anderem führt der insgesamt 800 Kilometer lange Nordkalottleden-Wanderweg durch den Park. Entlang des Reisdalen schmücken Wasserfälle wie der Mollisfossen oder der Imofossen die Talseiten. Im

Direkt an Finnland angrenzend und vor allem von ungestümen Wasser geprägt ist der Nationalpark Reisa.

Norden dominieren Heide- und Moorlandschaften. Steile Klippen, fast undurchdringliche Wälder und das Plateau bieten Raubvögeln einen guten Lebensraum mit viel Beute. Der Raubussard ist der häufigste gesichtete Raubvogel in der Gegend, aber Wanderer können auch Steinadler sowie Turm- und Gerfalken beobachten. Vielfraße und Luchse durchstreifen die umliegenden Berge. Das Halti-Nationalparkzentrum in Storslett bildet den nördlichen Eingang des Parks, informiert über Wandermöglichkeiten und ist gut von Skjervøy aus in etwa 45 Minuten Fahrzeit zu erreichen.

Røykfossen Auch wenn in Norwegen spektakuläre Wasserfälle alles andere als selten sind, locken die sprudelnden Ungetüme doch immer wieder Besucher an, die sie mit dem fallenden Wasser in ihren Bann ziehen. Einer davon ist der »Rauchwasserfall«, wie sich sein Name übersetzen lässt. Über die Frage, woher dieser Name kommt, wird man nicht lange grübeln müssen, sobald man ihn erreicht hat – zum Beispiel durch eine halbstündige Wanderung vom Navitfossen aus.

Nordmannvik Nordöstlich in der Region Lyngenfjord liegt das kleine Fischerdorf Nordmannvik. Die Topografie ist geprägt von einer Gebirgslandschaft, die mit dem Manndal und dem Olderdal zwei Täler durchschneidet. Birkenwälder bedecken die Berghänge, an denen vorbei sich die Verbindungsstraße E6 die Küste entlangschlängelt. Auf dem Weg durch die Region passiert man immer wieder Gehöfte, die schon vermuten lassen, dass der Ackerbau neben der Fischerei einen großen Beitrag zum Lebensunterhalt der Bevölkerung leistet. Die meisten Einwohner der karg besiedelten Gegend haben kvenische und samische Wurzeln: Wo einst von der Rentierzucht lebende Sámifamilien ihren Sommerwohnort bezogen haben, leben deren Nachkommen heute dauerhaft. Mit dem Kirkesteinen, den Wanderer auf einer Tour durch das Nordmannvikdalen sehen, hat deren Mythologie Spuren in der Landschaft hinterlassen.

Birtavarre Direkt an der E6, im Dreiländereck Norwegen-Schweden-Finnland, liegt die kleine Siedlung am Lyngenfjord. Für einen Nervenkitzel sorgt der Gang über die Gorsa-Brücke und den 153 Meter tiefen Canyon. Im Sommer kann man samstags sogar Bungee Jumping von der Brücke machen. Der zweitgrößte natürliche Wasserfall des Landes, der Mollisfoss, tobt in östlicher Richtung im Reisadal-Nationalpark. Im Sommer werden von verschiedenen Gesellschaften Bootsfahrten dorthin angeboten. Noch heute wird in Birtavarre, das einst eine erfolgreiche Bergwerksiedlung war und über eine gute Infrastruktur verfügt, mit etwa 100 Jahre alten Maschinen Wolle gesponnen.

TIPP *

Nord-Troms museum (Freilichtmuseum in Sørkjosen)

Aus mehreren verschiedenen Ausstellungsorten in der Region verteilt setzt sich das Nord-Troms museum zusammen. Einer davon ist das Freilichtmuseum in Sørkjosen. Höfe und Häuser aus der Zeit ab 1850 werden hier gepflegt und bewahrt, darunter auch ein alter Laden (Kronebutikken). Über zwei Ebenen erstreckt sich das Freilichtmuseum und auch Ausstellungen werden hier arrangiert. Ein Höhepunkt ist auch Paaskivikko, das Kulturfest der Kvenen, dabei kann man viel über ihre Traditionen lernen. Auch die anderen Ausstellungsorte des Nord-Troms-Museums sind durchaus einen Besuch wert. Während andere Museen teilweise auf Pompöses fokussieren, geht es hier um das einfache Leben in der Region.

Im Kåfjordalen beschert die Gorsa-Brücke spektakuläre Ausblicke und Nervenkitzel.

Tag 9: Finnsnes bis Stamsund

Mit den Lofoten und den Vesterålen warten am neunten Tag der Reise die zwei berühmtesten Inselgruppen auf die Passagiere. Und die Berühmtheit kommt nicht von ungefähr, denn mit den hohen Bergen entlang tief ins Land schneidender Fjorde, den malerischen Fischerdörfern mit ihren bunten Holzhäusern, den spektakulären Aussichten aufs Wasser und den jahrhundertealten Traditionen rund um den Fischfang gelten die Inseln für viele als »Norwegen im Kleinformat«. Etwas über eine Handvoll Häfen werden hier von den Hurtigruten angelaufen, und auf dem Meeresweg dazwischen hat man bereits die besten Aussichten auf die sehenswerten Inseln und Inselchen.

INFO

SÜDGEHENDE ROUTE, TAG 9

Hafen	ganzjährig
Finnsnes	4.20–4.40
Harstad	8.00–8.30
Risøyhamn	10.45–11.00
Sortland	12.30–13.00
Stokmarknes	14.15–15.15
Svolvær	18.30–20.30
Stamsund	22.15–22.30

Finnsnes Wild ist die Landschaft um Finnsnes, die zu Erkundungen einlädt. Auch als »Tor zur Insel Senja« macht sich der Ort einen Namen. Siehe Nordgehende Route, S. 112

Vorbei an Trondenes Wie ein Daumen streckt sich nördlich von Harstad ein kleines Stück Land ins Wasser. Hier liegt der kleine Ort Trondenes, Teil der Kommune Harstad. Die Hurtigruten-Schiffe müssen hier unmittelbar vorbei, wenn sie Harstad erreichen oder verlassen wollen. An dieser Stelle gut Aussicht halten lohnt sich also, dann sieht man zum Beispiel die weltweit nördlichste Kirche aus der Zeit des Mittelalters. Auf den ersten Blick wirkt sie mehr wie ein wuchtiger Hof denn wie eine religiöse Andachtsstätte. Und das hat durchaus seinen Grund: Wer vom Seeweg kam und keine friedlichen Absichten hatte, sollte so abgeschreckt werden. In der neuesten Forschungen ist man sich allerdings einig, dass es über diese Taktik der Abschreckung nicht hinausging – denn wäre es zu einem Angriff gekommen, hätten die Mauern kaum standhalten können.

Spätmittelalterliche Altäre in Trondenes' Kirche.

Im warmen Licht der Dämmerung blickt die Kirche von Trondenes aufs Wasser – im Mittelalter stand dazwischen noch eine hohe Mauer.

Tromsø
Finnsnes
Harstad
Risøyhamn
Sortland
Stokmarknes
Svolvær
Stamsund
Andenes
NARVIK
Andselv
Setermoen
Kvaløy
Ringvassøy
Andøya
Hinnøya
Langøya
Austvågøya
Vestvågøya
Senja
Andfjorden
Vestfjorden
Vesterålen
Tysfjorden
Ofotfjorden
Malangen
Balsfjorden
Torneträsk
Hurtigruten
Ånderdalen nasjonalpark
Møysalen n.p.
Abisko nationalpark
Stora Sjöfallets nationalpark
Padjelanta nationalpark
Sareks nationalpark
Rago nasjonalpark
Sjunkhatten nasjonalpark
Lapponia
NORWEGEN
SCHWEDEN
Gryllefjord
Melbu
Kabelvåg
Gravdal
Leknes
Lødingen
Bjerkvik
Evenes
Silsand
Gibostad
Kvæfjord
Kasfjord
Breivik
Kilbotn
Sørreisa
Bardu
Abisko
Vadvetjåkka nationalpark

⚓ Harstad Die Hafenstadt Harstad auf der geschützten Ostseite von Hinnøya, der größten Insel des Landes (zumindest wenn man das Svalbard-Archipel dabei nicht mitzählt), ist die zweitgrößte Stadt in Troms og Finnmark und alljährlich an Mittsommer Schauplatz der »Festspillene i Nord-Norge« mit klassischer Musik, Theateraufführungen und Filmen. Am Kulturhuskai liegt die »Anna Rogde« vor Anker, der älteste segelnde Schoner der Welt. Er lief 1868 vom Stapel, beförderte Tee, Obst und Fisch und wurde 1972 als letzter norwegischer Lastensegler ausgemustert. Die von den deutschen Besatzungstruppen gebaute und später von der NATO benutzte »Adolfkanone« auf dem Militärgelände von Trondenes hat eine Reichweite von 56 Kilometern und ist die größte an Land stehende Schiffskanone der Welt; sie und die Bunkeranlagen der Festung können im Rahmen einer Führung besichtigt werden.

⚓ Risøyhamn und die Risøyrenna Nur rund 200 Einwohner nennen Risøyhamn ihr Zuhause – damit ist das Örtchen offiziell der kleinste Anleger auf der Hurtigruten-Reise. Auch per Land ist es zu erreichen, dank der 750 Meter langen Andøyabrücke. Trotz der Anbindung blieb Risøyhamn allerdings ein kleines Dorf. Geschichtsinteressierten empfiehlt sich ein Besuch des Gammelgården aus dem 18. Jahrhundert. In dieser Zeit entwickelte sich Risøyhamn zum Handelshafen. Es sollte jedoch noch einige Jahrzehnte dauern, bis auch größere Schiffe ihren Kurs auf Risøyhamn nehmen konnten. Denn erst Anfang des 20. Jahrhunderts wurde ein Teil des Risøysunds ausgebaggert. Zuvor konnte man noch per Pferd hindurchreiten, nun ist er sogar für die Hurtigruten tief genug. Knapp fünf Kilometer ist die Risøyrenna lang und die Durchfahrt durch die schmale Rinne ist immer wieder spannend.

Kulturelle Highlights und die idyllische Atmosphäre machen Harstad aus.

Trotz Ausbaumaßnahmen zeigt sich Risøyhamn noch in einer authentischen Ursprünglichkeit.

Holzhäuser in Weiß oder Rot, an kleinen Stegen ankernde Boote, die Nationalfarben im Wind – Harstad zeigt sich gern typisch norwegisch.

Dem Hurtigruten-Schiff »Finnmarken« stand 1922 die Ehre zu, als erstes den Risøy-Kanal zu durchfahren und ihn damit zu eröffnen.

Langøya Die beiden größten Inseln der Vesterålen sind nur durch eine schmale Meerenge, über die die 961 Meter lange Sortlandbrücke führt, voneinander getrennt. Zusammen bilden sie eine gebirgige Inselkette, die sich auf einer Nord-Süd-Länge von 150 Kilometern vor der Küste erstreckt. Der See- und Hochgebirgs-Nationalpark Møysalen auf der Insel Hinnøya zieht sich vom Indrefjord bis hinauf zum vergletscherten Møysalen (1262 Meter), dem höchsten Gipfel der Vesterålen. Das Gebiet ist als Wanderparadies bekannt und kann auf ausgewiesenen Trekking-Trails erkundet werden. Über die Sortlandsbrücke erreicht man die drittgrößte Insel Norwegens: Langøya. Myre und Sortland sind ihre größten Ortschaften, doch die meisten Besucher kommen wegen der Natur hierher, die in vielen Gestalten anzutreffen ist. Hochmoore und Tundralandschaft im Inselinneren, die Küsten teils von an südlichere Gefilde erinnernden Sandstränden flankiert oder geprägt von den hohen Gipfeln, die direkt ins Meer abfallen.

Sortland Sortland, »die blaue Stadt am Sund«, ist die größte Stadt im Nordlandteil des Vesterålenarchipels. Sie liegt auf der Insel Langøya und ist durch eine Hochbrücke über den Sortlandsund mit der Nachbarinsel Hinnøya verbunden. Hinnøya (2198 Quadratkilometer) und Langøya (850 Quadratkilometer) sind zugleich die größten Inseln der Vesterålen. Trotz der geografischen Nähe gehört verwaltungstechnisch nur ein Teil von Hinnøya zu Troms og Finnmark, der Rest zum Nordland. Jährliches Highlight für alle Musikfans ist seit über dreißig Jahren das Sortland Jazz Festival, bei dem norwegische wie internationale Künstler auf der Bühne stehen. Die Stadt hat ihren Beinamen der Tatsache zu verdanken, dass seit Ende der 1990er-Jahre aufgrund einer Privatinitiative des Künstlers Bjørn Elvenes zahlreiche Gebäude im Zentrum in Blautönen gestrichen wurden. Zudem zieren Gedichte des bekannten norwegischen Schriftstellers Lars Saabye Christensen einige Wände und Wege.

Nicht Kopenhagen, sondern Sortland.

Unbekannte Inselschönheiten: Vesterålen

Die Inselkette Vesterålen vor der Küste von Troms og Finnmark erstreckt sich über 150 Kilometer und geht im Süden fast nahtlos in den Lofoten-Archipel über – als Trennungslinie gilt der schmale Raftsund. Auch landschaftlich ähnelt sie den Lofoten: Fjorde, Meerengen und Buchten, Schären, Flüsse und Seen, Moore, Täler und Hochebenen, »alpin« wirkende Gipfel und Sandstrände wie im Süden. Hauptinseln sind Hinnøya, Langøya und Andøya. 2003 wurde der See- und Hochgebirgsnationalpark Møysalen auf der Insel Hinnøya ausgewiesen: Vom Indrefjord erstreckt sich das 51 Quadratkilometer große Gebiet bis hinauf zum vergletscherten Møysalen (1266 Meter), dem höchsten Vesterålen-Gipfel. Wegen seiner charakteristischen Form diente er jahrhundertelang als Seezeichen, heute ist er ein beliebtes Ziel vieler möglicher Wanderrouten. Auch der »Weg der Königin« (Dronningruta) hält, was der Name verspricht: Majestätische Ausblicke bieten sich auf dem 15 Kilometer langen Rundweg, der über Berge und an der Küste gleichermaßen verläuft. Und im Winter? Schnallt man sich einfach Schneeschuhe unter die Füße und wandert durch weites Winterwunderland. Stokmarknes hat zudem einiges an Kultur zu bieten, und kleine Dörfer wie Nyksund besitzen noch immer den Charme ihrer Fischervergangenheit.

Als die Kommune Sortland das Malerprojekt von Bjørn Elvenes übernahm, regten sich auch kritische Stimmen zu der »kalten« Farbe.

Auf über 850 Quadratkilometer Fläche zeigt sich Langøya landschaftlich vielfältig mit Fjorden, Hochmooren, Tälern, schroffen Gipfeln und mehr.

Von Hafen zu Hafen: Sortland

Sortland eignet sich durch seine Lage hervorragend für Erkundungen auf den Vesterålen. Auf dem Landweg sind dank vieler Brücken auch die Nachbarinseln gut erreichbar, und neben den Fischerdörfern kann man dort an Panoramablicken reiche Landschaften genießen.

Nyksund Nyksund war einst ein blühender Fischerort, doch sein Naturhafen entsprach ab Mitte des 20. Jahrhunderts nicht mehr den Erfordernissen der modernen Fischereiwirtschaft. So wurde er in den 1960er-Jahren Opfer eines Regierungsplans: Entvölkerung. Oslo bot den Einwohnern Geld an, wenn sie die Region verließen. Häuser durften nicht weiter gepflegt werden. Ein deutscher Auswanderer lebte vorübergehend ganz allein in dem Dorf. Weitere Deutsche kamen, darunter Sozialarbeiter, die schwierige Jugendliche resozialisieren wollten. Die Zahl der Bewohner schwankte. In den 1980ern und 1990ern kamen Künstler und Touristen, sodass die totgesagte Ortschaft überleben konnte. Sehenswert sind die Häuser am Kai, ein Secondhandladen und eine Galerie. Sogar ein eigenes Plattenlabel hat das Dorf zu

Bei strahlendem Sonnenschein spiegeln sich die grünen Berge gemeinsam mit den Häusern von Stø und den Booten im Wasser.

Stø ist einer der Ausgangspunkte zum 15 Kilometer langen Rundweg Dronningruta, der immer wieder herrliche Panoramablicke bietet.

bieten. Gut essen und trinken kann man auch. Und mit dem deutschen Auswanderer von damals Touren ins Umland unternehmen.

Melbu Auch Melbu im Süden der kleinsten Vesterålen-Insel, Hadsel, lebt vom Fischfang. Die Trawler-Flotte ist beachtlich, und in einer ehemaligen Fabrik für Heringsöl und -mehl ist das Fischindustriemuseum untergebracht. Das größte Herrenhaus der Gegend, erbaut Ende des 19. Jahrhunderts, erinnert an den durch die Landwirtschaft erlangten Wohlstand. Heute ist es das Heimatmuseum von Vesterålen. Im etwas außerhalb gelegenen Kulturdenkmalpark kann man Spuren der Eisenzeit entdecken. An gekennzeichneten Wegen liegen Hausfundamente und Grabstätten. Im Juli feiert Melbu die Kultur mit internationalen Konzerten und Theateraufführungen.

Stø In Stø, das nur rund 200 Einwohner zählt, kann man die weiße Kugel der Radarstation bestaunen. Unbedingt lohnend ist es, entlang der Straße zur Langenes-Kirche zu bummeln. Das kleine Gotteshaus ist die älteste Holzkirche in Nordnorwegen. Vom Hafen von Stø aus werden auch Touren aufs Meer hinaus angeboten, bei denen man Pott-, Buckel- und Schwertwale und im Winter auch das Polarlicht (Aurora borealis) beobachten kann. In der Luft segeln hin und

Nyksund hat sich vom Fischereizentrum zum Künstler- und Touristenort gewandelt.

TIPP *

Wandern auf der Dronningruta

»Dronning« ist das norwegische Wort für Königin. Seit Norwegens Königin Sonja 1994 mit großer Begeisterung diesen 15 Kilometer langen Rundweg gegangen ist, trägt er ihren Namen. Dass die Monarchin so angetan von der Route war, versteht sofort, wer Vesterålen, die Inselgruppe nördlich der Lofoten, kennt. Das gilt besonders für Langøya, das Eiland, auf dem der zu den schönsten Wanderwegen Norwegens gehörende Pfad liegt. Die Tour von einem Fischerdorf zum anderen verbindet die Anmut der Küste mit dem Reiz der Berge. Allerdings sollte niemand die Strecke unterschätzen! Zwar ist die Beschilderung gut, die Herausforderung liegt jedoch sowohl in den felsigen als auch in den moorigen Abschnitten. Höhenangst? Dann sind Momente garantiert, in denen die Knie weich werden könnten. Möchte man nicht verzichten, es aber lieber vorsichtig angehen, kann man den Rundkurs teilen: Auf fünf Kilometern am Strand entlang den direkten Weg wählen, an einem anderen Tag die zehn Kilometer marschieren, die einen südlichen Bogen beschreiben und An- und Abstiege beinhalten. Alles ist möglich, es empfiehlt sich aber, die Bergetappe mit Laufrichtung nach Stø zu bewältigen, in Richtung Nyksund geht es also an der Küste entlang. Auf diese Weise lassen sich steile Passagen am besten meistern, konfrontiert ist man damit aber in jedem Fall. Unabhängig von der Reihenfolge, ist für jeden Wanderer das rote T die perfekte Orientierungshilfe.

Der Prestfjord (»Priesterfjord«) sucht sich seinen Weg ins Inselinnere von Langøya.

Highlight für Wanderer: Dronningruta.

wieder Seeadler, am Strand schauen auch mal Robben vorbei.

Andøya Die nördlichste Insel des Vesterålen-Archipels ist eines der moor- und moltebeerenreichsten Gebiete Norwegens: Mehr als die Hälfte der 489 Quadratkilometer großen Insel ist von Mooren bedeckt. Wegen der isolierten Lage wirken auf Andøya enorme Windkräfte: 1916 errichtete Ulrike Dahl auf Dverberg die erste Windmühle, 2008 ging in einem Moorgebiet an der Küste der erste Windkraftpark in Betrieb. Der 2,5 Kilometer lange Bleikstranden zählt zu den längsten Sandstränden Norwegens; hier, auf der Nordmeerseite der Insel, wird als Nationale Ferienstraße die 58 Kilometer lange »Andøya-Route« von Bjørnskinn nach Bleik eingerichtet.

Westküste Wer die Westküste der nördlichsten Vesterålen-Insel bereisen will, braucht nur dem Nasjonal Turistveg der norwegischen Landschaftsroute Andøya zu folgen: Auf 51 Kilometer Strecke führt sie von Andenes bis Åknes-krysset und bietet auf dem Weg herrliche Ausblicke auf traumhafte Strände und bizarre Felsformationen. Es lohnt sich, auf der Reise immer mal wieder anzuhalten und aufs Meer zu blicken, denn die hiesigen Gewässer sind die Heimat der Wale. Außerdem ist der Besuch des malerischen Fischerortes Bleik zu empfehlen, an dessen Küste ein karibisch weißer Sandstrand zum Verweilen einlädt. Von dort aus lässt es sich auf das kleine Eiland Bleikøya hinüberblicken, das zwar mit Booten umrundet, aber nicht besucht werden kann. Tausende von brütenden Seevögeln, darunter Trottellummen und Papageitaucher, wollen schließlich nicht gestört werden.

Andenes Während sich der Anleger der Hurtigruten-Schiffe in Risøyhamn bei Bjørnskinn im geschützten Südosten der Insel befindet, starten in Andenes an der Nordspitze Andøyas den Sommer über Schiffe zu Walsafaris. Der rund 2500 Einwohner zählende Ort präsentiert sich als lebendiges und zugleich traditionsreiches Fischerdorf, das über Jahrhunderte hinweg ein Walfängerstützpunkt war. Das 1988 in einer ehemaligen Fischfabrik eröffnete Walzentrum informiert über den Meeressäuger. Das Wahrzeichen von Andenes ist ein das Kap überragender roter Leuchtturm, der einen fantastischen Blick über Andøya und das Meer gewährt. In unmittelbarer Nähe lockt das Andøymuseet mit einer Ausstellung über die Polarregion. Auch der Raketenstartplatz, von dem aus Höhenforschungsraketen in die oberen Schichten der Erdatmosphäre geschossen werden, ist nicht weit vom Leuchtturm entfernt.

Hinnøya Wer auf Superlative Wert legt, kann sich freuen, bei einem Besuch von Hinnøya auf der größten norwegischen Insel zu sein – sofern man Svalbard nicht mitzählt. Doch die Insel bräuchte solche Rekordfakten gar nicht, denn die Landschaft ist spektakulär genug. Mehrere Fjorde ziehen sich ins Inselinnere, das von Bergland geprägt ist. Zu den beliebtesten Wandergebieten der Insel gehört der Møysalen-Nationalpark, der viele verschiedene – größtenteils herausfordernde – Touren bietet.

Ein besonderes Licht schickt die abendliche Augustsonne über die verteilten Häuser von Andenes und das mit Felsen gespickte Meer.

Zwischen den schroffen Felsen und dem intensiv blau leuchtenden Meer sammeln sich ein paar Häuser auf Andøya.

Mit den Hurtigruten durch den Raftsund zu fahren, ist ein Erlebnis, das in Erinnerung bleibt.

Ende des 19. Jahrhunderts schrieb sich der Trollfjord in der Sozialgeschichte Norwegens ein.

Hadseløya Fällt unter Sportbegeisterten das Schlagwort »42 Kilometer«, werden diese mit großer Sicherheit hellhörig. Schließlich beträgt ein klassischer Marathon diese Distanz. Und wenn darunter noch Norwegen-Liebhaber sind? Dann bringen sie den exakt 42,195 Kilometer messenden Umfang der Insel Hadseløya sofort mit dem landesweit bekannten Hadsel-Marathon in Verbindung, der jedes Jahr im August dort stattfindet. Das zwischen Langøya und Austvågøya gelegene Eiland ist außerdem als Standort des Hurtigruten-Heimathafens bekannt. Die berühmte Postschifffahrtslinie wurde 1893 in dem Städtchen Stokmarknes im Norden der Insel gegründet. Heute befindet sich dort Norwegens größter Regionalflughafen. In Melbu, einem kleinen Ort im Süden der Insel, lockt das Vesterålen-Museum, das in einem 200 Jahre alten Gutshof untergebracht ist. Es zeigt in sehr anschaulichen Nachbauten das Leben längst vergangener Zeiten.

Stokmarknes Stokmarknes auf der Vesterålen-Insel Hadseløya ist der historische Heimathafen der 1893 gegründeten Hurtigruten. Anlässlich der Hundertjahrfeier 1993 wurde das Hurtigruten-Museum eröffnet, zu dem auch das zum Museumsschiff umfunktionierte Hurtigruten-Schiff MS Finnmarken gehört. Der Hurtigruten-Fahrplan ermöglicht die Fahrt vom Lofotenhafen Svolvær auf der spektakulären Strecke

Von Oktober bis Mai sind Minusgrade in Stokmarknes keine Seltenheit und die Hügel um den Ort immer wieder verschneit.

durch Raftsund, Trollfjord und Hadselfjord nach Stokmarknes an einem einzigen Tag hin und zurück. Oberhalb von Stokmarknes erhebt sich der Aussichtsberg Storheia (500 Meter), der ein fantastisches Panorama der 102 Quadratkilometer großen Insel, des Hadsel- und des Vesterålsfjords und der Lofoteninsel Austvågøy sowie der beiden Hochbrücken der Reichsstraße 82 gewährt, die Stokmarknes mit den Nachbarinseln Langøya und Hinnøya verbinden.

Raftsund und Trollfjord Der Raftsund ist die Hauptschiffsroute zwischen den Inselgruppen Lofoten und Vesterålen und zusammen mit dem Seitenarm Trollfjord ein Höhepunkt der Hurtigruten-Seereise. 26 Kilometer sind die Schiffe unterwegs in der grandiosen Naturlandschaft zwischen der Raftsund-»Hauptstadt« Digermulen im Süden und der Raftsundbrücke zwischen der Vesterålen-Insel Hinnøya und der Lofoteninsel Austvågøy. Mit 298 Meter Spannweite ist die Raftsundbrücke die zweitlängste freitragende Brücke der Welt, ihr Scheitelpunkt bietet einen einmaligen Blick auf den Raftsund. Zweimal täglich fahren die Hurtigruten-Schiffe in den von 1000 Meter hohen Felswänden flankierten Trollfjord ein, sofern die Schifffahrtsbehörde dies erlaubt: Die Fjordeinfahrt ist nur 100 Meter breit, dahinter weitet sich der Trollfjord auf bis zu 800 Meter, sodass die Schiffe wenden können.

Knut Hamsun

Knut Hamsuns Werk ist von einer ausgeprägten Abneigung gegen die Zivilisation geprägt, kein Wunder, dass er die Einsamkeit der Halbinsel Hamarøy so genoss, auf der er seine Kindheit verbrachte. Der im Jahr 1859 geborene Sohn eines Dorfschneiders war zeitlebens politisch nicht unumstritten, da er eine im Alter immer mehr zunehmende Nähe zu Deutschland und den Nationalsozialisten empfand. Bereits im Jahr 1920 erhielt er den Literaturnobelpreis für seinen Roman »Segen der Erde«; 1943 schenkte er ebendiese Nobelpreis-Medaille ausgerechnet Joseph Goebbels. Der norwegische Staat verurteilte Hamsun zu einer Geldstrafe aufgrund seiner Zusammenarbeit mit den deutschen Besatzern. Zu seinen größten Erfolgen gehört der Roman »Hunger« (1890) über einen darbenden, erfolglosen Schriftsteller in Oslo. Über die Vesterålen, auf denen er viel Zeit verbrachte, sagte Hamsun, sie seien »das schönste Stück Norwegen«.

Hurtigrutemuseet in Stokmarknes

Wer mit der traditionellen Postroute die norwegische Küste bereist, für den ist ein Besuch im Hurtigruten-Museum von Stokmarknes fast schon Pflichtprogramm. Denn kaum an einem anderen Ort kann man auf so eindrucksvolle Weise in die Geschichte und die Geschichten der Hurtigruten eintauchen. Schiffsmodelle, historische Fotografien, einzelne Themenstationen zu den technischen Entwicklungen, das Fernrohr des Hurtigruten-Gründers Richard With und vieles Weitere lässt sich hier bestaunen und entdecken. Die Hauptattraktion ist die MS Finnmarken, die hier fest vertäut ihren verdienten Ruhestand genießt. In ihrem Inneren fühlt man sich wie auf einer Zeitreise. Immerhin ist das Schiff über 100 Jahre alt und die Einrichtung von Damensalon, Speisesaal, Musiksalon und Co. zeigt sich bis heute im Stil verschiedener Epochen.

Magie am Winterhimmel: Polarlichter

Es wird wohl kaum einen Reisenden geben, der seinen Weg in Richtung Norden nimmt, ohne den Wunsch zu haben, selbst einmal die leuchtend bunten Polarlichter zu sehen. In alten Beschreibungen wird das Polarlicht als eine überirdische Erscheinung, ein Zeichen der Götter, aufgefasst. Doch die Wissenschaft hat diese Erklärungsversuche längst entzaubert: Ein Polarlicht, so die prosaischere Version, ist eine durch Anregung von Sauerstoff- und Stickstoffatomen entstehende Leucht-

erscheinung am Nachthimmel in einer Höhe von 70–500 Kilometern. Farbe und Aussehen variieren. Am häufigsten sind band- und schleierartige Strukturen in blaugrünen und rötlichen Farbtönen. Polarlicht tritt als Nordlicht (Aurora borealis) nach starker Sonnenfleckentätigkeit auf, wenn die Teilchen des Sonnenwinds in den Polargebieten in das Erdmagnetfeld eintreten. Dort schlagen sie auf Atome der Atmosphäre und regen deren Elektronen an: Sauerstoffatome senden grünes und rotes Licht aus, je nach Höhenlage. Stickstoffmoleküle emittieren seltener und schwächer ein blaues bis violettes Licht. Polarlichter sind in einem breiten Ring rund um die magnetischen Pole sichtbar. Weil diese aber nicht mit den geografischen Polen übereinstimmen und sich das Erdmagnetfeld verschiebt, war das Phänomen den Wikingern kaum bekannt. Heute jedoch ziehen die farbintensiven nächtlichen Himmelslichter die Menschen unweigerlich in ihren Bann.

Austvågøy Die zum Verwaltungsgebiet Nordland gehörende Inselkette der Lofoten, die der Vestfjord vom Festland trennt, ist ein versunkenes Gebirge, dessen Spitzen aus der See ragen. Auf Austvågøy, der größten Lofotinsel (527 Quadratkilometer), erreichen die Gipfel im Higravtinden (1161 Meter) ihre höchste Erhebung. Aus der Ferne wirkt dieses Inselgebirge im Nordmeer wie eine einzige, bizarr gezackte Felswand, deren Abwechslungsreichtum sich erst vor Ort enthüllt: schneeweiße Strände, Wasserfälle und grüne Täler, vom Eis ausgeschliffene Kare und Taltröge, wie Amphitheater umstanden von schneeüberzuckerten Bergen und in den Fischerdörfern die »Rorbu« genannten roten Holzhäuschen. Auf Austvagøy wird neben dem Fischfang Ackerbau betrieben, was in dieser Region nicht überall möglich ist. Die östlichste und zugleich größte Lofoteninsel ist mit der Vesterålen-Insel Hinnøya durch die Raftsundbrücke – über der gleichnamigen Meerenge – verbunden.

Svolvær Svolvær, der an der Südküste von Austvågøy gelegene Hauptort der Insel, beherbergt den größten Fischereihafen des ganzen Archipels. Hier hatte König Øystein I. Magnusson um 1120 die erste Kapelle und die ersten beheizbaren Rorbuer (wörtlich »Ruderhütte«) für auswärtige Lofotfischer errichten lassen – die erste königliche Ortsgründung in Nordnorwegen, die der Krone einträgliche Steuern aus dem lukrativen Fischfang im Vestfjord sicherte. Heute geht es im 4000-Einwohner-Ort besonders in den Sommermonaten sehr geschäftig zu, die lebendige Atmosphäre von Hafen-, Klein- und Künstlerstadt lockt viele Touristen und Tagesausflügler an. Die eindrucksvolle Lage von Svolvær hat der berühmteste Sohn der Stadt, der Maler Gunnar Berg (1863 bis 1893), in zahlreichen seiner Werke festgehalten. Eine Büste und das bis heute erhaltene Atelier erinnern in Svolvær an ihn.

Landausflug nach Henningsvær Das Fischerdorf Henningsvær im äußersten Süden der Insel Austvågøy gilt als »Venedig der Lofoten« und verfügt mit der Galerie »Lofotens Hus« über das bedeutendste Museum klassischer Malerei auf den Lofoten. Die Häuser wurden auf der geschützten Vestfjordseite der Insel auf felsigen Schären errichtet und diese durch Molen miteinander verbunden. Bis in die 1950er-Jahre war Henningsvær das größte Fischerdorf der Lofoten. Mit dem Rückgang der Fangmengen sank die Einwohnerzahl, neben der Fischerei trat nach der Straßenanbindung 1963 der Fremdenverkehr in den Vordergrund. Lofotens Hus beherbergt die größte Sammlung nordnorwegischer Landschaftsmalerei des 17. bis 20. Jahrhunderts: Gunnar Bergs »Trollfjordschlacht« und andere Meisterwerke sind hier ebenso zu bewundern wie die Werke des Neoromantikers Karl Erik Harr.

Stamsund Um 1900 wurde der Grundstein des Fischerdorfs Stamsund gelegt. Im Laufe der Zeit entwickelte es sich zu einem wichtigen Zentrum der Fischindustrie in der Region. Siehe Nordgehende Route, S. 100

Lofotpils im Sommer, Magic Ice im Winter

Klar, der Trockenfisch ist die wohl berühmteste kulinarische Spezialität der Lofoten. Seit 2006 macht allerdings ein weiteres Inselprodukt von sich reden: Die hier kreierte Biersorte Lofotpils wird mit reinem Wasser der Lofot-Berge in Svolvær gebraut. Eine Besichtigung der Brauerei steht dann fest auf dem Plan vieler Besucher. Eine andere Art der Abkühlung im Winter bietet sich mit der Eisgalerie »Magic Ice«. Warm eingepackt, läuft man hier durch eine faszinierende Welt aus Eisskulpturen, die durch bunte Lichter eindrucksvoll in Szene gesetzt werden.

Die Berge Austvågøys fallen steil zum Wasser ab. Dennoch kann man einige von ihnen besteigen und das Stadtpanorama bewundern.

Egal, wie hell Svolvær seine Häuser und den Hafen beleuchtet: Das Nordlicht ist und bleibt an kühlen Abenden die eindrucksvollere Lichtquelle.

Henningsvær

Im Winter erst auf den zweiten Blick zu erkennen ist das nur knapp 30 Meter vom kalten Nordmeer entfernte Fußballfeld von Henningsvær (großes Bild). Unter einem nicht selten wolkenbedeckten Himmel findet man zwischen den weißen Häusern auch orangefarbene, grüne, rote und gelbe Bauten, die, dem schön gespannten Regenbogen gleich, eine bunte Fröhlichkeit in den Norden bringen (Bildleiste).

Von Hafen zu Hafen: Svolvær

Als größter Ort der Lofoten ist Svolvær auch bestens an die Infrastruktur der Inseln angeschlossen, und Ausflügen in die Natur sowie zu weiteren Küstenorten steht nichts im Wege – nicht einmal die zahlreichen Gewässer, die die Landschaft prägen.

Goldene Herbstfarben überziehen die ursprüngliche Landschaft auf Austvågøya in der Nähe von Svolvær.

13 Kilometer lang erstreckt sich der Austnesfjord zu Füßen schroffer Berghänge ins Inselinnere.

Fiskebøl Im Dorf auf der Insel Austvagøy am Hadselfjord ist das Fahrrad ein guter Begleiter! Besonders entlang der Provinzstraße 888 bis nach Laukvik mit seinem Leuchtturm befindet man sich auf einer einzigartigen Strecke. Etwas Fitness ist allerdings erforderlich! In Fiskebøl legt die Fähre nach Melbu in Versterålen ab. Die halbstündige Passage ist ein Genuss. Zwar führt unweit des Ortes die E10 durch mehrere Tunnel, zum Beispiel den 3,3 Kilometer langen Sløverfjord-Tunnel unter dem gleichnamigen Fjord zu den Nachbarinseln, doch ist die Fahrt über das Meer die angenehmere und kostengünstigere Variante.

Austnesfjorden Beinahe in zwei Hälften teilt der 13 Kilometer lange Austnesfjord die Insel Austvågøya von Süd nach Nord. Nahe Svolvær, der größten Stadt auf den Lofoten, mündet er in den Vestfjord, weshalb diejenigen, die das Inselarchipel mit dem Flugzeug besuchen, bereits aus der Luft einen Blick auf ihn werfen können. Die Europastraße E10 führt entlang seiner Westküste hinauf bis Laupstad am Innersten des Fjordes, vorbei an Sild- und Vestpollen. Südlich vom Sildpollen liegt ein mit Holzwegen befestigter Rastplatz, von dem aus man die Landschaft bis zur Spitze der Landzunge Austneset sehen kann. Der Blick auf die andere Fjordseite und den Austpollen fällt auf felsige Berge, deren Gipfel häufig Schneehauben tragen. Hinter ihnen liegt der berühmte Trollfjord, zu dem Ausflugsschiffe im Hafen von Svolvær ablegen. Auch mit Hurtigruten lässt sich im Sommer die Einfahrt in die schmale, nur 100 Meter breite Mündung erleben.

Eine schwarz-weiße Welt aus Wasser, Bergen und Schnee wird vom Sonnenaufgang eingefärbt.

Kirche von Vågan auf Gimsøya.

Gimsøya

Abschlag bei Mitternacht in Hov auf Gimsøy wird es möglich. Die Insel an der Außenseite der Lofoten bietet Spielern die Möglichkeit, ihr Par mit Blick auf das Meer und unter der Mitternachtssonne zu verbessern. Kulturinteressierte werden lieber einem historischen Platz einen Besuch abstatten: In Hov befindet sich eine der ältesten Siedlungen der Lofoten mit Grabhügeln und Bootsanlegestellen aus Stein- und Eisenzeit. Gimsøy unterscheidet sich topografisch stark von ihren Nachbarinseln, denn die Landschaft hier ist verhältnismäßig flach und weit, bedeckt von arktischer Tundra. Die vielen Torfmoore der Region versorgten die Lofoten lange Zeit mit Brennstoff. Seit zwei Jahrzehnten steht die Insel unter Naturschutz. Auf bequeme und trotzdem sanfte Weise lässt sich die einzigartige Flora und Fauna erforschen: Auf dem Rücken von Islandpferden geht es nachhaltig und mit erhöhter Sicht auf Erkundungstour.

Tag 10: Bodø bis Rørvik

Nachdem man am vorherigen Tag die prachtvolle Inselwelt von Vesterålen und Lofoten erkundet hat, nimmt das Schiff heute wieder Kurs auf das Festland. Bodø ist dabei der erste Hafen, von dort geht es südwärts an der Küste von Helgeland vorbei. Dieser Abschnitt gilt als einer der schönsten Küstengebiete des Landes. Abends überquert man schließlich die unsichtbare Grenze zur Provinz Trøndelag, erster Hafen hier ist Rørvik. Und auch wenn man wieder entlang des Festlands unterwegs ist: Auf den Anblick von Inseln und Inselchen muss man alles andere als verzichten. Auch die Fischerdörfer, an denen man vorbeikommt, erinnern an jene der nördlicheren Archipele.

INFO*

SÜDGEHENDE ROUTE, TAG 10

Hafen	ganzjährig
Bodø	2.30–3.30
Ørnes	6.25–6.35
Nesna	10.25–10.35
Sandnessjøen	11.45–12.15
Brønnøysund	15.00–17.25
Rørvik	21.00–21.30

⚓ **Bodø** In Bodø lohnt sich ein Blick zurück, denn von hier bietet sich noch eine eindrucksvolle letzte Aussicht auf die Bergketten der Lofoten. Die Umgebung der »Mini-Metropole« lockt mit schönen Wanderzielen, die Stadt selbst mit einer florierenden Kunst- und Kulturszene. Siehe Nordgehende Route, S. 87

⚓ **Ørnes** Unzählige Inseln scharen sich um die Küstenstadt, deren Historie besonders am Handelshaus aus dem 18. Jahrhundert sichtbar wird. Im Hinterland kann man eindrucksvollen Gletschern einen Besuch abstatten. Siehe Nordgehende Route, S. 86

⚓ **Nesna und die Helgelandküste** Ein besonders reizvoller Abschnitt der landschaftlich schönen Helgelandküste liegt zwischen den Gemeinden Nesna und Rødøy. Zu Letzterer gehört die acht Quadratkilometer große Rødøya mit dem charakteristischen Inselberg Rødøyløva (»Rødøy-Löwe«), der wie ein schlafender Löwe aussieht. Dieses Symbol der Region wurde auch im Wappen von der Gemeinde Rødøy als roter Löwe verewigt. Die auch als »Sphinx des Nordens« bekannte Felsformation dient schon seit Jahrhunderten als Orientierungspunkt für Schiffer und kann an Land über zahlreiche Wanderwege bestiegen werden. Auf der Strecke nach Rødøy liegen zahlreiche Eilande, darunter auch Lurøy inmitten eines Schärenparadieses. Kleine Sandstrände und ein paar herrliche Aussichtspunkte im Lurøyfjellet verheißen hier Naturgenuss pur. In Nesna befindet sich zudem ein Teil des Helgeland Museums.

Im Frühling färbt die Abendsonne die Wolken über Helgeland in ansehnlichen Pastelltönen.

Die Natur weiß oft die schönsten Farbkontraste in die Landschaft zu malen, zum Beispiel mit leuchtend orangefarbenem Felsbewuchs bei Nesna.

Stamsund
Leknes
Kabelvåg
Flakstadøya
Moskenesøya
Norsk Fiskeværsmuseum
Lofotodden 600
Moskenstraumen
Værøy
Røst
Røsthavet
Lofoten
Vestfjorden
Hurtigruten
Folda
Landegode
Bodø
Løding
Saltfjorden
Skjerstadfjorden
Fugløyfjorden
Ørnes
Glomfjord
Saltfjellet-Svartisen nasjonalpark
Svartisen
Tromsfjorden
Melfjorden
Træna
Trænfjorden
Lovund
Solvær
Storforshei
MO I RANA
Ranfjorden
Nesna
Hemnesberget
Sjona
Dønna
Sandnessjøen
Alsta
Vefsnfjorden
Mosjøen
Vindelfjällens naturreservat
NORWEGEN
SCHWEDEN
Kilværfjorden
Vega
Gladstad
Lomsdal-Visten nasjonalpark
Laksfossen
Hattfjelldal
Trofors
Røssvatnet
Tärnaby
Vegafjorden
Brønnøysund
Sømna
Børgefjell nasjonalpark
Marsfjällets naturreservat
Leka
Solsemhola
Rørvik
Sørsalten
Innerfolda
Brønnøyfjorden

⚓ Sandnessjøen und die Syv Søstre

Die »Sieben Schwestern« auf der Insel Alsten sind eine von der Erosion der Gletscher modellierte Bergkette. Neben dem »durchbohrten« Inselberg Torghatten und dem als versteinerte Frau gedeuteten Felsen Lekamøya bilden sie das dritte Wahrzeichen der Helgelandküste, alle drei sind durch Sagen miteinander verbunden. Die höchste der sieben verzauberten Schwestern ist die relativ leicht ersteigbare Botnkrona (1072 Meter), die einen prachtvollen Ausblick auf die Hurtigruten-Hafenstadt Sandnessjøen sowie die beiden Nachbarinseln Dønna und Løkta gewährt. Das Gebiet rund um Sandnessjøen ist reich an Vorgeschichtsfunden und war zu Wikingerzeiten ein Machtzentrum. Auf dem eisenzeitlichen Grabhügel »Vardehaugen« auf Dønna wurde vor 1600 Jahren zu Ehren der Fruchtbarkeitsgottheiten Njörd und Nerthus Nordeuropas größter Phallus aufgerichtet; er besteht aus Marmor.

⚓ Brønnøysund Brønnøysund ist die südlichste Stadt an der Helgelandküste. Da die 4500-Einwohner-Stadt in der Mitte des lang gestreckten Königreichs liegt, wird sie als »Küstenstadt mitten in Norwegen« apostrophiert. Zahllose Inseln und Schären schützen den Hafen vor der offenen See, das Wahrzeichen ist der Berg Torghatten auf der Insel Torget, die mit der Stadt durch die 550 Meter lange Brønnøysund-Brücke verbunden ist. Neben dem Meer und den Inseln prägen Sandstrände, aussichtsreiche Gipfel und zahlreiche Naturschutzgebiete die abwechslungsreiche Umgebung. Brønnøysund ist wegen seines milden Golfstromklimas ein viel besuchtes Feriengebiet im Sommer, im Winter locken gespurte Loipen. Während die Hurtigruten Brønnøysund auf der Seeseite mit den Orten an der Helgelandküste verbindet, ist auf dem Landweg die unbestrittene Traumstraße dieses Gebiets die Küstenreichsstraße 17.

Besuch beim Lachs

Die Lachse, die die norwegischen Flüsse hinaufwandern und dabei oft schwierige Hindernisse überwinden müssen, haben bereits eine lange Reise hinter sich. Die Tiere zieht es zum Laichen aus dem Atlantischen Ozean in die Kiesgründe der Flussoberläufe. Nach dem Laichen kehren Männchen und Weibchen ins Meer zurück. Die Jungfische halten sich nach dem Schlüpfen noch etwa ein Jahr in der Sicherheit der Binnengewässer auf und machen sich erst dann auf den Weg zum Atlantischen Ozean. Hier werden sie bis zu 1,50 Meter lang. Nach einigen Jahren Aufenthalt im Meer kehren sie wieder zum Laichen in die Flüsse zurück. Aus Mitteleuropa war Atlantischer Lachs aufgrund von Überfischung lange verschwunden, doch die Bestände haben sich erholt. Dies liegt vor allem auch an der Lachszucht, die in Norwegen intensiv betrieben wird. Die Produktion von Lachs beginnt an Land in Tanks – den Lachsfarmen –, und wie beim Wildlachs erfolgt die Befruchtung der Eier im Süßwasser. Nach 60 Tagen werden die Eier ausgebrütet. Nach zehn Monaten werden die Setzlinge in eingezäunte Bereiche im offenen Meer umgesiedelt, wo sie etwa 14 bis 22 Monate wachsen dürfen. Diese Massentierhaltung in den Netzgehegen ist unter Tierschützern allerdings zu Recht stark umstritten.

Die Bergkette »Sieben Schwestern« oberhalb der Hurtigruten-Hafenstadt Sandnessjøen ist ein Wahrzeichen der Helgelandküste.

Boote und Yachten im Hafen von Sandnessjøen.

Von Hafen zu Hafen: Sandnessjøen

Nach zehn Tagen Schiffsreise noch immer so fasziniert vom Element Wasser wie zu Beginn? Dann sollte man Sandnessjøen zum Ausgangspunkt für weitergehende Erkundungen nutzen, denn die umgebende Landschaft ist reich an Fjorden, Wasserfällen und Gletschern.

Mosjøen Obwohl der im Inneren eines Fjords gelegene Ort als Standort eines Aluminiumwerks ein wichtiges Industriezentrum in Nordnorwegen ist, hat er sich gleichzeitig zu einem beliebten Reiseziel entwickelt. Das historische Viertel, das in den 1970er-Jahren nach Bürgerprotesten vor dem Abriss bewahrt und sorgfältig saniert wurde, zählt zu den größten erhaltenen Holzhaus-Ensembles des Landes und zieht Scharen von Touristen an. Allein in der langen Sjøgata finden sich rund 100 historische Wohngebäude, Speicherhäuser und Werkstätten, von denen einige heute gemütliche Lokale oder interessante Galerien beherbergen. In dem Lagerhaus Jakobsensbrygga wurde ein kleines Museum eingerichtet, das über die Geschichte Mosjøens informiert. Auf dem Gelände des direkt an der E6 gelegenen Freilichtmuseums wurden zwölf ländliche Gebäude im Stil des 18. und 19. Jahrhunderts aufgebaut. In den Sommermonaten finden hier Living-History-Vorführungen statt.

Fellingsforsen und Laksforsen Auf den ersten Blick scheint es spektakulärere Wasserfälle zu geben, aber wie so oft offenbart sich Größe erst bei näherem Betrachten. Zwischen den beiden Ortschaften Trofors und Kvalfors überwindet Nordlands größter Fluss Vefsna erst den fünf Meter langen Fellingsforsen, um sich wenige Kilometer stromabwärts zum wasserreichsten Wasserfall Europas zu verdichten, dem Laksforsen. 700 Kubikmeter Wasser fluten mit ohrenbetäubendem Lärm den 17 Meter langen »Lachsfall« – in der Sekunde! Sein Name ist Programm: Die Vefsna ist ein beliebter Lachsangelfluss, und in den Sommermonaten, wenn die Tiere die beschwerliche Reise flussaufwärts zu ihren Laichgründen antreten, sind sie hier in großer Zahl anzutreffen. Die Chancen stehen also gut, sie bei ihren Luftsprüngen sehen zu können, mit denen sie Hindernisse hinter sich lassen. Am Laksforsen macht es den Fischen eine Lachsleiter etwas leichter.

Nationalpark Lomsdal-Visten Der 1102 Quadratkilometer große Nationalpark ist Teil des Helgelandgürtels, der sich von den Helgelandinseln im Westen nach Børgefjell im Osten der Küste bis an die schwedische Grenze erstreckt. Es ist von einer für Helgeland typischen Landschaft geprägt: Enge Fjorde, breite Täler, große und kleine Flüsse wechseln sich mit Wäldern und Bergplateaus ab. Die höchste Erhebung des Parks ist der 1239 Meter hohe Vistkjerringa. Dank des nährstoffreichen Bodens und des günstigen Klimas gedeihen entlang der Flüsse viele seltene und gefährdete Arten von Pilzen und Flechten. Die Täler sind von Nadel- und Laubwäldern bewachsen, auf den kalkreichen Berggipfeln findet man eine große Vielfalt alpiner Pflanzen wie Berghonig und Mondkraut.

Ranfjorden Für norwegische Verhältnisse ist der Ranfjord mit seiner Länge von 67 Kilometern geradezu kurz. Parallel dazu verläuft in Teilen die Europastraße 6, die bei Mo i Rana in die E12 mündet und erst im finnischen Helsinki endet. Auch die Eisenbahntrasse der Nordlandsbanen führt hier entlang. Die Region ist von mehreren über 1000 Meter hohen Bergrücken gekennzeichnet, die zum Wandern einla-

Seit 1995 schmückt der Havmannen, der »Meermann«, des englischen Bildhauers Antony Gormley den Hafen von Mo i Rana am Ranfjord.

den. Der Fjord ist bei Mo i Rana mit einer zehn Meter hohen Skulptur geschmückt, dem Havmannen. Er steht nah der Promenade und guckt auf das Meer hinaus.

Mo i Rana Der Ort am Ende des Ranfjords, oft einfach nur Mo genannt, ist das größte Industriezentrum Nordnorwegens und ein wichtiger Verkehrsknotenpunkt, an dem die Europastraße 12, die von Helsinki über Schweden nach Norwegen führt, auf die Europastraße 6 trifft. Die Eisen verarbeitende Industrie ist zwar immer noch die Haupteinnahmequelle der Bevölkerung, die Stadt setzt aber zunehmend auf die Entwicklung einer touristischen Infrastruktur. Mo profitiert von der Nähe zum Polarkreis sowie einigen Naturwundern in der Umgebung. Nördlich der Stadt beginnt der Saltfjellet-Svartisen-Nationalpark, eine einzigartige Hochebene, die von sehr vielen Wanderwegen durchzogen wird. Der Svartisen-Gletscher im Westen des Gebiets ist der zweitgrößte in ganz Norwegen. Das Informationszentrum des Parks befindet sich nördlich von Mo direkt an der E6 in Storjord.

Grønligrotta Nur 30 Kilometer von Mo entfernt liegt Grønligrotta, eine etwa 4200 Meter lange Kalksteinhöhle, die ausgeleuchtet und vergleichsweise leicht zu erkunden ist. Auf den organisierten Touren durch die ungleich schwieriger zugängliche Setergrotta wird die passende Ausrüstung – Helm, Stirnlampe, Overall und Gummistiefel zur Verfügung gestellt.

Nicht sehr hoch, aber dennoch beeindruckend ist der Fellingsforsen.

Sprudelnd ergießt sich das Wasser über die breite Stufe des Laksforsen.

Vega-Archipel Die Vega-Inseln vor der Helgelandküste stehen als Weltkulturerbe unter dem Schutz der UNESCO: Die raue Landschaft rund um die Hauptinsel Vega trage die Spuren einer über 1500-jährigen Fischerei- und Landwirtschaftsgeschichte, heißt es in der Begründung der Weltkulturorganisation. Charakteristisch sind Fischerdörfer, Kais, Lagerhäuser, Ackerflächen, Leuchtfeuer und Leuchttürme sowie die Eiderhäuschen: Bruthäuschen für Eiderenten, deren Daunen hier traditionell gewonnen werden. Die Vega-Inseln bestehen aus 6500 kleinen Inseln und Schären, die sich auf 1037 Quadratkilometern im Nordmeer südlich des Polarkreises verteilen. Bizarre Felsformationen ragen aus der meist mit grünen Moos- und Grasmatten bedeckten Inselgruppe. Die Hurtigruten-Schiffe fahren zwischen den Häfen von Brønnøysund und Sandnessjøen am Vega-Archipel vorbei.

Torghatten Der von einer Höhle durchbrochene Inselberg Torghatten vor der Hafenstadt Brønnøysund ist neben der Berggruppe »Sieben Schwestern« und dem Felsturm Lekamøya eines der drei Wahrzeichen der Helgelandküste. Steile 258 Meter ragt der Granitkoloss aus dem Torgfjord. In seiner Mitte öffnet sich auf halber Höhe über dem Meeresspiegel eine 160 Meter lange Durchgangshöhle. Ein Wanderweg führt zum Aussichtspunkt am westli-

Rund um die vielen Schären und Inseln der Region Vikna locken kleine Fischerdörfer wie Sør-Gjæslingan vor allem Angeltouristen an.

Die meisten Inseln des Vega-Archipels sind flach und kaum bebaut, nur wenige besitzen nennenswerte Anhöhen.

Der Berg ähnelt einem Hut (»hatt«), den der Legende nach ein Pfeil durchbohrte – was auch das Loch in seiner Mitte erklärt.

chen Ende der Höhle mitten hindurch. Der kurze, steile Weg zur Höhle beginnt am Parkplatz am Fuße des Torghatten, der von Brønnøysund an der legendären Küstenreichsstraße 17 aus über die 550 Meter lange Brønnøysundbrücke zu erreichen ist. Die beste Gesamtansicht des Torghatten und seines Durchbruchs bietet sich aber vom gegenüberliegenden Ufer an der ersten Steigung der Reichsstraße 76 – oder von Bord eines Hurtigruten-Schiffs.

⚓ Rørvik und die Küste von Trøndelag

Rørvik im Norden von Trøndelag ist der letzte Hurtigruten-Anleger vor Trondheim; allabendlich begegnen sich im Hafen die Schiffe der nord- und der südgehenden Route. Tausende von Inseln prägen die Küste der ehemaligen Provinz Nord-Trøndelag; allein in der Gemeinde Vikna, deren Hauptort Rørvik ist, sind es 6000. Die auffälligste ist die »rote Insel« Leka an der Grenze zu Nordland; wegen ihres rostroten Serpentingesteins ist sie ein einzigartiges Naturwunder vor Norwegens Küste. Die Solsemhöhle auf Leka mit steinzeitlichen Malereien reicht 40 Meter in den Fels hinein und ist bis zu acht Meter hoch. In ihrem Inneren befindet sich eine altarartige Terrasse, zu deren Seiten Steinzeitmenschen mit roter Farbe kultische Malereien aufgetragen haben, darunter auch Männer und Frauen, die neben einem Sonnenkreuz stehen und einander an den Händen halten.

Weiblichen Eiderenten werden auf den Schären des Vega-Archipels sogar Schutzhütten gebaut.

Eiderenten: Lieferanten wertvollster Daunen

Vega entwickelte sich ab dem frühen Mittelalter zum Zentrum des Eiderdaunenexports in Norwegen. Eiderdaunen sind die feinsten und luxuriösesten Daunen. Von April bis Juni brüten auf der Inselgruppe die 56 bis 62 Zentimer großen Eiderenten (Somateria mollissima), Meerenten, die an den Küsten der nördlichen Meere bis zur Arktis verbreitet sind. Die Weibchen brüten in Kolonien und schützen die Nester mit feinen, sehr weichen – daher die lateinische Bezeichnung »mollissima«: äußerst weich – Daunen aus, die sie sich aus der Brust zupfen. Besteht das Nest aus Gras, werden die Daunen für den Menschen unbrauchbar, deshalb legten die Frauen auf Vega – die Männer befanden sich zu dieser Zeit als Fischer auf See – Nester aus Tang für die kostbarsten Enten der Welt aus und errichteten für die Nester als Regenschutz zusätzlich bunte Holzhäuschen. Um die Entenmütter anzuregen, die Polsterung im Nest zu vergrößern, steckten sie ihnen zu den gelegten zwei bis drei Eiern zusätzlich ein Holzei ins Nest. Waren die Jungen geschlüpft, holten die Frauen die Daunen aus dem Nest. Für eine Bettdecke werden die Daunen aus etwa 70 Nestern benötigt: 1000 Gramm. In früheren Jahrhunderten wurde alljährlich mehr als eine Tonne Daunen auf Vega »geerntet«, heute sind es noch 14 Kilogramm.

Von Hafen zu Hafen: Rørvik

Bevor man bald die quirlige Stadt Trondheim erreicht, lohnt es sich, um Rørvik noch von der weniger bekannten und somit weitgehend ursprünglichen und ruhigen Natur zu profitieren, die beispielsweise der Nationalpark Blåfjella-Skjækerfjella zu bieten hat.

Austafjord Im Dorf Austafjord auf der Insel Ytter-Vikna endet die Landstraße 770. Das Schärengebiet dieser nördlichen Region ist touristisch weniger bekannt, kann in puncto Fischfang aber mit Superlativen aufwarten: Es werden besonders viele und große Exemplare an Seelachs, Dorsch oder Heilbutt aus dem Wasser geholt. Wer nicht per Boot oder mit der Angel unterwegs ist, sondern als Wanderer oder Autofahrer, dem kann hier und da schon mal ein Elch begegnen.

Osen Mitten durch die Gemeinde Osen verläuft die Bundesstraße 715 und endet entlang der zerklüfteten Küste der Halbinsel Fosen. Während man sich auf der Straße entspannt zwischen Nadelwäldern und Seen fortbewegt, stellt die Küste jeden Skipper vor eine Herausforderung. Deshalb wurde Anfang des letzten Jahrhunderts auf der vorgelagerten Insel Sønnaholmen der 23 Meter hohe Leuchtturm Bulholmråsa Fyr gebaut. Neben seiner nautischen Bedeutung ist er ein schönes Fotomotiv und inzwischen unter Denkmalschutz gestellt.

Die kleine Stadt Namsos ist ein wichtiges Handelszentrum der Region.

Namsos Die Stadt liegt im Innern des Namesenfjords am Riksvei 17, der die Küste entlangführt und grandiose Aussichten auf das Meer bietet. Auto- und Wohnmobilfahrer, die auf dieser Panoramastraße in den hohen Norden Norwegens unterwegs sind, machen hier gern Station. Namsos, das während des Zweiten Weltkriegs schwer zerstört wurde und wiederaufgebaut werden musste, kann zwar nicht mit architektonischen Highlights punkten, bietet sich aber als Ausgangspunkt für Wanderungen in die waldreiche Umgebung oder für Bootstouren zu den der Küste vorgelagerten Schäreninseln an. Die Stadt ist nicht nur der Standort des weltweit einzigen Sägewerksmuseums, sondern beherbergt auch ein Freilichtmuseum mit Zusatzausstellung zum Krankenhauswesen.

Namdalen Namdalen, eine Region im nördlichen Trøndelag, ist im Sommer wie im Winter eine der beliebtesten Freizeitregionen Norwegens und ein Eldorado für Naturfreunde und Angler. Sie erstreckt sich von der Atlantikküste bis hin zur schwedischen Grenze. Riesige und teils unberührte Wald- und Wildnisareale prägen Namdalen, und Besucher finden hier zahllose Möglichkeiten für ausgiebige Wander-, Rad- oder Klettertouren vor. Im Winter kann man die atemberaubende Landschaft auf Skiern erkunden. Der Fluss Namsen, nach dem die Region benannt wurde, war seit jeher ein wichtiger Faktor für die florierende Forstwirtschaft der Gegend. Doch berühmt wurde er vor allem durch seine reichen Lachsvorkommen. Er ist einer der besten Lachsflüsse Europas und lässt Anglerherzen höherschlagen. Ganz besondere Naturerlebnisse bieten die drei Nationalparks Børgefjell, Lierne und der Blåfjella-Skjækerfjella.

Grong Der kleine Ort am Eingang des inneren Namdal ist die Lachshauptstadt Norwegens. Der Fluss Namsen, der das Tal durchfließt und bei Namsos ins Meer mündet, zieht ebenso wie die anderen fischreichen Gewässer in der Region Angler aus Skandinavien, aber auch aus Deutschland an. Am Wasserfall Fiskumfossen rund 30 Kilometer nördlich von Grong kann man im Unterwasserobservatorium des Namsen Laksakvarium das Treiben des »Königs der Flüsse« bestaunen und an einer der längsten Lachstreppen Europas den Anglern bei ihrer Tätigkeit zusehen. Die Hauptattraktion des Freizeitparks in Namsskogan 63 Kilometer nördlich von Grong ist ein kleiner Zoo, in dem Elche, Wölfe und Bären leben.

Nationalpark Blåfjella-Skjækerfjella Eine nahezu unberührte Berglandschaft mit Seen, Sümpfen, Urwäldern, mehr als 30 Säugetierarten und vielen seltenen Vogelarten erwartet die Besucher in diesem Nationalpark, etwa 150 Kilometer nordöstlich von Trondheim. Mit 1924 Quadratkilometern ist er der drittgrößte Norwegens, da er seit seiner Gründung 2004 das Gebiet des heute aufgelösten Gressåmoen-Nationalparks umfasst. Im Südteil des Parks begünstigen fruchtbare Böden ein artenreiches Pflanzenwachstum, während der bis zu 1333 Meter hoch gelegene Nordteil nährstoffarm ist. Dort sind die Wälder lichter und gehen bald in Zwergstrauch-, Gras- und Flechtenbestände über. Neben Bär, Luchs, Wolf und Vielfraß gehören Elche und Hirsche zu den großen Tierarten. Der Mensch trifft sie jedoch selten an. Rentiere sind hier nicht heimisch, obwohl in der Region traditionell zahlreiche Sámi leben, die auf Almen und Bergbauernhöfen Vieh züchten.

Wälder und Wasser prägen Namdalen.

Der Norden von Trøndelag zeigt sich gerne unberührt in seiner landschaftlichen Schönheit.

Rentier im Nationalpark Blåfjella-Skjækerfjella.

Unter einer dichten Wolkendecke rauscht das Wasser im Waldgebiet Namsskogans.

Immer wieder trifft man auf Wasserfälle.

Die fischreichen Gewässer um Norwegens Lachshauptstadt Grong sind ein Paradies für Angler.

Tag 11: Trondheim bis Molde

Langsam, aber sicher neigt sich die Reise ihrem Ende zu. Umso mehr heißt es: Die letzten Tage noch genießen! In Trondheim, Kristiansund und Molde wird das auch nicht schwerfallen, denn alle drei Städte bieten eine bunte Mischung, sodass jeder auf seine Kosten kommen kann: Historisch bedeutsame Bauwerke findet man hier ebenso wie innovative Stadtgestaltung, eine quirlige Kunst- und Kulturszene weisen die Städte ebenso auf wie romantisch-versteckte Ecken, und erholsame Natur ist – typisch norwegisch – auch nie weit entfernt.

INFO*

SÜDGEHENDE ROUTE, TAG 11

Hafen	ganzjährig
Trondheim	6.30–9.30
Kristiansund	16.30–17.30
Molde	21.15–21.45

⚓ **Trondheim** Zu Recht ist Trondheim mit dem imposanten Nidarosdom, der alten Speicherstadt, idyllischen Altstadtgassen, herausragenden Museen und einer lebhaften Kulturszene eine der meistbesuchten Städte des Landes. Zusätzlich lockt die Umgebung mit vielen Möglichkeiten, die Natur auf sportliche Art und Weise zu erkunden – dank Wanderwegen, Skipisten und Loipen sogar zu jeder Jahreszeit. Siehe Nordgehende Route, S. 64

⚓ **Kristiansund** Die Hafenstadt Kristiansund liegt auf drei Inseln, umgeben von Fjorden, Sunden, kleineren Eilanden und dem Atlantik. Nordlandet ist die größte dieser Stadtinseln. Im 17. Jahrhundert fungierte der Ort als Zollstation für den Handel mit Holz. Im Jahr 1742 erhielt er, trotz der Proteste aus Trondheim und Bergen, die Stadtrechte – und den Namen Kristiansund nach König Christian VI. von Dänemark-Norwegen. Die Stadt entwickelte sich rasch zu einem Stockfischverarbeitungs- und Exporthafen. Trockenfisch wurde unter dem Namen »Bacalhau« zum portugiesischen Nationalgericht. An diese Tradition erinnert ein Stockfisch-Museum, und die Open-Air-Veranstaltung »Donna Bacalhau« zählt zu den Höhepunkten im Sommer. Die Dorsch- und Heringsfischerei wurde aber längst als wichtigster Wirtschaftszweig abgelöst: Heute sind dies Offshoretechnik und Ölförderung.

Symbolkräftig: die Statue »Klippfiskjerringa«.

Über dem Hafen und der größten Insel der Stadt, Nordlandet, thront die 1914 errichtete Steinkirche und wacht über die verankerten Boote.

Rørvik
Namsos
Steinkjer
Levanger
Verdalsøra
Trondheim
Stjørdal
Hommelvik
Heimdal
Orkanger
Brekstad
Kyrksæterøra
Kristiansund
Molde
Åndalsnes
Sunndalsøra
Oppdal
Hitra
Frøya
Smøla
Froan
Folda
Frohavet
Trondheimsfjorden
Trondheimsleia
Hustadvika
Hurtigruten
Trøndelag
Nordmøre
Trollheimen
Dovrefjell-Sunndalsfjella nasjonalpark
Forollhogna nasjonalpark
Skarvan og Roltdalen nasjonalpark
Moldefjorden
Romsdalsfjorden
Langfjorden
Halsafjorden
Sunndalsfjorden
Ramsøyfjorden
Beitstadfjorden
Namsfjorden
Brønnøyfjorden

Von Hafen zu Hafen: Kristiansund

Inseln und Brücken – so könnte man die Gegend um Kristiansund treffend beschreiben. Angler finden hier fischreiche Gewässer, Wanderer genießen die Aussicht von den bewaldeten Gipfeln und wer auf der Suche nach historischen Kleinoden ist, wird ebenso fündig.

Tustna Das Eiland ist durch zwei aufwendig konstruierte Brücken als Teil der Straße 680 mit ihren Nachbarinseln verbunden. Die geologische Position an der Mündung von vier Fjorden mit extremen Strömungen, Unterwasserbergen und vorgelagerten Inseln macht Tustna zu einem exzellenten Angelrevier. In Kråksundet gibt es ein tolles maritimes Museum. Alte Hütten, Bootshäuser und Boote aus dem 19. Jahrhundert lassen die Tradition der Küstenfischerei lebendig werden. Tustna war Vorreiter der Stockfischproduktion in Norwegen.

Stabblandet Eng liegen die Inseln in der Küstenregion der Provinz Møre og Romsdal nebeneinander, wie ein Gitternetz legen sich die Sunde und Wasserstraßen dazwischen. »Eingepfercht« zwischen die Inseln Solskjelsøya im Norden, Tustna auf westlicher Seite und Ertvågsøya auf der östlichen liegt Stabblandet. Rund 120 Menschen wohnen hier, und die Topografie ist von großen Differenzen geprägt. Der nördliche Teil der knapp 40 Quadratkilometer großen Insel ist recht flach, doch diese Strandebene erhebt sich rasch auf über 900 Meter: Der Innerbergsalen prägt den hügeligen südlichen Teil der Insel. Durch den Fylkesvei 680 und – wie sollte es im inselreichen Westen Norwegens auch anders sein – Brücken ist das Eiland mit seinen Nachbarn verbunden. Den Namen erhielt die Insel wegen ihrer Form: Als »stabbe« bezeichnet man im Norwegischen einen Klotz, zum Beispiel zum Holzhacken.

Torsetsundet und Årvågsfjorden Am Torsetsund verbindet eine Brücke, die Teil der Atlantikstraße ist, die Insel Skardsøya mit der Region Aure auf dem Festland. Auf Skardsøya hat die Natur die »Jutulholet« geschaffen – eine beeindruckende Felsgrotte. Ebenfalls zu sehen sind die Überreste einer im Krieg gebauten Eisenbahnstrecke sowie ein deutsches Fort aus der Zeit. In Aure befindet sich die größte Holzkirche der Region aus dem Jahr 1924.

Årvåg und Årvågsfjorden Zugegeben: Die Benennung der Inseln im Årvågsfjord sind nicht unbedingt kreativ. So findet man hier zum Beispiel die Insel Storøy (»große Insel«) und

Eine von Norwegens zahllosen Brücken führt auf die Insel Stabblandet und von dort wiederum eine weitere auf die Insel Tustna.

Zu gern wäre man ein Vogel, um diesen Blick auf den Årvågsfjorden einnehmen zu können.

Das malerische Grip ist ein verlassenes Fischerdorf und heute eine Ferieninsel.

TIPP *

Grip

Die Saisonfischerei bildete die Grundlage für die Entwicklung der Felsinsel Grip zum Wohnplatz mit einer eigenen Stabkirche. Seit 1470 trotzt das hölzerne Gotteshaus den Stürmen. Einmal im Monat veranstaltet der Pastor aus Kristiansund zur Erbauung der Urlauber einen Gottesdienst. Der spätgotische Altar zeigt die Gottesmutter mit Kind zwischen Norwegens Nationalheiligem Olav und der heiligen Nothelferin Margarethe. Norwegens zweitgrößter Leuchtturm Grip fyr (44 Meter) weist seit dem Jahr 1888 den Schiffen den Weg, sein Licht strahlt 19 Seemeilen weit. Süßwasser ist auf Grip Mangelware; um Wäsche zu waschen, fuhren die früheren Bewohner nach Kristiansund, die Toiletten des Gasthofs »Gripkroa« gehen noch immer hinaus aufs Meer. Bis heute gibt es kein Stromkabel vom Festland nach Grip, stattdessen erzeugen Dieselgeneratoren die benötigte Energie. Wer in Kristiansund ist, sollte unbedingt einen Ausflug auf die Insel machen. Im Sommer erwacht das verlassene Ficchordorf zum Lobon. Dann wird an den Ferienhäusern gewerkelt. Auch Anglerfreunde kommen hier und auf dem ganzen Archipel auf ihre Kosten.

daneben die Litløy (»kleine Insel«). Aber was vermögen Namen schon über die Ansehnlichkeit auszusagen? Denn der Årvågsfjord ist vor allem ein kleines Naturjuwel an der nordöstlichen Provinzgrenze zwischen Møre og Romsdal und Trøndelag. Der Fylkesvei verläuft direkt an seinem südlichen Ufer entlang, ansonsten gibt es kaum Bebauung um ihn herum. Knapp sieben Kilometer Länge misst der Årvågsfjord von seinem Kopf bis an den Zusammenfluss aus Fjord, dem Dromnessund und dem Torsetsund. Den wohl besten Blick auf den Fjord hat man von Brekka aus.

Kyrksæterøra Der Ort am Ende des Hemnfjords und an der Landstraße 680 hatte eine Besonderheit: Er wurde als »weiße Stadt« bezeichnet, da ausnahmslos alle Häuser des Ortes weiß waren. Dazu passt heute noch die achteckige St.-Margarethen-Kirche aus getünchtem Holz, die Platz für 450 Besucher bietet. Kyrksæterøra ist mit dem Fjord in nordöstlicher Richtung und dem See Rovatnet im Südwesten wunderschön gelegen.

Atlanterhavsveien (Atlantikstraße)

Sie zählt zu den Traumstraßen der Erde: Die Atlantikstraße, auf Norwegisch »Atlanterhavsveien«, sollten sich Autofahrer nicht entgehen lassen. Sie gilt als technische Meisterleistung und wurde 1989 nach sechs Jahren Bauzeit fertiggestellt. Mit einer Länge von genau 8,9 Kilometern führt sie über mehrere Inseln, die über Brücken miteinander verbunden sind. Die spektakuläre Straße von der Festlandskommune Eide auf die Insel Averøy und weiter

bis nach Kristiansund sollte Fährlinien ergänzen und den Autoverkehr erleichtern. Doch nicht nur die Technik fasziniert: 2006 kürte die englische Zeitung »The Guardian« die Straße sogar zur schönsten Autostrecke der Welt. Während sich die spektakuläre Storseisundbrücke zu einer Höhe von 23 Metern aufschwingt, sind die anderen fünf Brücken der Strecke nur zwischen drei und zehn Meter hoch. Bei hohem Wellengang scheinen die Autos aus der Ferne schier durchs Meer zu gleiten. Selbst bei schlechtem Wetter lohnt sich die Fahrt, denn im Herbst peitschen Stürme die See auf und spritzen die Gischt über die Straße. Dann wird der Atlanterhavsveien gern von Touristen frequentiert, die sich Zeit für die Strecke nehmen – und die verschiedenen Ansichten der Landschaft genießen. Tidenwechsel geben der umgebenden Region ein sich ständig veränderndes Gesicht.

Das moderne und dank der Form unverkennbare Hotel »Scandic Seilet« (»das Segel«) prägt das Stadtbild Moldes von der Seeseite aus.

Den Romsdalsfjord und den Moldefjord überragt die Kulisse über 1000 Meter hoher Berge – besonders eindrucksvoll bei Sonnenuntergang.

Landausflug zum Romsdalsfjord

Das Romsdalen und die Romsdalsalpen bilden eine der spektakulärsten Küsten- und Gebirgslandschaften Norwegens. Der das Tal durchströmende Fluss Rauma entspringt im Dovrefjell und mündet in der Hafenstadt Åndalsnes in den weit verästelten Romsdalsfjord, in dem sich das Romsdalen als ertrunkenes Tal unter Wasser fortsetzt. Das restvergletscherte Hochgebirge beiderseits des Tals erreicht Höhen von rund 1800 Metern, bekannte Landmarken sind die Gipfelgruppe Trolltindane, deren Zacken die Talsohle um mehr als 1700 Meter überragen, und die 1000 Meter hohe Felswand Trollveggen. Ab Åndalsnes klettert die Romsdalsgondolen, Norwegens erste nachhaltige Seilbahn, auf den Gipfel des Nesaksla. Während der fünfminütigen Fahrt entfaltet sich ein spektakuläres Panorama aus Fjord- und Bergwelt. Der Abstieg zu Fuß passiert den über den Fjord ragenden Aussichtspunkt Rampestreken.

⚓ **Molde** Rosen, Jazzmusik und das »Vardenpanorama« kennzeichnen die Hafenstadt Molde am Romsdalsfjord. Die dornigen Blumen gedeihen hier im hohen Norden aufgrund des ungewöhnlich milden Kleinklimas der Stadt. Daher wird Molde auch »Stadt der Rosen« genannt. Da Molde im Zweiten Weltkrieg fast vollständig zerstört wurde, halten sich historische Sehenswürdigkeiten in Grenzen. Architektonisch interessant sind einige der nach dem Krieg neu errichteten Gebäude jedoch trotzdem, und auch in Sachen Kultur und Natur hat die Stadt einiges zu bieten. »Moldejazz« ist das älteste (seit 1961) und am besten besuchte Jazzfestival Norwegens. Jedes Jahr Ende Juli lauschen Zehntausende von Besuchern der Musik in der Wasser- und Bergkulisse am Romsdalsfjord. Der sehenswerte Berg Varden bietet eines der berühmtesten Fjord-Berg-Panoramen Norwegens. Über die ganze Hafenstadt und den Romsdalsfjord hinweg schweift der Blick sogar bis hin zu den 222 Gipfeln der Sunnmørealpen.

Moldejazz

Jedes Jahr im Juli wird Molde zum Mekka für Jazzfreunde. Mehrere Hundert Solisten und Bands treten beim größten und für viele Insider auch schönsten Jazzfestival in Norwegen auf – ob in der Konzerthalle, im Club, im Zelt, in der Kirche oder auf der Straße. Die Veranstalter des bereits seit dem Jahr 1961 stattfindenden Spektakels sind stolz, schon Weltstars wie Miles Davis, Oscar Peterson, Herbie Hancock, Dizzy Gillespie, Chick Corea oder Pat Metheny hier gehabt zu haben. Parallel zum Jazzfestival gibt es vor Ort aber auch Konzerte von Größen der Sparten Blues, Rock und Pop. So kamen Molde-Besucher bereits in den Genuss, zwischen Jazzkonzerten auch legendäre Blueser und Rocker wie B. B. King, Muddy Waters, Joe Cocker oder Carlos Santana live zu erleben.

Von Hafen zu Hafen: Molde

Nicht nur Europas höchste Steilwand, sondern vermutlich auch Norwegens berühmteste ist Trollveggen. Während die Besteigung nur wenigen vorbehalten ist, können den Blick auf sie alle genießen. Die an Tälern reiche Umgebung Moldes hat jedoch noch mehr zu bieten.

Bud Entlang der Atlantikstraße passiert man rund 45 Kilometer nordwestlich von Molde das pittoreske Fischerdorf Bud an der Nordwestspitze der Halbinsel Romsdal. Die alten, meist auf Stelzen gebauten Häuser rund um den Hafen schaffen eine herrliche Kulisse für Streifzüge durch den Ort: Hübsche Cafés und sehr gute Fischlokale laden zum Verweilen ein, aber auch historisch hat der Ort viel Interessantes zu bieten. Kaum vorstellbar, dass das kleine, charmante Dorf mit seinen rund 1000 Einwohnern im 16. und 17. Jahrhundert die größte Handelsstadt zwischen Bergen und Trondheim war! Bis heute prägen Fischfang und -verarbeitung das Ortsbild. Einen Abstecher lohnen die kleine, zauberhafte Kirche von 1717 und die restaurierte Befestigungsanlage Ergan Kystfort oberhalb des Hafens. Sie zeugt von den düsteren Zeiten der deutschen Besatzung in Norwegen während des Zweiten Weltkriegs

Bud zeigt sich als typischer Fischerort.

Farstad Felsen, Moore, Heide und liebliche Buchten zeichnen die Gegend an der Bundesstraße 663/64 aus. Der Küstenweg entlang des Farstadsanden führt zum kleinen Nordneset-Leuchtturm mit rotem Dach. Die sanft ins Wasser verlaufenden Strände und ebenen Wege sind für Familien mit Kindern besonders gut geeignet. Es ist sinnvoll, sich selbst mit Proviant zu versorgen, da es zwar viele Raststätten, aber wenige Lokale oder Kioske gibt. Die Gesteinsformation Stemshesten ist eher für gute Wanderer geeignet. Oben angekommen, kann man von den vielen Felsvorsprüngen die herrliche Aussicht auf das Meer aus der Vogelperspektive genießen.

Storseisundbrua Die mächtige Storseisund-Brücke ist das unangefochtene und weithin sichtbare Wahrzeichen der Atlantikstraße. Elegant überspannt sie den Storseisund und bildet die Grenze zwischen den Gemeinden Hustadvika und Averøy. Mit einer Länge von 260 Metern und einer maximalen Höhe von 23 Metern ist die dreibogige Auslegerbrücke ein architektonisches Kleinod und die größte der acht Brücken der Atlantikstraße. Die Bauzeit zog sich allerdings über sechs Jahre hin, weil die Bauarbeiten immer wieder wegen widriger Wetter-

Auf den ersten Blick erinnert die schwungvolle Storseisundbrücke mehr an eine Achterbahn denn an eine von Autos befahrbare Brücke.

lagen und starker Stürme unterbrochen werden mussten. Im Juli 1989 war es dann soweit: Die Storseisundbrua wurde für den Verkehr freigegeben. Heute kann man mautfrei über die Brücke fahren und die beeindruckende Schärenlandschaft auf sich wirken lassen, ob mit Auto, Wohnmobil oder Fahrrad. Und wer möchte, der kann hier auch seine Angel auspacken, denn das Gebiet gilt als fischreich.

Rødvenfjord Die Gegend bietet eine wunderbar ausgewogene Mischung für alle Angler und Ruhesuchenden. Der Fjord liegt strategisch günstig zwischen Molde im Norden, Åndalsnes im Süden und Ålesund im Westen. Angeln darf man im norwegischen Salzwasser (also auch im Fjord), für Süßwasser ist ein Angelschein Pflicht.

Rødven-Stabkirche Am Rødvenfjord kommt auch die Kultur, genauer gesagt die Geschichte Norwegens, nicht zu kurz, denn in der Stabkirche nördlich der Landenge bei Eidsbygda lässt sich ein Kruzifix aus dem 12. Jahrhundert bestaunen - der Grundstock geht auf diese Zeit zurück. Aus dem 16. und 17. Jahrhundert dagegen stammen Chor und Sakristei, also die innere Gestaltung der kleinen Holzkirche. Führungen gibt es täglich in der Sommersaison, falls die Fische mal nicht anbeißen wollen.

In direkter Nachbarschaft liegen die beiden Kirchen von Rødven.

Ebbe und Flut macht sich in Eidsbygda am südlichen Ende des Rødvenfjords bemerkbar. Angler finden sich hier in einem wahren Eldorado wieder.

Die ersten Sonnenstrahlen fallen frühmorgens in einem warmen Farbton auf Trollveggen, eine fast senkrechte Felswand.

Zu Füßen von Trollveggen und den benachbarten Gipfeln rauscht das Wasser der Rauma durch ihr steiniges Flussbett.

Romsdalen Wildromantisch und mit grandiosen Perspektiven gesegnet: das Romsdal. Geprägt ist es durch leuchtendes Grün und in den höheren Gefilden durch Fjelllandschaft (Bergtundra oberhalb der Waldgrenze). Die Gipfel der Gebirgskette Trolltindene liegen in nächster Nähe der Hafenstadt Åndalsnes. Mal geheimnisumwoben im Nebel, mal verlockend mit Schneehauben zeigen sie sich im Hintergrund der 2200-Einwohner-Stadt. Auch im dortigen modern gestalteten Bergsteigermuseum kann man nachvollziehen, warum schon im 19. Jahrhundert die ersten abenteuerlustigen Briten hierher kamen. Heute gibt es in diesem Norsk Tindsenter eine 21 Meter hohe Indoor-Boulder-Wand. Nach dem dortigen Training geht es in die Berge, zum Beispiel auf den nicht zu unterschätzenden, aber sehr lohnenswerten Romsdalseggen – zehn Kilometer als Tagestour, teils mit Drahtseilsicherung.

Trollveggen Selbst wer mit einer guten Kletterausrüstung nach Norwegen gestartet ist, sollte sich nicht einfach so auf die Trollveggen

TIPP *

Mit der Raumabane von Åndalsnes bis Dombås

Harry Potter was here!
Eigentlich braucht diese aussichtsreiche Fahrt durch das wildromantische, von gezackt erodierten Felswänden begrenzte Tal des Rauma-Flusses keine zusätzliche Werbung – aber da der Ort Bjorli so stolz darauf ist, soll es erwähnt werden: Hier entstanden die einzigen Filmminuten der gesamten Harry-Potter-Reihe, die nicht in Großbritannien gedreht wurden, und das, weil es in Schottland partout nicht schneien wollte. Die Winterszenen in »Harry Potter und der Halbblut-Prinz« wurden um das in den Wintermonaten stets zuverlässig verschneite Bjorli gedreht. Bjorli ist ein Wintersportort; viel Ausrüstung für alpinen oder Langlaufsport wird ausgeladen, der Zug leert sich nach einer guten Dreiviertelstunde Fahrtzeit merklich. Da hat die Bahn den aufregendsten Teil der Strecke vom Meer durch das teils schluchtartig verengte Tal des Rauma in das knapp 600 Meter hoch gelegene Schneeloch bereits bewältigt.

Weiter geht es!
Dem wild rauschenden Fluss folgend oder ihn über eine der vielen Brücken querend, arbeitete sich der silbern-rote Triebwagen Meter um Meter höher. Er fuhr an Europas höchster, senkrechter Felswand entlang, dem Trollveggen, der beeindruckende 1700 Meter über die Talsohle ragt, und überquerte die Kylling bru, Norwegens berühmteste Brücke. Nicht einmal der Erste Weltkrieg konnte die acht Jahre währende Arbeit an der Granitbrücke unterbrechen. Ab Bjorli weitet sich die Landschaft. Wer nicht unbedingt bis Dombås (mit Anschluss nach Oslo) weiterfahren möchte, steigt aus, genießt das Bergpanorama, unternimmt vielleicht eine kleine Wanderung und fährt mit der nächsten Bahn zurück.

Durch das Zugfenster
Vor der Kylling bru absolviert die Bahn in einem Wendetunnel einen 180°-Turn und kommt 19 Meter tiefer (und passgenau an der Brücke) wieder aus dem Tunnel heraus. Eine technische Meisterleistung, von der der Blick auf das tief unten schäumende Wildwasser aber schnell wieder ablenkt.

Übrigens: Im Sommer verkehren zwischen Mai und August spezielle Ausflugsbahnen, die an besonders malerischen Stellen langsam fahren oder zum Fotografieren sogar anhalten – allerdings nur zwischen Åndalsnes und Bjorli.

Immer wieder quert die Bahnstrecke der Raumabane im engen Tal den Fluss Rauma.

(»Trollwand«) wagen. Denn sie ist Europas höchste steil aufragende und teils überhängende Bergwand. Schon allein die Fakten beeindrucken: 1000 Meter ragen senkrecht in die Höhe, darunter teils bis zu 50 Meter tiefe Überhänge, 1700 Meter insgesamt sind es von der Talsohle bis zum Gipfel des Trollryggen. 1958 wurde der Gipfel erstmals bestiegen, 1965 lieferten sich mehrere Teams ein wahres Wettrennen. Die Norweger schlugen übrigens die Briten um einen Tag.
Unvorstellbar auf dem Papier und kaum zu begreifen, wenn man sich nicht selbst schon einmal mit einem Berg gemessen hat. Zum Glück gibt es aber am Fuße ein architektonisch extravagantes Besucherzentrum samt Café, das einen spektakulären Blick von der Terrasse auf die Wand bietet.

Abendblick vom Romsdalseggen aus.

Venjesdalen Das Venjesdal – auch Vengedalen genannt – sei allen Wanderern, ob geübte oder eher sporadische, empfohlen. Der kurze, aber knackige Aufstieg zum Littlefjellet von 120 Höhenmeter in nur knapp 800 Metern wird von einem Blick belohnt, der ehrfürchtige Ruhe einkehren lässt. Nicht nur die imposante Steilwand zeigt sich, sondern auch die gesamte Gebirgskette der Trolltindene, der Fluss Rauma und das Romsdalshorn. Übrigens sorgt der Wanderverein DNT (»Den Norske Turistforening«) fleißig und ehrenamtlich für die Markierung der Wege im Gelände, zu erkennen durch Farbkleckse auf großen Steinen und das auch im Nebel gut zu erkennende rote T. Besonders in wilderen Gebieten ist übrigens das einzige Mittel der Wahl die topografische Karte, denn Smartphones können den Empfang oder wie GPS-Geräte die Akkuleistung verlieren oder einfach auch nur herunterfallen.

Trollveggen

Nicht nur im Licht der gerade untergehenden Sonne schindet die senkrecht stehende Bergwand Eindruck. Schon ihre erste Durchsteigung 1965 war ein zwei Wochen dauerndes, spektakuläres Ereignis. Zwei Teams, eines aus Großbritannien, eines aus Norwegen, versuchten auf verschiedenen Routen ihr Glück. Wie schon beim Wettlauf zum Südpol erreichten die Norweger vor den Engländern ihr Ziel.

Tag 12: Ålesund bis Bergen

Der Tag beginnt – kurz nach Mitternacht – mit der Jugendstilstadt Ålesund und endet – nachmittags – mit der Hansestadt Bergen. Dazwischen hat man noch einige Stunden Zeit, sich von der Küstenwelt Norwegens zu verabschieden, die man nun, am Ende der Hurtigruten-Reise, schon ziemlich gut kennt: Inseln und Felsenschären, tief ins Landesinnere weisende Fjorde und teils karge, teils bewaldete Berge wechseln sich ab. Ausschau sollte man außerdem nach dem Leuchtturm Stabben halten, der unweit von Florø den Schiffen den Weg weist. Wuchtig nimmt er dabei die gesamte Felseninsel ein, auf der er Mitte des 19. Jahrhunderts errichtet wurde.

INFO

SÜDGEHENDE ROUTE, TAG 12

Hafen	ganzjährig
Ålesund	0.30–1.20
Torvik	2.35–2.45
Måløy	5.45–6.00
Florø	8.15–8.30
Bergen	an 14.45

Ålesund Über mehrere Inseln erstreckt sich Ålesund, das sich besonders durch seine Architektur von den anderen Städten des Landes abzuheben versteht. Holzhäuser sind hier nämlich rar, stattdessen prägen steinerne Jugendstilbauten die Küstenstadt. Siehe Nordgehende Route, S. 52

Torvik Torvik selbst ist mit weniger als einem halben Quadratkilometer und unter 500 Einwohnern recht klein – die meisten Besucher zieht es jedoch ohnehin zur nahen Insel Runde, die als Paradies für Seevögel bekannt ist. Siehe Nordgehende Route, S. 40

Bremangerlandet Die kleine Insel Bremangerlandet mit dem Hauptort Bremanger bietet auf einem 153 Quadratkilometer großen Areal Norwegen en miniature: Steile Berge wechseln sich mit tiefblauen Gletschern ab, die in Fjorden enden. Dazu kommen ertragreiche Gewässer und Bergseen, die jedes Anglerherz erfreuen. Gleißend weiße Sandstrände ergänzen das Landschaftsbild perfekt. Bei dem kleinen Weiler Grotle findet man einen herrlichen, zwei Kilometer langen Badestrand, der in Norwegen seinesgleichen sucht. Das Fischerdorf Kalvåg atmet noch die Atmosphäre des 19. Jahrhunderts, als hier Zehntausende Heringsfischer im Sommer ihr kurzfristiges Quartier bezogen. Die alten Holzhäuser der Fischer, die sogenannten Vamråkbuene, wurden liebevoll restauriert und bieten heute ein schönes Ensemble am Hafen.

Florø Florø, der letzte Hurtigruten-Anleger nördlich von Bergen, ist Norwegens westlichste Stadt und lohnt mindestens einen kurzen Abstecher. Der zwischen den Ausmündungen von Sogne- und Nordfjord gelegene 10 000-Seelen-Ort wurde im Jahr 1860 wegen seiner reichen Heringsfanggründe gegründet und führt das »Silber des Meeres« auch im Wappen. Rund um den Hafen finden sich viele historische Holzbauten, die sorgfältig restauriert wurden und nun Lokale beherbergen. Lange Zeit lebten die meisten Einwohner der Stadt vom Fischfang, heute ist die boomende norwegische Erdölindustrie die Haupteinnahmequelle der Bevölkerung. Im Hafen sind deshalb immer auch die Versorgungsschiffe, die zu den Förderplattformen vor der Küste fahren, zu sehen. Florøs Küstenmuseum informiert auf spannende Weise über Kultur und Geschichte der Region.

Bremangerlandet ist mit dem Festland und benachbarten Inseln durch Fähren verbunden.

Anfangs stark umstritten, heute wenig aufsehenerregend ist der Hafen von Florø.

Molde
Ålesund
Torvik
Geiranger
Måløy
Florø
Bergen
Fosnavåg
Ulsteinvik
Langevåg
Spjelkavik
Sykkylven
Stranda
Ørsta
Volda
Åndalsnes
Kristiansund
Nordmøre
Sunnmøre
Reinheimen
Nordøyane
Sørøyane
Vågsøy
Selje
Stadlandet
Nordfjordeid
Sandane
Stryn
Førde
Sunnfjord
Sogndal
Høyanger
Sognefjorden
Nordhordland
Voss
Dale
Indre Arna
Osøyro
Odda
Hardangerfjorden
Hardangervidda
Jostedalsbreen nasjonalpark
Breheimen nasjonalpark
Jotunheimen nasjonalpark
Folgefonna nasjonalpark
Hardangervidda nasjonalpark
Hurtigruten

Von Hafen zu Hafen: Florø

Auch wenn der menschenverursachte Klimawandel in den letzten Jahren auch die norwegischen Gletschern immer mehr zum Schmelzen bringt: Östlich von Florø kann man noch einige imposante Exemplare zu Gesicht bekommen, darunter den berühmten Jostedalsbreen.

Naustdal An der N5 und dem Sunnfjord liegt Naustdal südwestlich des Naustdal-Gjengedal-Nationalparks. Über die schmaleren Reichs- und Provinzstraßen Rv 5 und Fv 615 sowie kleine Privatwege, für die eine Gebühr gezahlt werden muss, gelangt man zum großen Parkplatz neben dem geschützten Gelände. Der Park bietet eine Bilderbuchlandschaft aus Bergen, Gletschern, Tälern und Angelseen. Seltene Tierarten oder etwa eine Population wilder Rentiere sind in den Førdefjella-Bergen zu Hause. Die Wanderwege sind gut gekennzeichnet und teilweise mit Stufen versehen. Sie eignen sich für Spaziergänger und echte Bergwanderer. Wer länger als einen Tag bleiben möchte, der findet Hütten, die man mieten kann.

Sande Nicht das Dorf Sande gleich nördlich von Vadheim, sondern die Kommune Sande weiter nördlich ist das Ziel einer wunderschönen Fahrstrecke. Die E 39 führt zwischen den Gebirgen und den beliebten Wandergebieten des Jostedalsbreen-Nationalparks und dem Naustdal-Gjengedal hindurch. Beide sind eine Reiseunterbrechung absolut wert. Dann zweigt bei Hovdebygda die 653 in nordwestlicher Richtung ab, und die 61 führt auf die Inseln, auf der Sande mit dem Hauptort Larsnes liegt. Eine Sehenswürdigkeit auf Sandsøy ist die Dollsteinhola: Die fünf durch schmale Gänge verbundenen Räume der Höhle verteilen sich auf 180 Meter Länge.

Nationalpark Jostedalsbreen Der Jostedalsbreen ist der größte Gletscher Festlandeuropas. Von den inneren Ausläufern des Sognefjords reicht der bis zu 15 Kilometer breite Plateaugletscher etwa 100 Kilometer nach Nordosten. An manchen Stellen ist das Eis bis zu 500 Meter dick. In der Mitte des Gletschers liegt Høgste Breakulen, eine 1957 Meter hohe Gletscherkuppel. Nur wenige Felsinseln durchbrechen die Eismassen, unter ihnen als höchste die Lodalskåpa mit 2083 Metern. Das 50 Kilometer lange Jostedalen, in dessen Seitentäler der Gletscher ostwärts zahlreiche Arme entsendet, ist durch die Reichsstraße 604 erschlossen. Seit 200 Jahren hat sich der Gletscher kontinuierlich zurückgezogen, mittlerweile jedoch sind seine Arme wieder auf dem Vormarsch. Mit der im Jahr 1991 erfolgten Gründung des Nationalparks wurde die einzigartige Gebirgslandschaft um den Jostedalsbreen unter Schutz gestellt.

Austerdalsbreen »Die feinste Eislandschaft Europas!« nannte der englische Bergsteigerpionier W. C. Slingsby 1894 den Austerdalsbreen – zu Recht. Der Austerdalsbreen auf der Südostseite des Jostedalsbreen zählt auch heute noch zu den schönsten Gletscherzungen des Nationalparks. Eine der Besonderheiten des Austerdalsbreen ist, dass er durch drei steile Gletscherzungen gespeist wird. Die nördlichste und steilste ist der Torsbreen. Südwestlich davon liegt der Odinsbreen und am südlichsten befindet sich der breite Lokebreen. Dieser wird durch einen Felshang des 1657 Meter hohen Austerdalsberget von dem Gletscherarm getrennt. Sein Kalben trägt jedoch maßgeblich zur Bildung des Austerdalsbreen bei. Der Gletscherweg, der von Tungestølen über den Austerdalsbreen nach Kattenakken und Briksdal führt, gehört mittlerweile zu einem Klassiker in Norwegen.

Mehrere eindrucksvolle Gletscher – Jostedalsbreen, Bergsetbreen, Tuftebreen, Nigardsbreen – lassen sich in der Region entdecken.

Nigardsbreen Nigard ist die am leichtesten zugängliche Gletscherzunge des Jostedalsbreen. Seine Fläche machen etwa zehn Prozent vom größten europäischen Inlandsgletscher aus. Ein Wanderweg führt bis zum Gletschersee Nigardsbrevatnet, von wo aus es mit dem Boot bis direkt zur Gletscherzunge geht. Sein Name geht zurück auf eine kleine Siedlung im Nigardstal. Auf dem sogenannten Nigardshof lebten Menschen zunächst in sicherem Abstand zum ewigen Eis. Doch dieser verringerte sich jäh, als der Gletscher Anfang des 18. Jahrhunderts zu wachsen begann. In knapp 50 Jahren stieß er drei Kilometer ins Tal vor und begrub alles, was ihm im Weg stand. Seitdem steht der Gletscher niemals still: Mal schmilzt er in warmen Sommern etwas zurück, mal wächst er wieder, und so entstand in den 1930er-Jahren auch ein Eisstausee mit einer Länge von 1,5 Kilometern.

Briksdalsbreen Imposant sieht es aus, wie sich mit dem Briksdalsbreen eine der westlichen Gletscherzungen des mächtigen Jostedalsbreen zwischen den hohen Felsen hindurchschiebt. Touristen kommen in Scharen hierher, wo die Natur eindrucksvolle Größe demonstriert, denn der Fußweg bis an den Gletscher ist leicht zu bewältigen. Allerdings stehen die Zeichen auf Rückzug. Lebten wir nicht in Zeiten des Klimawandels, wäre das weniger alarmierend, denn der Gletscher war über die Jahre immer wieder in Bewegung. So bedeckte sein Eis den Schmelzwassersee Briksdalsvatn in den 1990er-Jahren sogar vollständig. Seit 2008 leuchtet das türkisgrüne Seewasser an sonnigen Tagen wieder mit dem nordisch blauen Himmel um die Wette. An anderen Stellen stürzt Gletscherwasser tosend die steilen Berghänge hinab, wie der Kleivafossen-Wasserfall.

Jostedalsbreen: der größte Eisschild Festlandeuropas

Könnte man bis in die Eiszeit zurückreisen, wäre das heutige Norwegen bedeckt von einer Kilometerdicken Schicht aus Eis. Der Fennoskandische Eisschild bedeckte einst beinahe ganz Nordeuropa. Im Süden reichte der Eisrand an Norddeutschland und Polen heran. Diese Vergletscherung kontinentalen Ausmaßes breitete sich ohne Rücksicht auf das unter ihm liegende Landschaftsrelief aus – lediglich einige wenige Berggipfel spitzten noch hervor. Die gigantischen Eismassen sind lange abgetaut, haben der Natur aber nachhaltig ihren Stempel aufgedrückt. Die eindrucksvollen Gletscher in Norwegen sind allerdings keine Überbleibsel aus dieser Kälteperiode, sondern entstanden während der sogenannten kleinen Eiszeit im 18. Jahrhundert: Ein radikaler Wetterumschwung ließ in der schneereichen Region erneut riesige Eisflächen entstehen.

Im wahrsten Sinne des Wortes eisblau schiebt sich der Nigardsbreen über das raue Gestein.

Heute fast verschwunden ist der Bøyabreen.

Am Bøyabreen kann man den Rückgang der Gletscher besonders beobachten.

Briksdalen Gletscher sind wohl jedes Mal aufs Neue ein Anblick, der staunen lässt und im Gedächtnis bleibt. Die weißen Riesen im Jostedalsbreen-Nationalpark machen da keine Ausnahme. Besonders imposant ist der Briksdal-Gletscher: In rund 1200 Metern über Normalnull nimmt er seinen Anfang und erstreckt sich bis in das namensgebende Tal hinab. Dabei kann man getrost sagen, dass das Briksdal auch ohne den Gletscher schon eine Naturschönheit ist. Mit ungewohnt üppiger grüner Vegetation bildet es einen malerischen Kontrast zu dem kargen, grauen Gestein der Gipfelwände. Hinzu kommen die zahlreichen Wasserfälle der Region – der Kleivafoss ist darunter wohl der beliebteste –, aber auch eisblaue Flüsse, die über moosige Steine springen, und klare Seen wie beispielsweise der rund zwölf Kilometer lange türkisfarbene Oldevatnet, der an das Oldedalen grenzt.

Oldevatnet Am östlichen Ende des Innvikfjords fließt beim Örtchen Olden der Fluss Oldeelva in den Fjord. Zuvor hat er auf 20 Kilometern Länge das Oldedalen durchquert, wo sich seine Wasser im Gletschersee Oldevatnet gesammelt hatten – in diesem Gebiet ist der Name ganz einfach Programm. Die Bewohner dieser fruchtbaren Gegend leben seit Jahrhunderten von der Landwirtschaft und setzen dabei auf die Hilfe von Norwegischen Fjordpferden, eine arbeitswillige und stämmige Pferderasse. Diese erweisen sich auch beim Transport von Touristen zum Gletscherarm Briksdalsbreen als nützlich. Nach dem Ersten Weltkrieg wurde der Gletschertourismus derart en vogue, dass mitunter 2000 Besu-

Durch das Briksdal blickt man auf den gleichnamigen Gletscher, der ein Seitenarm des Jostedalsbreen ist.

Da er einer der am besten zu erreichende Seitenarm des Jostedalbreen ist, zieht der Briksdalsbreen jährlich Tausende Besucher an.

cher täglich anreisten. Der zwölf Kilometer lange, schön gelegene Oldevatnet liegt nicht weit vom Gletscher entfernt und macht ihn zum perfekten Ausgangspunkt für Wanderungen dorthin.

Loen Der kleine Ort Loen liegt sechs Kilometer von Olden entfernt ganz am Ende des Nordfjord-Fjordsystems und kann über den Fylkesvei 60 erreicht werden. Auch Loen ist ein beliebter Ausgangspunkt für Wanderungen zu den Gletschern des Jostedalsbreen. Der Kjennalsbreen und der Bødalsbreen sind weniger bekannt als der Brikdalsbreen bei Olden, das Gelände ist daher überhaupt nicht überlaufen. In der Nähe des malerisch gelegenen Lovatn südlich von Loen, der vom Wasser des Gletschers Ramnefjellbreen gespeist wird, führt eine Trekkingroute auf den 1848 Meter hohen Skålå. Am Gipfel befindet sich der Skålåtårnet, ein Aussichtsturm. Er wird vom norwegischen Wanderverein bewirtschaftet und bietet sogar Übernachtungsmöglichkeiten. Den Aufstieg, der rund fünf Stunden in Anspruch nimmt, sollten allerdings nur geübte Kletterer und Wanderer wagen.

Morgennebel zieht über Oldevatnet.

Mit warmen Strahlen ertastet sich die Sonne ihren Weg durch die Täler im Jostedalsbreen-Nationalpark.

Ein fast unwirkliches Blau nennt Lovatnet, ein See bei Loen, sein Eigen. Gespeist wird er unter anderem vom Jostedalsbreen.

Mit Inseln und Inselchen gespickt ist der Hjeltefjord. Einige davon sind mit Brücken verbunden, andere hingegen erreicht man nur übers Wasser.

Sognefjord Abwechslungsreich präsentiert sich der längste (204 Kilometer) und tiefste (1308 Meter) Fjord der Welt. Größtenteils schroff und steil ist seine Umgebung, an manchen Stellen fassen ihn jedoch auch sanfte Hügel und geschützte Täler ein, in denen sogar Obstanbau möglich ist. Der Sognefjord bildet eine natürliche Klimaschwelle: Eine Felsenbarriere vor der Nordsee lässt nur das warme Wasser hinein, kaltes bleibt im Ozean. Wer etwas Zeit mitbringt, sollte eine Bootstour in die schmalen Seitenarme machen, in die sich der Fjord verästelt. Nicht nur für die sportlichen Aktivitäten ist das Gebiet geschätzt, auch für die kulinarischen Spezialitäten, allen voran Marmelade, Ziegenkäse und Fjellørret, eine besondere Forellenart. Es gibt sogar ein eigenes Festival für den traditionellen Gammalost, eine proteinreiche, leicht süßliche Käsesorte, die aus Sauermilch hergestellt wird, und das bereits seit der Wikingerzeit.

Hjeltefjord »Mann aus Shetland« könnte der Wortbestandteil »hjelte« im Namen des Fjordes bedeuten, war der Hjeltefjord doch einst einer der Ausgangspunkte für Seefahrten auf die Britischen Inseln, die in der Hafenstadt Bergen ihren Ausgang nahmen. Und »Hjaltland« ist ein altnordischer Name für Shetland. 35 Kilometer lang ist der Fjord, der aufgrund seines Anschlusses an den breiteren Byfjord von Bergen als einer der meistbefahrenen Seewege Norwegens gilt. Das tut seiner Schönheit aber keinerlei Abbruch. An den felsigen Küsten und den mit nur wenigen Bäumen bewachsenen Inselchen stehen viele rot, weiß oder blau gestrichene Wochenendhäuser der Bergenser. Besonders viele Angler zieht es an den Fjord, denn hier beißen Dorsche, Köhler oder Pollacks so zahlreich, dass der Fjord mittlerweile sogar international als Angelrevier bekannt ist.

Bergen In Bergen heißt es Abschied nehmen von Schiff und Reisegefährten. Für einen Abschluss der Reise in Norwegens zweitgrößter Stadt bleibt hoffentlich etwas Zeit, sodass man ein letztes Mal über den Fischmarkt schlendern, das letzte Foto der bunten Häuser von Bryggen aufnehmen oder einen letzten Sonnenuntergang vom Fløyen genießen kann. Siehe Nordgehende Route, S. 24

Golden breitet sich der Sonnenuntergang über dem Sognefjord aus.

Ein warmes Leuchten überzieht die Felswände entlang des Hjeltefjords.

Spektakulär sind vor allem die bis zu 1800 Meter hohen Felswände, die das UNESCO-Weltnaturerbe Sognefjord flankieren.

Register

Bildnachweis

G = Getty, M = Mauritius Images

S. 2-3 Look/Fotohof Blomster; S. 4 Jelena Safronova/Shutterstock.com; S. 6-7 G/Rene Mitterer / EyeEm; S. 8-9 M/Chromorange; S. 10-11 M/Chris Parker; S. 12 Look/Olaf Meinhardt; S. 13 Look/Bernard Van Dierendonck; S. 13 M/V. Dorosz; S. 14-15 Look/Olaf Meinhardt; S. 16 M/Jon Lord; S. 17 Look/ClickAlps; S. 18-19 M/Alamy; S. 18-19 Look/Brigitte Merz; S. 20-21 Look/Olaf Meinhardt; S. 22-23 Bjoern Wylezich/Shutterstock.com; S. 24 Look/age fotostock; S. 24-25 G/Didier Marti; S. 25 Maelick/Shutterstock.com; S. 25 Nadia Kompan/Shutterstock.com; S. 26-27 M/Udo Bernhart; S. 28 kross13/Shutterstock.com; S. 28 M/Brendan Donnelly; S. 28 M/Alexey Kovalev; S. 28 Valery Bareta/Shutterstock.com; S. 30 Andrew Mayovskyy/Shutterstock.com; S. 30-31 Evikka/Shutterstock.com; S. 30-31 M/Erich Teister; S. 32-33 Marius Dobilas/Shutterstock.com; S. 33 Bildagentur Zoonar GmbH/Shutterstock.com; S. 34 G/Kiszon Pascal; S. 35 M/Stockbroker RF; S. 35 M/Dave Porter; S. 36 M/Juergen Feuerer; S. 36-37 Mira Kuba Photography/Shutterstock.com; S. 37 Andrew Mayovskyy/Shutterstock.com; S. 38 M/Alfred Trunk; S. 40 Mikolaj Niemczewski/Shutterstock.com; S. 40-41 Mark Bruijnen/Shutterstock.com; S. 40-41 G/Mahaux Photography; S. 42-43 Milan Zygmunt/Shutterstock.com; S. 43 Giedriius/Shutterstock.com; S. 43 G/Klaus Honal; S. 43 G/Susanna Chan Photography; S. 44-45 thomascanss/Shutterstock.com; S. 46 spatuletail/Shutterstock.com; S. 46-47 G/Wei Hao Ho; S. 47 PhotoVisions/Shutterstock.com; S. 47 G/Vvvita; S. 48-49 Andrei Armiagov/Shutterstock.com; S. 50 by-studio/Shutterstock.com; S. 50-51 Johann Stubhan/Shutterstock.com; S. 50-51 G/Elosoenpersona Photo; S. 51 Arild Lilleboe/Shutterstock.com; S. 52-53 Look/Christian Bäck; S. 52-53 G/Sizun Eye; S. 53 Patryk Kosmider/Shutterstock.com; S. 54-55 M/Graham Mulrooney; S. 54-55 G/Mustang_79; S. 55 G/Günter Grüner; S. 56 PhotoVisions/Shutterstock.com; S. 56 M/Graham Mulrooney; S. 56 M/Graham Mulrooney; S. 57 Jiri Vondrous/Shutterstock.com; S. 57 alexilena/Shutterstock.com; S. 58 G/CreativeNature_nl; S. 58 M/Guillermo Avello; S. 58 G/CreativeNature_nl; S. 58 G/Peter Strøiman; S. 59 M/Alamy; S. 60 M/Johannes Heuckeroth; S. 61 Duncan A Brown/Shutterstock.com; S. 61 Duncan A Brown/Shutterstock.com; S. 61 G/Altrendo Travel; S. 61 G/larigan - Patricia Hamilton; S. 62 Arild Lilleboe/Shutterstock.com; S. 62 Arild Lilleboe/Shutterstock.com; S. 62 Tupungato/Shutterstock.com; S. 63 M/Arild lillebø; S. 63 Arild Lilleboe/Shutterstock.com; S. 64 G/Margarita Almpanezou; S. 66 tufo/Shutterstock.com; S. 66 G/Jelena Safronova; S. 66 zebra0209/Shutterstock.com; S. 68-69 FotoFabrikHamburg/Shutterstock.com; S. 70 Dirk Daniel Mann/Shutterstock.com; S. 70 G/Thepalmer; S. 71 trabantos/Shutterstock.com; S. 71 M/Adrian Szatewicz; S. 72-73 G/Naris Visitsin; S. 74 Look/Olaf Meinhardt; S. 74 M/Antony McAulay; S. 75 M/Alamy; S. 75 kataleewan intarachote/Shutterstock.com; S. 75 M/Jelena Safronova; S. 76 M/Eugene Sergeev; S. 76 M/Alamy; S. 76 Dan A. Nesheim/Shutterstock.com; S. 77 Look/Holger Leue; S. 77 M/Adrian Szatewicz; S. 78 Lars Olav Gjelten/Shutterstock.com; S. 79 Sebastian Schwegmann2/Shutterstock.com; S. 79 M/Lydie Gigerichova; S. 80 HowDee1978/Shutterstock.com; S. 80 M/Bard Loken; S. 80 G/Ronald Wittek; S. 81 Anders Haukland/Shutterstock.com; S. 82 MJH Photography10/Shutterstock.com; S. 82 Romija/Shutterstock.com; S. 83 Olga Miltsova/Shutterstock.com; S. 83 G/Vassilios Alexopoulos; S. 83 M/Roger Johansen; S. 83 M/Udo Bernhart; S. 84 M/Will Perrett; S. 86 Giedrius Akelis/Shutterstock.com; S. 86 Johannes Rigg/Shutterstock.com; S. 86-87 INTREEGUE Photography/Shutterstock.com; S. 87 M/Ruben Ramos; S. 88 G/Lydie Gigerichova; S. 88 G/Laurent Fox; S. 89 M/Mikko Karjalainen; S. 89 G/Einar; S. 89 G/Hans Marius Mindrum; S. 90 alaver/Shutterstock.com; S. 90 Mike-Hubert.com/Shutterstock.com; S. 91 M/Frode Koppang; S. 91 G/Rafax; S. 91 G/Undefined undefined; S. 92 M/Michal Knitl; S. 92-93 M/Mr_Karesuando; S. 94 Swen Stroop/Shutterstock.com; S. 94-95 M/Cody Duncan; S. 95 Ondrej Prosicky/Shutterstock.com; S. 96-97 Tory Kallman/Shutterstock.com; S. 96-97 G/George Karbus; S. 98-99 G/James O'Neil; S. 99 G/Southern Lightscapes-Australia; S. 99 G/By Wildestanimal; S. 100 G/Paul Sutherland; S. 100-101 Ana del Castillo/Shutterstock.com; S. 101 Altrendo Images/Shutterstock.com; S. 101 G/Bertrand Rieger; S. 102-103 G/Sizun Eye; S. 104 G/Umar Shariff Photography; S. 105 G/Mattia Biolcati; S. 105 G/Posnov; S. 105 G/James O'Neil; S. 106 G/Anatoly Gordienko; S. 106 G/Kent Grundstad; S. 106 G/Anatoly Gordienko; S. 107 G/Sergiy Trofimov Photography; S. 108 G/Westend61; S. 108 M/Nicolas Alexander Otto; S. 109 Look/robertharding; S. 109 G/Robert Haasmann; S. 110-111 G/Primeimages; S. 112 G/Oleh_Slobodeniuk; S. 114 G/Janne Kahila; S. 115 G/Cato Olsen; S. 115 G/Robert Canis; S. 116-117 G/Martin Schneiter; S. 118-119 G/Gerard Lecki; S. 118-119 G/Aleksandr Naumenko; S. 119 G/Warodom Khemthong; S. 120-121 G/Ethan Johnson; S. 122 G/Roberto Moiola; S. 122-123 G/Krzysztof Baranowski; S. 123 G/Beerpixs; S. 123 G/Antony Spencer; S. 123 G/John Hemmingsen; S. 124 Evgeniia Ozerkina/Shutterstock.com; S. 124 Diego Fiore/Shutterstock.com; S. 124-125 G/Mark Meikas; S. 125 Evgeniia Ozerkina/Shutterstock.com; S. 125 Chai_B/Shutterstock.com; S. 126 G/John Hemmingsen; S. 127 G/Krzysztof Baranowski; S. 127 G/John Hemmingsen; S. 127 M/Tracey Whitefoot; S. 128 M/Matias Sieppi; S. 128-129 M/Roberto Moiola; S. 130 Andrea Izzotti/Shutterstock.com; S. 130-131 Look/robertharding; S. 130-131 G/Jan-Stefan Knick; S. 132 T. Schneider/Shutterstock.com; S. 133 Jamo Images/Shutterstock.com; S. 134-135 M/Luka Tambaca; S. 135 G/Carol Yepes; S. 135 Stefano Zaccaria/Shutterstock.com; S. 135 M/Kerstin Langenberger; S. 136-137 G/Simone Zafrani; S. 137 M/Andrew Rawcliffe; S. 137 M/Oleksandr Korzhenko; S. 138-139 Ingo70/Shutterstock.com; S. 138-139 mharzl/Shutterstock.com; S. 139 M/Angela to Roxel; S. 139 M/U. Gernhoefer; S. 140-141 Kateryna Moskalenko/Shutterstock.com; S. 142 M/Horst Fischer; S. 143 M/Andreslebedev; S. 143 M/Dennis Brack; S. 144 M/Chromorange; S. 144 Inger Eriksen/Shutterstock.com; S. 145 svsumin/Shutterstock.com; S. 145 Pavlina Basarova/Shutterstock.com; S. 145 Pecold/Shutterstock.com; S. 146-147 footageclips/Shutterstock.com; S. 147 O.C Ritz/Shutterstock.com; S. 147 M/Anders Ryman; S. 148 G/Franco Banfi; S. 149 G/Hans Strand; S. 150 Clara/Shutterstock.com; S. 150-151 M/imageBROKER; S. 151 Rolf E. Staerk/Shutterstock.com; S. 151 Konstantin Novikov/Shutterstock.com; S. 152-153 Trond Olav Holmen/Shutterstock.com; S. 153 Inger Eriksen/Shutterstock.com; S. 154-155 Michal Pesata/Shutterstock.com; S. 155 SanderMeertinsPhotography/Shutterstock.com; S. 155 Anna_Borowska/Shutterstock.com; S. 155 Piotr Poznan/Shutterstock.com; S. 155 Piotr Poznan/Shutterstock.com; S. 156-157 Johannes Rigg/Shutterstock.com; S. 158 M/David Pattyn; S. 159 M/Stillman Rogers; S. 159 M/Natalia Golubnycha; S. 160-161 G/Robert Haasmann; S. 161 G/Franz Aberham; S. 161 G/Ruan de Flamingh; S. 161 G/Franz Aberham; S. 162-163 Stian Samuelsen/Shutterstock.com; S. 162-163 M/Alan Dyer; S. 163 Giedriius/Shutterstock.com; S. 165 Jamo Images/Shutterstock.com; S. 166-167 G/Bertrand Rieger; S. 167 Almazoff/Shutterstock.com; S. 167 G/Kerry Kissane; S. 168-167 Mikhail Varentsov/Shutterstock.com; S. 170 M/A. Brillen; S. 170 G/Daniel MacDonald/www.dmacphoto.com; S. 170 G/Paul Souders; S. 171 G/Michael Nolan; S. 171 Rob Crandall/Shutterstock.com; S. 171 M/United Archives; S. 172-173 G/Piola666; S. 173 M/Alamy; S. 173 M/Alamy; S. 174-175 Gambarini Gianandrea/Shutterstock.com; S. 174-175 Nordicyigit/Shutterstock.com; S. 175 M/imageBROKER; S. 175 M/Chromorange; S. 176-177 G/Craig Lambert; S. 178-179 M/Kerstin Langenberger; S. 179 G/Rosita So Image; S. 179 M/Nicola Ferrari RF; S. 179 M/Roger Johansen; S. 180 M/Stian Rønningen; S. 180-181 Homo Cosmicos/Shutterstock.com; S. 180-181 G/Rosita So Image; S. 181 Look/age fotostock; S. 181 M/Alamy; S. 181 M/Rolf Richardson; S. 181 M/Fred van Wijk; S. 182-183 Oliver Biallawons/Shutterstock.com; S. 183 4eloveg/Shutterstock.com; S. 184 kodin07/Shutterstock.com; S. 184 G/Altrendo Travel; S. 186 William Hammer/Shutterstock.com; S. 186 Laila R/Shutterstock.com; S. 186-187 Gerda Beekers/Shutterstock.com; S. 186-187 GranTotufo/Shutterstock.com; S. 188 Wirestock Creators/Shutterstock.com; S. 188 Adriana Alvariza/Shutterstock.com; S. 188-189 M/Tomas Griger; S. 189 BPfoto/Shutterstock.com; S. 190 orxy/Shutterstock.com; S. 190 M/Guido Paradisi; S. 191 M/Alamy; S. 191 Michal 11/Shutterstock.com; S. 191 M/imageBROKER; S. 192-193 G/Manuel Romaris; S. 192-193 G/Martin Zorn; S. 194 Altrendo Images/Shutterstock.com; S. 194 Victor Maschek/Shutterstock.com; S. 194-195 lowe99/Shutterstock.com; S. 195 Look/Olaf Meinhardt; S. 195 M/Bjorn Grotting; S. 196-197 Look/Strauss Andreas; S. 198 G/M. Santini; S. 198-199 Thomas BLANCK/Shutterstock.com; S. 198-199 G/Nigel Killeen; S. 200-201 G/André Farinha; S. 201 G/SydsPics; S. 201 G/Federico Calvani; S. 201 G/www.stefanbock.de; S. 202 G/Sonja Jordan; S. 202-203 G/Steinliland; S. 203 G/Southern Lightscapes-Australia; S. 203 M/Rainer Mirau; S. 203 G/Southern Lightscapes-Australia; S. 204 G/Geir Lyngved; S. 204 G/Geir Lyngved; S. 206 Andrei Armiagov/Shutterstock.com; S. 206-207 Ingrid Maasik/Shutterstock.com; S. 206-207 AlexDreamliner/Shutterstock.com; S. 208-209 IndieVolpe/Shutterstock.com; S. 209 M/Helmut Lunghammer; S. 209 G/Michiel Tebbes; S. 210-211 De Jongh Photography/Shutterstock.com; S. 210-211 Eder/Shutterstock.com; S. 210-211 ChrisNoe/Shutterstock.com; S. 211 Bildagentur Zoonar GmbH/Shutterstock.com; S. 211 Ingrid Maasik/Shutterstock.com; S. 212 G/Ralph Oechsle; S. 213 Sujiana Akip/Shutterstock.com; S. 213 M/Lydie Gigerichova; S. 213 M/Helmut Lunghammer; S. 213 M/imageBROKER; S. 213 M/Helmut Lunghammer; S. 213 G/Robert Magnussen; S. 214 M/Palle Porila; S. 214 M/Lucas Vallecillos; S. 216-217 G/Anton Petrus; S. 217 G/Anton Petrus; S. 217 M/Lars Johansson; S. 218-219 G/Roberto Moiola; S. 220 M/Rudmer Zwerver; S. 220-221 M/Ruben Ramos; S. 221 G/Christian Kober; S. 221 G/Ragnar Singsaas; S. 222 M/Stephen Fleming; S. 222 G/Mikolajn; S. 223 G/Morten Falch Sortland; S. 223 M/Rudmer Zwerver; S. 224 G/Roberto Moiola; S. 224 M/Jan Enger; S. 225 M/Bjørn H Stuedal; S. 225 G/Roberto Moiola; S. 226-227 G/Morten Smedsrud; S. 228 Tupungato/Shutterstock.com; S. 228 G/Chris Mellor; S. 230 G/4FR; S. 231 G/Nordreisender; S. 231 G/Westend61; S. 231 G/Roberto Moiola; S. 231 G/Jøran Skaar; S. 232 G/Elena Eliachevitch; S. 232 G/Susie Knudsen; S. 233 Andrey Armyagov/Shutterstock.com; S. 233 G/Morten Falch Sortland; S. 233 G/Christina Hanck; S. 234 Thorsten Schier/Shutterstock.com; S. 234 G/Sjo; S. 234-235 G/Morten Falch Sortland; S. 235 G/Gosiek-B

Genehmigte Sonderausgabe für Weltbild GmbH & Co. KG
Ohmstraße 8a, 86199 Augsburg

b2b@kunth-verlag.de
Projektleitung: Micaela Verfürth

Umschlaggestaltung: Atelier Seidel, Teising
Umschlagmotive: Shutterstock / Jelena Safronova; LouieLea

Printed in Slovenia

ISBN 978-3-8289-4061-1

Besuchen Sie uns im Internet:
www.weltbild.de

Verlagsleitung: Grit Müller
Text: Bernhard Pollmann, Jutta M. Ingala, Annika Voigt
Redaktion: Jennifer Valentin
Grafik: Ulrike Lang, Dörthe Fürbeck
Karten: © MAIRDUMONT GmbH & Co. KG, Marco-Polo-Straße 1, D-73751 Ostfildern